*Jetzt bin ich nicht mehr mundtot!*

*Maria Langstroff*

# Jetzt bin ich nicht mehr mundtot!

*Gespräche über Freundschaft, Familie, Glaube,
die Krankheit und den Sinn des Lebens*

SCHWARZKOPF & SCHWARZKOPF

# INHALT

**VORWORT** ............................................. 6

Von Maria Langstroff

**»SAG MARY ZU MIR!«** ................................. 9

Einleitung von Oliver Schwarzkopf

**GESPRÄCHE MIT MARIA TAG 1** ....................... 18

Marias Krankheit und ihr Leben damit     20
Der Umgang mit Marias Krankheit     32
Marias Kindheit und ihr Leben vor der Krankheit     38
Was Maria Kraft gibt: Familie, Freunde und der Glaube     47
Marias Wünsche vor dem Tod     55

**GESPRÄCHE MIT MARIA TAG 2** ....................... 60

Marias Leben im Pflegeheim     62
Marias Unterricht mit ihren Schülern     74
Marias Kontakt zur Außenwelt     78
Die Entstehung des Buches und die große Resonanz     82
Marias Vorlesung an der Uni in Marburg     94
Die »private« Maria     102

**GESPRÄCHE MIT MARIA TAG 3** ....................... 110

Nach dem Besuch in Marias Elternhaus     112
Marias Tagesablauf     114
Was noch zu sagen ist …     117

## GESPRÄCHE MIT MARIAS FAMILIE, IHREN FREUNDEN, PFLEGERN UND DOZENTEN ............... 122

Marias Eltern                                    124
Sandra, Cousine von Maria                        144
Katharina, Freundin des Bruders                  152
Stefan, Marias bester Freund                     158
Dorothee, Marias Freundin                        168
Ariane, Marias Pflegerin                         180
Jens, guter Freund von Maria                     186
Franziska, Marias Schulfreundin                  192
Marita, Kommilitonin und enge Freundin           200
Dr. Daniel Ahrens, Marias Dozent                 212
Benedikt, Schüler von Maria                      224
Peter Hetzel, Literaturkritiker                  232
Marlene Lufen, Moderatorin                       237

## LESERBRIEFE ................................................. 242

## »HEY, DU BIST TOLL, ABER ...« ........................... 249

Behinderung und Partnerschaft –
Ein Essay von Maria Langstroff

## DANKSAGUNG ............................................. 263

# Vorwort

*»Denke nicht so oft an das, was dir fehlt,*
*sondern an das, was du hast.«*
*Marc Aurel*

## Liebe Leserinnen und Leser,

ist Ihnen das oben stehende Zitat geläufig? Ich zumindest denke hin und wieder daran, was ich aufgrund meiner Krankheit verloren habe, Traurigkeit steigt in mir auf, doch dann mache ich mir bewusst, was ich besitze, und welches Glück ich trotz allem habe. Neue Chancen sind mir gegeben worden, wie das Finden meines wunderbaren Verlags, der mich unterstützt und stets neue Ideen mit mir umsetzt, oder die Möglichkeit, meine beiden Bücher zu veröffentlichen.

Außerdem sehe ich meine großartige Familie, tolle Freunde und Bekannte vor meinen Augen, die selbst in der jetzigen Situation zu mir halten. Ich bin glücklich und dankbar für jeden einzelnen Tag, den ich hier sein darf, wenngleich meine Muskelerkrankung auf das Äußerste hinausläuft und unbestreitbar Momente auftauchen, in denen ich mental streike – eine völlig verständliche Reaktion.

Meine Wünsche und Pläne, deren Verwirklichung nicht mehr möglich ist, habe ich Stück für Stück durch neue ersetzt und in ihnen finde ich einen weiteren Halt. Dass mein Debüt »Mundtot!?« solche Wellen geschlagen hat, hätte ich niemals erwartet. Fast fünf Monate auf der SPIEGEL-Bestsellerliste, zahlreiche Interviews und Reportagen – bis heute bekomme ich Anfragen zum ersten Buch. Ich lernte und lerne viele neue, tolle Menschen kennen,

Journalisten, Redakteure, Moderatoren, andere Prominente, und auch meinen Freund habe ich dadurch kennengelernt.

Die Freude über mein zweites Buch »Jetzt bin ich nicht mehr mundtot!« ist sehr groß und ich muss ehrlich zugeben, dass ich ein wenig stolz bin, es fertiggestellt zu haben. Da sich mein Gesundheitszustand kontinuierlich verschlechtert, hätte ich nicht damit gerechnet, noch ein weiteres Werk veröffentlichen zu können. Zwischenzeitlich entstand, aufgrund mehrerer Situationen, in denen mir mein Körper unter anderem durch einen Atemstillstand einen Strich durch die Rechnung gemacht hat, das Gefühl, zu schwach zu sein und dem Projekt nicht mehr gewachsen zu sein … ich sollte mich jedoch täuschen. Nach einer Pause berappelte ich mich und erinnerte mich an das, was man schon oft aus meinem Mund gehört hat: »Verliere dein Ziel nicht aus den Augen.« Und daran hielt ich mich.

Durch »Jetzt bin ich nicht mehr mundtot!« erhalten Sie, liebe Leserinnen und Leser, einen tieferen Einblick in mein Leben. In das Leben, das ich vor dem Eintreten meines Handicaps führte, in das Leben vor der Diagnose, aber auch in mein jetziges Leben und meinen Alltag im Pflegeheim. Sie lernen einen kleinen Teil der Menschen kennen, die mich begleiten, die eng an meiner Seite sind und Sie erhalten einen Eindruck, wie diese Personen mich wahrnehmen. Im Anschluss an dieses Buch wird auch eine DVD erscheinen. Um die größtmögliche Authentizität zu gewährleisten, haben wir nur wenige Änderungen an den Interviews vorgenommen.

Ich danke Ihnen für das Lesen meines Buches und hoffe, dass es Ihnen gefallen wird. Wenn Sie mir schreiben möchten, besuchen Sie bitte meine Website www.maria-langstroff.de, ich freue mich auf Ihre Post!

*Gießen, im März 2013*

*Ihre Maria Langstroff*

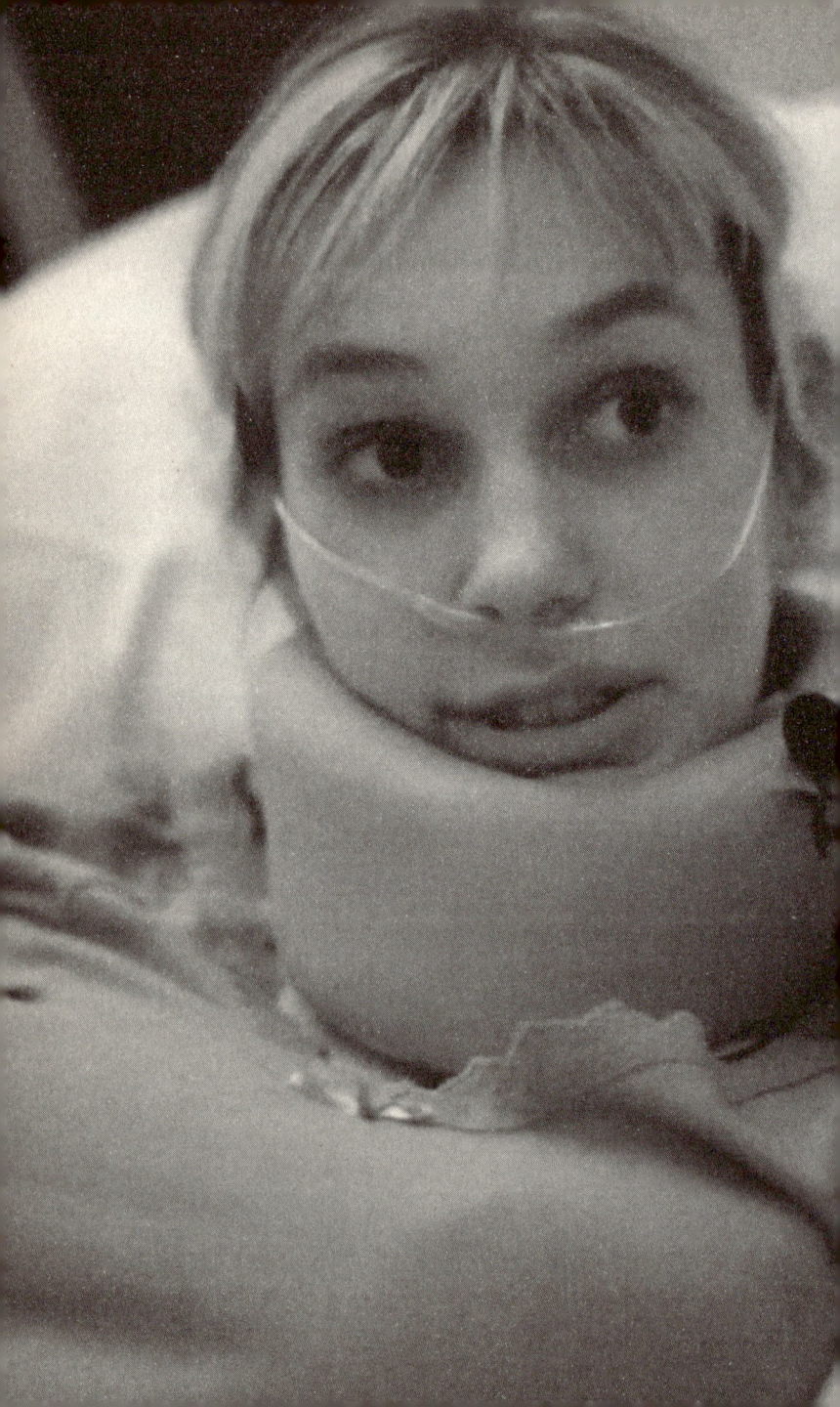

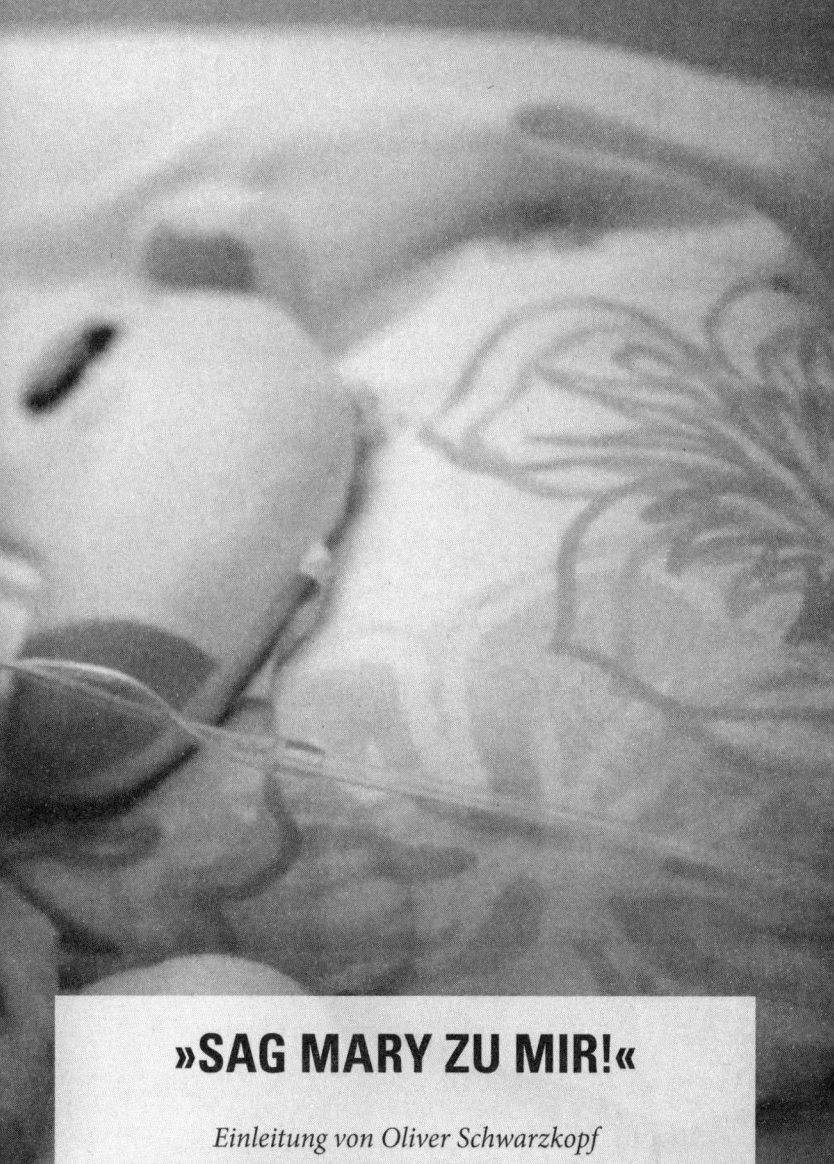

# »SAG MARY ZU MIR!«

*Einleitung von Oliver Schwarzkopf*

# »SAG MARY ZU MIR!«

Eines frühen Vormittags Ende 2011 rief meine betagte Mutter im Verlag an, was sie sonst nie tut. Normalerweise telefonieren wir am Wochenende und dementsprechend erwartete ich in dieser Situation etwas sehr Schlimmes. Es war aber niemand gestorben, dennoch war meine Mutter sehr aufgeregt und kündigte gleich zu Beginn des Gespräches an, dass sie mir etwas ausgesprochen Wichtiges mitzuteilen habe.

Sie hatte kurz zuvor im *Sat.1-Frühstücksfernsehen* einen Beitrag gesehen, der sehr sensibel das Schicksal der todkranken und unterdessen fast vollständig gelähmten jungen Frau Maria Langstroff schilderte. Marias größter Wunsch, so hieß es in einem Nebensatz, sei es, dass ihr Buch noch zu ihren Lebzeiten veröffentlicht werden würde, es sei jetzt fast fertig und nun suche sie einen Verlag dafür.

»Oliver, ich möchte, dass du das Buch machst, es ist mir sehr wichtig, bitte kümmere dich darum«, beendete meine Mutter unser Gespräch. Solange es den Verlag gab – fast zwanzig Jahre –, hatte sie nie mit Ratschlägen oder Wünschen in das Programm eingegriffen; ein Grund mehr, ihren Anruf ernst zu nehmen. Dank der Mediathek, wo ich den Beitrag dann sah, wusste ich wenig später, wie recht sie hatte – dieses Buch wollte ich machen! So kamen wir durch die Hilfe und Vermittlung des Senders mit Maria in Kontakt.

Als ich etwas später erstmals und dann immer häufiger mit Maria telefonierte, merkte ich sehr schnell, dass sie eine hochintelligente, schlagfertige und sehr gewitzte junge Frau ist, deren Kopf völlig klar ist, und der »nur« ihr Körper nicht mehr gehorcht. Ist es besser, im körperlichen Verfall debil zu sein, und es nicht mehr zu merken? Oder ist es besser, bei klarem Verstand zu sein?

Bald tauschten wir uns am Telefon immer häufiger aus – nicht nur über das Buch und ihre Krankheit. Maria begann, Anteil am Leben unserer Familie zu nehmen, telefonierte auch mit den damals dreijährigen Kindern, selbst wenn sie anfangs kaum mehr als »Hallo Maria« – »Tschüss Maria« sagten.

Maria wurde über das Telefon ein Teil unserer Familie, und wir wurden ein Teil ihrer Welt in ihrem Krankenzimmer. Fast jedes Wochenende telefonieren wir, bis heute ist es so geblieben.

*

Doch wie besucht man eine Autorin, die in einem vollständig verdunkelten Krankenzimmer liegt? Natürlich wollte ich Maria persönlich kennenlernen, auch wenn ich ahnte, dass die Situation mir sehr nahegehen würde. Diese Krankheit hatte alles angegriffen, nicht nur die Steuerung der Muskeln. Selbst Licht in der Stärke einer Kerze führt bei Maria zu einem epileptischen Krampfanfall, ebenso jedes unerwartete Geräusch, und sei es nur ein herunterfallender Stift.

»Du musst klopfen, dann ganz langsam reinkommen und erst mal stehenbleiben, bis du dich an die Dunkelheit gewöhnt hast«, hatte Maria mich angewiesen. Das Klopfen sei notwendig, damit sie die Augen schließen könne, selbst das gedämpfte Licht des Flurs würde einen Krampfanfall auslösen. So blieb ich also im Raum stehen, schloss die Tür hinter mir und sah minutenlang – nichts. Keine noch so kleine Lampe erleuchtete den Raum, eine solche Dunkelheit ist beunruhigend, weil man sie sonst nie erlebt.

Erstaunlich ist jedoch, wie sehr sich das menschliche Auge an die Dunkelheit anpassen kann. Nach einigen Minuten konnte ich Umrisse erkennen, der Raum schien heller zu werden. Eine winzige, schwache LED eines medizinischen Gerätes gab ein minimales Licht ab, und auch durch den zugezogenen dicken Vorhang vor der heruntergelassenen Jalousie drang ein kaum sichtbarer millimeterbreiter Streifen fahlen Lichtes.

»Hallo Olli, schön, dass du da bist, sag Mary zu mir!«, sagte die junge Frau im Dunkeln und lud mich ein, mich an ihr Bett zu setzen. In den nächsten Stunden haben wir über vieles geredet, ihr

Leben mit der Krankheit und ihr Leben davor, ihre Wünsche und Träume, und auch über ihre Wut und ihr Hadern.

Wir haben in der Dunkelheit geredet, geweint und gelacht, uns an den Händen gehalten und auch geschwiegen. Als ich zum Zug gehen musste, wusste ich, dass ich wiederkommen wollte, um meine Freundin Mary erneut zu besuchen.

*

Marias großes Ziel, ihr Buch »Mundtot!?« noch zu erleben, hatte sie erreicht. Aber welch stärkere Motivation gibt es, selbst für eine Todkranke, als neue Ziele? Da waren zum Einen die vielen Interviews, die Maria im Krankenzimmer und am Telefon gegeben hat, und die ihr genauso wichtig waren und sind wie das Buch und ohne die das Buch auch nicht ein solcher Erfolg geworden wäre.

Zum Anderen wollte Maria eine Vorlesung halten, sie wollte aus ihrem Buch lesen, und zwar an ihrer alten Uni in Marburg, wo sie damals – schon im Rollstuhl – begonnen hatte, Deutsch und Englisch auf Lehramt sowie Psychologie zu studieren, und immer noch studiert – dank großartiger Dozenten, die es ihr ermöglichen, die Prüfungen im Krankenbett abzulegen.

Dieser Wunsch, dieser Traum bewegte sie über Monate, und Maria setzte alles in Bewegung, um ihn möglich zu machen. Der Kostenträger musste bewogen werden, einen voll ausgestatteten Intensivtransport für die Fahrt von Gießen nach Marburg zur Verfügung zu stellen, und zwar das ganz große Besteck: permanente Sauerstoff-Versorgung, ständige Überwachung von Herzfrequenz, Anwesenheit eines qualifizierten und erfahrenen Notfallmediziners, ein spezielles Transportbett und vieles andere mehr.

Hinzu kamen die starken und nebenwirkungsreichen Medikamente, die Maria gegen die Krämpfe, die trotz einer absolut dichten Schwarzbrille auftreten könnten, einnehmen musste – Maria nennt es scherzhaft »abschießen«, wenn sie diese heftigen Arzneien bekommt.

Die gesundheitlichen Risiken waren trotz aller Vorsichtsmaßnahmen immens, ein heftiger Anfall hätte eine potentiell tödliche Herzattacke auslösen können. Wir haben immer wieder sehr klar und mit vollem Bewusstsein der möglichen Konsequenzen darüber gesprochen. »Olli, mir ist ganz klar, dass ich dabei sterben kann«, hat Maria mir vielfach am Telefon gesagt und als SMS geschrieben: »Aber du musst verstehen, dass ich das machen muss, auch wenn es das Letzte ist, was ich tue. Bitte hilf mir dabei.«

Die Vorlesung war ein enormer Erfolg, der abgedunkelte Hörsaal war voll besetzt, und die Medien von der *Süddeutschen Zeitung* über *Spiegel Online* bis zu den regionalen Zeitungen aus Marburg und Gießen berichteten anschließend mit großem Respekt und ehrlicher Begeisterung von der Veranstaltung. Maria war unglaublich motiviert, ihre Stimme die tags zuvor noch leise und schwach klang, war kräftig und stark, sie scherzte mit dem Publikum, und nahm so Studenten wie Dozenten die Angst, mit ihr zu sprechen und ihr Fragen zu stellen. Für alle Beteiligten war dies ein intensiver und unvergesslicher Eindruck, wie die körperlich schwerstkranke Maria in ihrem Bett liegend mit kraftvoller und klarer Stimme aus ihrem Buch las und die Studenten voller Ergriffenheit lauschten. So glücklich hatte ich Maria nie zuvor gesehen!

Nach der Vorlesung und etlichen persönlichen Begegnungen mit ehemaligen Kommilitonen – behinderten wie nichtbehinderten – fiel Maria in einen mehrtägigen Schlaf, so erschöpft war sie. Diese Marburger Vorlesung musste wegen des enormen logistischen Aufwands und der schier übermenschlichen Anstrengung, die sie für Maria bedeutete, die einzige Veranstaltung mit Maria bleiben.[*]

---

[*] *Die Marburger Lesung mit Maria Langstroff ist in voller Länge auf der DVD zu diesem Buch dokumentiert. Ebenfalls enthalten sind viele Gespräche aus diesem Buch sowie Ausschnitte aus den Aufnahmen zum Hörbuch. Maria Langstroff: Jetzt bin ich nicht mehr mundtot! Die Dokumentation. 2 DVDs, über 400 Minuten, ISBN 978-3-942665-06-3. .*

»Könnte Maria sich vorstellen, ihr Hörbuch selbst zu lesen, wenn das Tonstudio zu ihr käme anstatt sie zum Tonstudio?« Diese Frage ging mir nach der Vorlesung in Marburg mehrere Tage lang durch den Kopf, während Maria sich von der Anstrengung erholte. Ein Hörbuch war schon lange geplant, eine professionelle Sprecherin gebucht, Maria hatte sie bereits kennengelernt und war einverstanden, alles war kurz vor dem Start der Produktion.

Doch ihre Vorlesung war so beeindruckend, dass es mir möglich erschien, dass Maria es selbst schaffen kann – wenn sie es selbst wollte. Unwichtig, dass der Aufwand unvergleichlich viel höher war, ein Studio in einem Krankenzimmer zu installieren, es zählte die Stimme der Autorin, die das Hörbuch so authentisch macht.

Maria hatte immense Lust dazu, mein Vorschlag war eine neue Herausforderung für sie, und so sollte es sein: »Olli, ich will meinen restlichen Tagen mehr Leben geben, nicht meinem Leben mehr Tage, wenn sie ereignislos sind. Ja, wir machen das!«

So entstand in mehreren anstrengenden Wochen und in nahezu vollständiger Dunkelheit ein Hörbuch, das Maria weitestgehend aus dem Kopf »gelesen« hat. Ein Ausdruck mit riesigen Buchstaben – das ganze Buch verteilt auf über eintausend Druckseiten – half bei gelegentlichen Hängern, da sie die Schemen der Wörter noch erkennen konnte und so in den Text zurückfand.

Dieses Hörbuch[*] ist ein beeindruckendes Dokument von Marias unbändigem Lebenswillen und ihrer für Außenstehende kaum fassbare Motivation geworden, sich von dieser Krankheit nicht unterkriegen zu lassen, so lange es eben geht. »Mehr Leben in die restlichen Tage ..., Olli, du weißt doch!«

---

[*] *Maria Langstroff: Mundtot!? Wie ich lernte, meine Stimme zu erheben – Eine sterbenskranke junge Frau erzählt. Ungekürzte Hörbuchfassung, 8 CDs, über 600 Minuten, in ihrem Krankenzimmer von der Autorin selbst gelesen. ISBN 978-3-86265-194-8*

Im Zuge der Vorbereitung der Hörbuchaufnahmen kam uns zum ersten Mal der Gedanke der DVD-Dokumentation, auf der dieses Buch basiert. Die vielen großartigen Fernsehberichte hatten einen entscheidenden Nachteil – die Kürze. Es blieb immer das Gefühl bei uns zurück, dass wichtige Dinge allein aus Zeitgründen nicht gesagt werden konnten, so viel Zeit die Sender dem Thema auch einräumten.

So entstand der Plan, mit Maria lange Gespräche in ihrem abgedunkelten Krankenzimmer* zu führen und diese aufzuzeichnen. Eine ganz ruhige Dokumentation sollte es sein, die auch Pausen und Nachdenklichkeit zulässt, die Konzentration auch auf die Zwischentöne verlangt. Über drei Tage hinweg haben Maria und ich lange Gespräche über Gott und die Welt, über ihre Freunde und ihre Familie, über ihre Krankheit und das Schicksal geführt. Wir haben wieder zusammen gelacht und geweint, und uns die meiste Zeit an den Händen gehalten. Auch ihre Eltern standen zu einem Gespräch zur Verfügung, ebenso ihre liebste Pflegerin, ihre Schwägerin, ihre enge Freundin, ihr bester Freund, ein Schüler und andere ihr nahestehende Menschen.

Wir wollten ein vollständigeres Bild von Maria und ihrem Leben bekommen, bevor es zu spät ist, denn Marias Gesundheitszustand hatte sich weiter verschlechtert und verschlechtert sich immer noch kontinuierlich. Diese ausführlichen und vertrauten Gespräche wollten wir ungekürzt auch in Form des vorliegenden Interview-Buches zugänglich machen.

Hier liegt auch der besondere Charakter dieses Buches. Es wurde nur behutsam lektoriert, nur ganz leicht eingegriffen und nicht glatt geschliffen, der mündliche, unmittelbare Charakter der

---

* *Dank der extremen Lichtstärke der Kamera (Canon 5D Mark III, ISO-Empfindlichkeit bis zu 102.400), mit der wir auch die Aufzeichnung des Hörbuches begleiteten, können wir diese Gespräche aus dem fast vollständig abgedunkelten Krankenzimmer auf der DVD dokumentieren.*

Interviews sollte unbedingt erhalten bleiben, um die Authentizität sowohl des Buches als auch der DVD zu gewährleisten.

*

Und wer ist nun Mary? Ohne Frage ist sie der willensstärkste Mensch, den ich je kennengelernt habe. Das Sprichwort sagt, dass der Mensch mit den Aufgaben wächst, aber das ist nur die halbe Wahrheit. Die allermeisten würden angesichts solch einer Krankheit, die sich über so viele Jahre absehbar und eben auch *todsicher* verschlechtert, dauerhaft verzweifeln. Warum noch kämpfen, wenn das Urteil doch feststeht?

Natürlich habe ich Maria auch verzweifelt erlebt, in tiefster Wut und Trauer über dieses ungerechte Schicksal. Denn Hoffnung ist nicht in Sicht, ihre Krankheit ist so selten, dass sie nicht einmal einen Namen hat – eine der vielen »seltenen Krankheiten«, die unbenannt und vollständig unerforscht sind, weil es so wenige Betroffene gibt.[*]

Aber Mary will nicht jammern, sie will kämpfen, bis zum allerletzten Atemzug. Es ist noch so viel zu tun: das Hörbuch, die DVD-Dokumentation, dieses Buch, so viele Presseanfragen müssen noch beantwortet werden und so viele, viele hundert Briefe und E-Mails, für die sie noch keine Zeit fand, worüber sie sich selbst am meisten ärgert, liegen noch auf dem Stapel – doch die Kräfte schwinden. Das Studium geht ja auch weiter, denn das Lernen hört niemals auf: »*Tod, du musst warten, ich habe noch so viel zu erledigen!*«

---

[*] *Seltene Krankheiten sind laut Definition »oft lebensbedrohliche oder chronisch einschränkende Erkrankungen, die einer speziellen Behandlung bedürfen.« Das »Nationale Netzwerk seltener Krankheiten« hat bekanntgegeben, dass derzeit rund 17.000 genetisch bedingte seltene Krankheiten bekannt sind, davon 5.000 bis 8.000 allein in Deutschland. Die meisten dieser Erkrankungen haben nur einzelne oder sehr wenige Betroffene, bis heute kennen Maria und ihre Ärzte niemanden, der die gleiche Krankheit hat.*

Und Maria will ihre wichtige Botschaft weitertragen: Dass wir, unsere ganze Gesellschaft, mit Behinderten endlich anders umgehen müssen. Nur weil jemand »im Gen-Lotto eine Niete gezogen hat« (O-Ton Maria), darf er nicht an den Rand gedrängt werden.

Das Schicksal kann bei jedem zuschlagen – auch Maria war einst eine fröhlich turnende und durch ihre Stadt joggende junge Frau, auch sie wollte ein ganz normales Leben leben, Schüler in Englisch und Deutsch unterrichten, einen Mann und zwei Kinder haben.

Ein ganz normales, einfaches, schönes Leben, mit allen Höhen und Tiefen, mit allen »normalen« Schicksalsschlägen, die jeder auszuhalten hat. Eine unheilbare genetische Krankheit stand nicht in diesem Lebensplan, doch es kann jeden treffen, heute, morgen oder übermorgen. Ihre wichtigste Botschaft ist deshalb »Carpe diem« – »Nutze den Tag«, denn du weißt nicht, ob du morgen noch einen neuen Tag erleben wirst.

Maria ist vor allem ein ganz normaler Mensch mit allen Ecken und Kanten. Auch das ist ihre Botschaft: Behinderte sind ganz normale Menschen. Erst kommt der Mensch, dann die Behinderung. »Ich möchte, dass alle Leute so mit mir umgehen, als wäre ich nicht sterbenskrank. Ich möchte nicht betüdelt werden!«, sagt sie.

*

Mary, ich danke dir dafür, dass ich dich kennenlernen durfte und dass wir Freunde geworden sind. Du machst mein Leben reicher, deine Freundschaft bedeutet mir viel. Dein Buch hilft mir und vielen anderen Lesern, sich selbst besser zurechtzufinden und das eigene Verhalten zu überdenken. Und du hast vielen Behinderten eine Stimme gegeben, das zeigen auch die zahllosen Leserbriefe.

Ich hoffe, dass der Tag noch fern ist, aber ich verspreche dir, wir werden an deinem Grab nicht nur weinen (bei Gott, das werden wir!), sondern wir werden auch dein Leben feiern, so wie du es willst. Du darfst weiterhin *Olli* zu mir sagen, das darf sonst niemand. *Mary, telefonieren wir am Wochenende, wie immer?*

# Gespräche mit Maria

*Tag 1*

# Marias Krankheit und ihr Leben damit

Oliver: Wie geht es dir heute, Maria?

Maria: Schwer zu sagen. Ich sag ja ungern, dass es mir schlecht geht – auch wenn's so ist. Das ist nicht so meine Art, weil ich immer finde, dass man damit Leute ganz schön vergraulen kann, auch Leute, die sagen, ja, okay, das stört mich nicht, wenn du das sagst. Ich hab dabei trotzdem immer ein ungutes Gefühl. Das soll jeder für sich entscheiden, ob er sagt »Es geht mir schlecht« oder »Es geht mir gut«. Ich bin der Typ, der eher versucht, das Ganze nicht so schlecht darzustellen, wie es wirklich ist. Ich unterhalte mich lieber über die positiven Dinge, auch wenn die Situation schwierig ist.

Oliver: Wir sind in deinem Krankenzimmer und zum ersten Mal trägst du keine Brille. Die allermeisten kennen die Fotos aus den Zeitungen mit der Sonnenbrille. Und du hast sogar so eine ganz harte medizinische Brille, die auch an den Seiten komplett abdunkelt. Der Raum ist fast dunkel, das sollte man dazusagen, es ist ein ganz, ganz winziges Licht an. Wir haben vielleicht eine Lichtstärke wie von einer Kerze. Die Kamera ist sehr empfindlich und nimmt es deshalb ganz gut auf. Wie viel Licht kannst du ertragen?

Maria: Mehr als das, was jetzt hier drin erhellt worden ist, nicht. Alles andere löst Krampfanfälle aus. Man muss sich das so vorstellen: Es wurde immer dunkler in diesem Zimmer. Als ich hier eingezogen bin, war's noch ganz hell, ganz normal hell. Die Vorhänge waren offen. Dann hab ich sie immer weiter zugezogen. Ich hab das nicht mehr vertragen, wenn das Licht an war – das ganz normale Licht*. Gerade beim Waschen musste ich dann Kompromisse machen. Für die Schwestern war es anfangs schwierig, mich bei diesen dunklen

---

* das Licht einer Lampe / Deckenleuchte

Verhältnissen zu versorgen, da sie sich natürlich auch immer die Haut angucken müssen. Sie müssen sich Wunden angucken.

Oliver: Wie viel kannst du jetzt noch sehen? Ich sehe, dass du mich sehr genau fokussierst. Wie viel siehst du vom Zimmer und von mir und von den Kameras?

Maria: Von den Kameras sehe ich die Umrisse. Von dir sehe ich die Umrisse und deine Haare. Also ich kann natürlich nicht im Einzelnen erkennen, welche Haarfarbe du hast, das weiß ich vom Erzählen. Ich kann nicht genau sagen, welchen Schnitt du hast. Ich weiß aber, dass du keine langen Haare hast, das kann ich unterscheiden, du hast aber auch keine raspelkurzen Haare. Du hast so ein »Mittelding«.

Oliver: Kannst du erklären, was das für eine Krankheit ist, die du hast?

Maria: Es ist schwierig. Für die Krankheit selbst gibt es gar keinen Namen. Man kann jetzt nicht sagen, das ist Multiple Sklerose, die ja vielen Menschen ein Begriff sein dürfte. Es ist viel geforscht worden über MS, während es bei meiner Erkrankung so ist, dass … ich nicht mal weiß, ob das überhaupt noch mal so auftritt in dieser Form. Die Erkrankung hat schleichend begonnen, eigentlich schon im Alter von drei Jahren. Aber man hat damals niemals daran gedacht, dass es zu so etwas führen könnte. Ich war beim Arzt, mit meiner Familie. Es wurde eine Skoliose festgestellt, also eine Verkrümmung des Rückgrates, der Wirbelsäule, und man dachte sich nichts dabei, weil Skoliose ja bei vielen Menschen ein Thema ist. Ich hab viel Sport gemacht, von klein auf. Ich war Leichtathletin. Aber irgendwann fiel schon auf, dass ich nicht mehr aus dem Startblock kam, dass ich ausgerutscht bin, dass ich die Treppen nicht hochlaufen konnte, dass ich einfach müde war und einfach geschwächt gewesen bin. Meine Skoliose hat sich dann ausgeweitet. Mit 13 hab ich den Sport reduziert, mit 15 war dann komplett alles vorüber. Ich bin mit 15 auch in ein Korsett gekommen. Also nicht, was man sich so vorstellt von früher, sondern in so ein Plastikkorsett – aber auch ein medizinisches Korsett hat mir nichts gebracht. Es sollte mich aufrichten. Es ist immer aufgefallen, dass meine Muskulatur nie die beste war. Aber auch da hat man sich nichts weiter bei gedacht. Ich war bei guten Ärzten, das will ich gar nicht bestreiten. Aber wenn die Ärzte natürlich sagen, das fällt eben auf, und wir können das nicht weiter einordnen, dann glaubt man denen das auch. Ich bin mit 17 operiert worden an der Wirbelsäule, zweimal. Ich dachte eigentlich, genau wie die Ärzte, dass es besser wird.

Oliver: Was wurde gemacht?
Maria: Meine Bandscheiben wurden entnommen, ich wurde aufgerichtet, ich hab zwei Titanstäbe und etliche Schrauben eingesetzt bekommen. Ich wurde richtig gut aufgerichtet. Ich war wirklich vorher sehr schief, dann bin ich fast ganz »gerade gemacht« worden. Ich hatte ein halbes Jahr Ruhe, auch von den Schmerzen, die schon im Kindesalter angefangen haben. Ich musste schon früh Medikamente nehmen. Ich hab immer Krankengymnastik gemacht, immer Physiotherapie, mehrmals in der Woche. Das war aber auch nicht so der Erfolg. Ich bin viel schwimmen gegangen, was ja eigentlich auch die Muskulatur stärkt, aber auch das war nicht besonders erfolgreich. Ein halbes Jahr nach meinen OPs war ich wieder beim Arzt und hab gesagt, irgendwie hab ich immer mehr Ausfälle*. Der Arzt konnte sich das nicht erklären. Ich hab dann mein Abitur noch gemacht, hab das Abitur fast im Stehen absolviert, teilweise auch die Prüfungen, weil ich nicht mehr sitzen konnte vor Schmerzen. Zeitweise dachte man mal, okay, vielleicht ist einfach das Implantat gebrochen. Das könnte ja auch sein, das war's aber nicht. Mit 19 hat man dann in einer Reha, die ich nach dem Abitur gemacht habe, entdeckt, dass das Becken einen Riss hat, dass da etwas gebrochen ist, dass sich etwas abgespalten

* *neurologischer und bewegungstechnischer Art*

hat. Ein Teil ist praktisch »abgewandert«, es gab wirklich ein klaffendes Loch zwischen dem Becken und dem Stückchen, das »abgewandert« ist. Ich bin dann operiert worden, beziehungsweise vor der OP kam raus, dass ich einen mehrfachen Bandscheiben-vorfall hab seit zwei Jahren und dass ich schon die ganze Zeit damit rumgelaufen bin, was Schmerzen verursacht hat. Da hat man auch wieder festgestellt, dass meine Muskulatur nicht die beste ist. Aber auch diesmal hat man gedacht, okay, das wird des Rätsels Lösung sein. Ich kam in den Rollstuhl, konnte zu der Zeit schon ein Bein nicht mehr bewegen. Aber man hat sich dann gewundert, dass ich selbst beim Krafttraining keine Erfolge erzielt hab. Ich hab keine Fortschritte gemacht. Ich hab dann immer weitere Verluste erleiden müssen: Plötzlich lahmte mein linkes Bein. Dann merkte ich an der Universität, dass ich beim Schreiben nicht mehr hinter-herkam. Das war 2009. Ich hab 2008 mit dem Studium begonnen, im Wintersemester 2008/2009. Ich dachte dann auch, na ja, gut, du pendelst immer noch, Mädchen, es wird schon davon kommen, das ist ja immer sehr aufwendig mit der Deutschen Bahn, wenn man im Rollstuhl sitzt. Gerade die Kälte* ist mir in die Knochen gekrochen, es war ein sehr kalter Winter. Dann kam eine ganz schwere Lungenembolie, die hat mich komplett umgehauen, sie hat mir die Schuhe ausgezogen. Ich kam nach der Lungenembolie in eine Reha für Lungenkrankheiten. Die haben aber von Anfang an gesagt: »Stopp, da ist nicht nur die Lunge geschädigt, das ist noch was ganz anderes.« Sie haben einen Neurologen dazugeholt, dieser Neurologe hat gesagt, da sei alles gelähmt. Dann wurden nach und nach Untersuchungen gemacht, es gab mal auffällige Befunde, mal unauffällige Befunde, letztendlich war alles auffällig, was getestet worden ist. Dann hat man gesagt: »Ja, das ist eine Muskelerkrankung, aber wie sie heißt, das wissen wir nicht.«

* *Maria meint die Kälte auf den Bahnsteigen beim Warten auf die Züge.*

Oliver: Warst du vorher schon beim Neurologen oder war das der erste in dieser Reha?

Maria: Ich war schon ab und zu mal bei einem Neurologen, aber da standen andere Symptome im Vordergrund. Die Lähmung ist immer weiter hochgestiegen. Mittlerweile ist es so, auch wenn ich meinen rechten Arm noch bewegen kann, dass der auch immer weniger schafft, dass er immer weniger Kraft hat. Und das wird sich noch weiter hochziehen. Das geht zur Lunge weiter und zum Herzen und beim Herzen ist dann Schluss.* Der Kopf wird bis zum Ende fit bleiben, was einerseits gut ist, andererseits aber auch sehr schwer sein kann, wenn man mitkriegt, was um einen herum passiert. Aber wie die Krankheit heißt, das weiß man nicht. Ich hab starke Schmerzen, ich kriege viele starke Medikamente, Morphine, aber auch die können das nicht alles wegnehmen, aber … Es ist eben so, wie es ist.

Oliver: Kann man die Morphine nicht höher dosieren?

Maria: Das dürfte man gar nicht, das würde das Herz irgendwann gar nicht mehr mitmachen, das könnte es gar nicht aushalten.

Oliver: Was ich mich frage: Deine Muskeln sind ja noch da, die sind ja nicht weg, das sieht man, wenn du einen epileptischen Anfall hast.

Maria: Ja, aber Muskeln sind ja nicht gleich Nerven.

Oliver: Das ist kein einfacher Muskelschwund, sondern das ist …

Maria: Das ist eine Kombination aus Nerven- und Muskelerkrankung. Es gibt Muskeln, die komplett weg sind. Es gibt auch Partien an meinem Körper, die ich dir zeigen könnte, an denen einfach wahnsinnige Dellen dran sind, zum Beispiel an den Seiten. Wenn man vorm Spiegel stünde, sähe man: Da hat sich der Muskel

---

* Die Krankheit erfasst schließlich auch Lunge und Herz, was letztlich zum Tode führt.

weggezogen. Auch an den Beinen – wenn man die vergleicht mit früher, mit meinen Läuferbeinen – meine jetzigen Beine, die aussehen wie Streichhölzer, mit Unterschenkeln, um die man drumfassen kann, ganz einfach, mit einer Hand.

Oliver: Ich war heute dennoch erstaunt, wie viel Kraft in so einem epileptischen Anfall steckt.
Maria: Epileptische Anfälle sind sehr kraftvoll, wenn man sie so ausgeprägt hat. Ich hab meistens einen Grand Mal, ein »großes Übelsein«. Man unterscheidet zwischen Grand Mal und Petit Mal, zwischen den großen und den kleinen Anfällen, und ich hab meistens einen Grand Mal, und die sind gewaltiger und viel, viel stärker als ein Petit Mal. Das ist fast so, als würde man Leistungssport machen, als würde man einen Marathon laufen. Aber das hat nichts damit zu tun, dass ich sonst meine Beine nicht mehr bewegen kann. Es ist nicht so, als würde ich bei einem Anfall wild herumhopsen oder herumlaufen. Das ist zwar ein erschreckendes Bild für die meisten, aber es ist bei solchen epileptischen Anfällen einfach so, dass viele sich erschrecken, vor allem wenn sie so etwas zum ersten Mal sehen.

Oliver: Wer hat die Hauptdiagnose gestellt, ein Neurologe?
Maria: Ja.

Oliver: Und im Prinzip hat der gesagt: Wir wissen nicht, was es ist?
Maria: Ja: Wir können das nicht einordnen in etwas Bekanntes. Wir können aber sagen, dass es etwas ist, was in unser Fachgebiet fällt, weil eben bestimmte Untersuchungen auffällig sind. Wenn du dir das bei Multiple-Sklerose-Untersuchungen anschaust, da müssen zum Beispiel A, B, C und D auffällig sein, und müssen so und so verlaufen, und Untersuchung E muss dafür unauffällig sein. Und bei mir ist es dann so, dass die Untersuchungen A, C, D und E auffällig sind und Untersuchung B unauffällig ist. Das müsste aber gegeben

sein, damit es genau in den Bereich der Multiplen Sklerose reinfällt. Es gibt Ärzte aus den Staaten, die sich damit befassen wollen und die vielleicht weiter sind als die Ärzte in Deutschland. Vielleicht kannst du mich gerade mal kratzen, hier am Arm, weil ich mich selbst nicht kratzen kann …

Oliver: Sehr gern.

Maria: Weiter nach rechts, von deiner Seite aus gesehen, und weiter nach oben … und richtig hoch und runter, und richtig fest. Das ist so einer der großen Nachteile, wenn man sich nicht richtig kratzen kann, und dass es, wenn keiner hier im Zimmer ist, ewig dauert. Und ich hatte mal vor gar nicht langer Zeit einen Mückenstich am Fuß, und da hab ich meinen Fuß noch gemerkt. Es hat fürchterlich gejuckt. Jetzt ist es ja mittlerweile so: Ich hab eine neue Diagnose bekommen vor Kurzem, es läuft auf einen sensiblen Querschnitt hinaus, das bedeutet, dass man, oder dass ich in diesem Falle ab etwa der Hüfte ungefähr nichts mehr merke.

Oliver: Ist das jetzt schon so?

Maria: Ja. Ich merke zwar den Schmerz von innen, aber von außen nichts.

Oliver: Wie lange bist du jetzt in diesem Zimmer?

Maria: In diesem Zimmer seit Januar 2011, zuvor war ich ein Jahr lang in einem anderen Pflegeheim, und dann hab ich gewechselt.

Oliver: Das heißt, seit 2010 bist du bettlägerig?

Maria: Seit Anfang 2010 beziehungsweise schon seit Ende 2009, weil da die Lungenembolie war, die mich komplett umgeworfen hat. Die hat mir dann den Rest gegeben.

Oliver: Deine Verzweiflung über die Krankheit oder auch der Mut ... Was sagen die Ärzte über ihre Machtlosigkeit? Ärzte sind es ja eigentlich gewohnt, helfen zu können. In vielen Fällen, in vielen Fällen aber auch nicht ...

Maria: Es kommt auf den Arzt an. Es gibt Ärzte, die mich sehr spüren lassen, dass sie mir nicht helfen können, die dann sehr ihren Ärger darüber rauslassen, dass sie nichts machen können. Das waren ehemals behandelnde Ärzte, und das ist auch der Grund, warum sie ehemalige behandelnde Ärzte sind. Es gibt Ärzte, die verzweifelt sind, nicht helfen zu können, jedoch nicht ihre Wut auslassen. Es gibt Ärzte, die mit mir zusammen beten, dass es besser wird.

Oliver: Deine Krankheit hat ganz viele Aspekte. Gibt es einen, der dich besonders zur Verzweiflung treibt?

Maria: Schmerz. Schmerz und das Problem dieser akustischen Übersensibilität. Dass Konversation, wie sie oftmals auf dem Flur draußen stattfindet, viel zu laut ist für mich. Ein lautes Lachen, das schön ist, aber auch manchmal sehr schrill sein kann. Es ist nicht so, dass ich mir wünsche, dass Leute nicht mehr lachen. Ganz im Gegenteil. Ich bin selbst jemand, der trotz Krankheit noch sehr viel lacht, der aber auch mal Maß halten muss. Und selbst Vogelgezwitscher kann schon zu laut sein. Darum sind oftmals die Fenster geschlossen. Ich würde mir wünschen, dass hier noch mehr Isolierung ist. Das Zimmer ist so schon recht gut isoliert, gerade was so die Sachen von außen betrifft, aber diese Geräusche, die man auf dem Gang hört, wenn irgendwelche quietschenden Wagen vorüber geschoben werden, das ist schon sehr unangenehm. Oder die Konversation von eben, die draußen auf dem Flur geführt worden ist,* die Lacher, die waren schon sehr schrill und sehr laut für mich.

Oliver: Alle deine Sinne sind übersensibel, oder?

---

*Ein halblautes Gespräch von Pflegepersonal und Therapeuten auf dem Flur*

Maria: Die Ohren fangen das auf, was die Augen nicht mehr können. Die Augen sind natürlich übersensibel, was Helligkeit anbelangt, aber die Sehschwäche ordne ich so ein, dass die Ohren dafür viel stärker sind. Das Schmecken ist sehr viel geringer. Also es muss etwas sein, was richtig bitzelt, Brausepulver zum Beispiel … Also gut, essen kann ich sowieso nichts.* Es sei denn, es ist wirklich Brausepulver, das ich richtig schmecken kann, sei es auch noch so künstlich. Dafür rieche ich ganz intensiv. Selbst wenn sich jemand 30-mal desinfiziert hat nach dem Rauchen – ich rieche ihn noch, auch auf die Entfernung.

Oliver: Hm, der Mensch ist ein Konstruktionsfehler der Natur. Man kann die Augen zumachen, aber nicht die Ohren und nicht die Nase. Den Mund auch, aber Gestank und Geräusch …
Maria: Ja, leider.

Oliver: Würdest du denn so weit gehen zu sagen, es wäre einfacher, das Schicksal anzunehmen, wenn dieser eine Aspekt nicht so im Vordergrund stünde, also Schmerz? Also würdest du lieber mit Schmerzen laufen oder ohne Schmerzen liegen?
Maria: Das ist eine nicht so leicht zu beantwortende Frage. Natürlich ist das Liegen auch noch so ein Aspekt, der schwierig ist, aber solange ich raus könnte, egal wie, in die Uni zurück und zurück zu meinen Freunden und zu meiner Familie, wäre mir alles andere egal, selbst der Schmerz.

Oliver: Wie siehst du jetzt deinen Körper – Freund oder Feind oder neutral?
Maria: Wenn ich sagen würde, er ist mein Feind, dann wär ich mit mir nicht im Reinen und dann hätt ich ein noch viel gewaltigeres Problem. Natürlich ist mein Körper der, der mir die Grenzen aufzeigt, aber mein Körper ist auch der, der mir schon oft genug

---

* Maria wird aufgrund dieser Schluckbeschwerden durch eine Sonde ernährt.

bewiesen hat, dass wir noch Freunde sind. Beispielsweise bei der Vorlesung in Marburg* hat er mir genau gezeigt, dass wir noch ein Team sein können. Das wäre ich mit einem Feind nicht.

Oliver: Über Marburg sprechen wir noch.

Maria: Das war nur ein Beispiel. Er hat mich ja auch beim Hörbuch unterstützt, was er nicht tun würde, wenn wir uns nicht immer noch verstehen würden.

Oliver: Kennst du andere Menschen, die diese oder eine ähnliche Krankheit haben, übers Internet oder sonst wie?

Maria: Es gibt Menschen, die mich kontaktiert haben, die gesagt haben, sie hätten genau dasselbe, obwohl ich es schwierig finde, das einzuordnen. Ich weiß nicht warum, aber ich finde es schwierig, wenn einer sagt: »Ich habe genau dasselbe«, wenn da noch nicht alle Symptome abgeglichen sind. Wenn man dann näher gefragt hat, merkte man, dass das ganz weit auseinanderklaffte. Ich bin nicht der Mensch, der auf der Suche ist nach Leuten, die genau das Gleiche haben. Nicht, dass ich was dagegen hätte. Ich weiß nicht, warum ich noch nicht danach gesucht hab, aber es ist einfach so, dass ich mich nicht ständig damit befassen möchte.

Oliver: Es würde dir nichts helfen?

Maria: Nee, es ist nicht mal das … Ich will mich da nicht selbst in so einen Sog reinziehen. Ich find das wunderschön, wenn mich jemand kontaktiert, der sagt: »He du, du kannst mir helfen, ich habe ähnliche Probleme«, oder: »Können wir uns austauschen?« Natürlich, sofort. Aber ich würde mich nicht selbst hineinbegeben, in so was wie eine Selbsthilfegruppe oder sonst irgendetwas, weil … Ich glaube, das wäre mir zu negativ – das sag ich ganz ehrlich. Ich

* *Im Mai 2012 erfüllte sich ein Traum von Maria und sie kehrte an ihre Uni in Marburg zurück, wo sie im Rahmen einer Vorlesung aus ihrem Buch las.*

find das ganz toll, wenn mich jemand kontaktiert, der sagt: »Guck mal, ich hab das und das.« Das find ich ganz schön, wenn mir das jemand sagt, wenn sich mir jemand anvertraut. Ich finde, das ist ein Vertrauensbeweis – obwohl mich die Leute gar nicht kennen. Ich find das sehr schön, und wenn ich die Kraft hätte, würde ich jedem Einzelnen darauf antworten, um ihm zu helfen. Ich würde auch jeden Einzelnen hierher einladen, aber für mich selbst ... Ich bin durchaus auch mal mit mir selbst beschäftigt. Aber ich bin beschäftigt mit den positiven Sachen des Lebens. Vielleicht deswegen. Ich hab noch nie explizit danach gesucht, nach jemandem, der genau das Gleiche hat.

Oliver: Ich bin immer wieder erstaunt über deine positive Grundenergie. Und wie viel du lächelst und wie viel Blödsinn du im Kopf hast und wie viel Schabernack. Das ist noch ganz die Mary von früher.
Maria: Ja. *(Lacht.)*

Oliver: Und du bist auch eine Frau, die sehr auf sich achtet. Also das find ich bewundernswert. Du kümmerst dich um deine Haare. Und du kümmerst dich um schönes Parfüm für dich. Du magst dezente Wohlgerüche. Das hält dich lebendig, diese kleinen Sachen.
Maria: Hm *(bejahend)*. Für mich ist das wichtig, aus dem einfachen Grund, wenn's einem schlecht geht, wenn man sich schlecht fühlt, sollte man ... Also ich könnte das nicht, aufhören, mich zu pflegen oder mich zu waschen. Manche Menschen verfallen in so eine Starre, dass sie sich nicht mehr waschen, dass sie nicht mehr auf sich achten usw. So bin ich nicht. Ich wollte mir immer treu bleiben. Ich hab Begegnungen mit Menschen gehabt, die mir sagten: »Warum machst du das eigentlich noch? Du wirst zum Beispiel nie wieder einen Mann finden.« Denen hab ich gesagt: Ich mach das nicht für irgendjemanden, ich mach das für mich.

Oliver: Du bist der Beweis dafür, dass Frauen sich für sich selber schön machen. Das glaubt man mir immer nicht. Aber das ist so. Du hast eine Menge Schläuche um dich rum. Du kriegst Luft in die Nase, damit die Lungen nicht zusammenfallen. Du hast eine Halskrause, um dir nicht selbst das Genick zu brechen bei einem Anfall. Du kriegst Nahrung über eine Sonde, im Prinzip pürierte Babykost – kann man das so sagen?

Maria: Die Firma ist schon sehr darauf bedacht, das man das richtig sagt: Es ist Sondenkost. Also keine Sonderkost – darauf legen sie auch immer Wert –, sondern Sondenkost: Im Moment habe ich Karotte, Kürbis mit irgendeinem Fleisch, glaube ich, mit Kartoffeln und Pute. Das ist einfach dünnflüssig und wird reingepumpt, eingeführt über die Sonde. Und dann gibt es noch einen suprapubischen Katheter, über den der Urin abfließt, weil ich so nicht mehr auf Toilette gehen kann wie früher und ein Schieber ist für mich schwierig. Eine Inkontinenzvorlage, die man sowieso trägt – da bin ich sehr offen –, die ich sowieso trage. Sobald der Katheter verstopft, geht das natürlich alles dahin ab. Dadurch, dass ich das nicht spüre, und im Nassen liege, kann das Infektionen und Reizungen hervorrufen. Die Halskrause ist auch deshalb da, weil ich eine ganz instabile Halswirbelsäule hab. Das ist das Einzige, was nicht operiert wurde bei den vier Operationen – man hat mir ja auch mit 19 das Becken zusammengeflickt, die restlichen zwei, drei Bandscheiben, die da kollabiert waren, rausgenommen und hat noch mal zwei Stangen reingesetzt und noch mal einige Schrauben. Man weiß noch nicht, ob man das operieren wird. An der Halswirbelsäule ist es noch mal was anderes als am Rest der Wirbelsäule. Für mich ist das sowieso ganz, ganz schwierig aufgrund der Grundvoraussetzungen. Wenn ich jetzt sonst noch gesund wäre, wäre es etwas anderes – wenn ich noch gesund wär und »nur« eine Skoliose hätte. Die Lunge kann ja auch von der Skoliose betroffen sein, wenn diese so schief ist, dass die Lunge gequetscht wird, soweit ich das weiß. Aber jetzt sind das ganz andere Voraussetzungen, da könnte jede Narkose sonst was für mich bedeuten. Das ist schwierig.

# Der Umgang
# mit Marias Krankheit

Oliver: Du musst ja jetzt um alle Sachen, die du haben möchtest, bitten. Du musst den Pfleger rufen, wenn du irgendetwas willst, wenn du einen Löffel Milchreis haben willst, musst du drum bitten, oder einen Löffel Eis. Wie ist das, ständig um alles bitten zu müssen?

Maria: Wenn man früher sehr »selbstständig« war, ist das natürlich eine Umstellung. Man gewöhnt sich dran. Wie ich mich bisher an alles gewöhnt hab oder gewöhnen musste. Es ist schwierig, zumal es Menschen gibt, die einen spüren lassen, dass sie jetzt die Macht haben. Das ist ein ganz ekelhaftes Gefühl, wenn das jemand so sehr raushängen lässt. Natürlich gibt es Menschen, die das nicht machen, die sich auch nicht zweimal bitten lassen, sondern die sofort kommen und praktisch schon springen, wenn man sagt: »Könnte ich bitte mal das und das haben. Würdest du mir bitte mal das geben«, oder: »Kannst du mich mal bitte drehen?« Das ist schon seltsam, fast nichts mehr zu können.

Oliver: Wie würdest du dir wünschen, dass deine Umgebung mit dir umgeht, die Pfleger und auch alle, die dich besuchen kommen?

Maria: Wenn ich jetzt sage »ganz normal«, würdest du wahrscheinlich fragen: Was bedeutet denn »ganz normal«? Ich möchte, dass sie so mit mir umgehen, als wäre ich nicht sterbenskrank. Ich möchte nicht betüddelt werden. Ich möchte auch mal, wenn ich mich falsch verhalte, oder nicht richtig verhalte, nicht adäquat, die richtigen Worte gesagt bekommen. Man kann mir sagen: »Maria, das geht so nicht.« Ich möchte von niemandem eine Sonderbehandlung haben. Das habe ich auch meinen Dozenten gesagt: »Ich möchte keine erhöhte Punktzahl, ich möchte nicht weniger schwere Fragen haben als andere, sondern genau denselben Schwierigkeitsgrad«. Und von den Menschen, die aber genau anders mit mir umgehen, nämlich diskriminierend, wünsche ich mir auch, dass sie ganz normal mit mir umgehen, sprich: nicht, als wäre ich ein Mensch zweiter Klasse, sondern genauso, als würde ich vor ihnen *stehen*. Denn nur, weil ich etwas nicht mehr kann, heißt das nicht, dass ich deshalb schlechter behandelt werden darf. Denn sie können in genau die gleiche Situation reingeraten und dann ist es für sie sicher auch alles andere als schön, wenn ich dann hier reinkomme und auf ihnen rumtrete oder sie wie einen Fußabtreter benutze und gegentrete oder draufspucke.

Oliver: Und wenn man dich ganz normal behandelt, dann darf man Witze über dich und mit dir machen wie mit jedem anderen auch?
Maria: Ja. Es sei denn, ich sage natürlich: Stopp, hier ist die Grenze.

Oliver: Die sollte man auch bei jedem anderen nicht überschreiten.
Maria: Sowieso.

Oliver: Kannst Du das, wie du behandelt werden möchtest, auch den Leuten vermitteln – also verstehen das alle Pfleger, verstehen das alle Ärzte? Das ist doch auch ein extrem harter Job, wenn man den ganzen Tag mit Pflegefällen zu tun hat.
Maria: Es gibt natürlich welche, die auf dem Ohr taub sind. Wie diejenigen, die sagen: »Kann die das nicht schneller?« Als ich zum Beispiel meine Sprache verloren hab, war es für mich viel schwieriger, das, was ich sagen wollte, in Rekordschnelle, in Windeseile einzutippen*, als vorher, als ich noch genug sehen konnte. Ich hab gemerkt, wie der Arzt ungeduldig wurde, wie der gesagt hat: »Ah, wahrscheinlich rafft die eh nix«, sodass mir nichts übrig blieb, als *(räuspert sich)* … zu machen, damit er versteht: »Ich hör ganz genau,

---

* *Maria meint das Eintippen in ihr Handy, als ihr rechter Arm noch kräftiger und ihre Sehkraft noch nicht so beeinträchtigt war.*

was du sagst, und ich kapier auch ganz genau, was du mir damit sagen willst.« Es gibt Leute, die sind taub auf dem Ohr, natürlich. Und das wird sich auch nie ändern. Es gibt aber auch Menschen, die dann doch nachdenken.

Oliver: Ich will auf eine Besonderheit hinaus. Du bist hier in dem Heim, soweit ich die anderen Bewohner gesehen habe, die Einzige, oder fast die Einzige, die geistig so präsent und völlig klar und völlig fit ist.

Maria: Das ist nur auf dieser Station hier so, weil hier vor allem Wachkoma-Patienten sind.

Oliver: Aber hier auf der Station, da sind ja auch die Pfleger, die dich pflegen. Ist es für die nicht auch schwierig, sich darauf einzustellen, dass eigentlich alle anderen geistig nicht mehr anwesend sind und du diejenige bist, die absolut präsent ist, alles mitbekommt, über alles nachdenkt, argumentieren kann?

Maria: Es ist für sie schwierig umzuschalten, weil sie bei den anderen manchmal einfach machen. Es gab auch Fälle – die gab's auch in anderen Pflegeheimen –, wo man einfach macht. Ich will gar nicht dieses Pflegeheim hier als Beispiel nehmen, aber es gibt dann so Situationen, wie ich auch eine im Buch hatte, wo sie mir sagten: »Du ziehst das und das an.« Wo ich mir dann dachte: Hallo, das entscheide immer noch ich. Oder: »Warum studierst du überhaupt noch, du wirst doch eh nie Lehrerin?« Na und, das ist doch vollkommen egal. Soll ich hier verdummen, oder was? Wenn ich das will, dann will ich das. Wenn ich meine, das machen zu müssen, dann mach ich das auch. Und es hat mich niemand zu bevormunden. Und so sollte man auch nicht mit jemandem umgehen, der im Wachkoma liegt, nur weil er nicht sprechen kann. Weißt du, ob er's mitkriegt, oder eben nicht mitkriegt?

Oliver: Man weiß es eben nicht. Ist es eine ständige Arbeit, die Pfleger zu motivieren?

Maria: Ja, das ist sehr anstrengend für mich, es ist auch eigentlich nicht mein Job. Und wenn ich darauf hinweise, verstehen's manche, manche aber auch nicht. Aber es ist schon anstrengend, manchmal macht es einen mürbe. Manchmal hat es mich auch schon zur Weißglut gebracht oder zu Tränen. Also nicht zu Tränen gerührt, vielmehr hab ich einfach nicht mehr gekonnt, weil ich mir dachte: Wenn die so in einem anderen Zimmer mit jemandem umgehen, wie sie's nur annähernd gerade bei mir probiert haben – oh mein Gott. Wie gesagt, damit meine ich nicht dieses Heim, aber ich kenne Leute, die das so gemacht haben, oder auch Kliniken, wo das so passiert ist, wo eine ältere Dame mit Parkinson lag, die sich zwar schon noch äußern konnte, aber eben nur sehr schwach und die eben auch schon sehr alt war. Der Mann, dieser Pfleger, garstig ohne Ende, brüllte sie an und schüttelte sie – da hätte ich ihm schon links und rechts ein paar um die Ohren hauen können. Wenn ich gekonnt hätte, hätte ich ihn gepackt und rausgeschmissen. So jemandem gehört wirklich das Examen aberkannt, der gehört rausgeschmissen, ganz ehrlich. Und dass sie dann ihre Finger in seine Hand reingekrallt hat, war genau richtig, weil er's anders nie kapiert hätte. Nie. Das macht mich so sauer! So dermaßen sauer! Ich glaube, wenn ich gesund wäre und meine Mutter würde irgendwann im Alter so was erleben – ich würde alles dransetzen, dass die Person ihren Job verliert, weil so eine Person da nicht hingehört.

Oliver: Falsche Berufswahl. Ja, hast du den Eindruck, dass die Pfleger hier überlastet sind? Oder haben die eigentlich genug Zeit?
Maria: Ich möchte da eher im Allgemeinen sprechen. Ich glaube, dass die Pfleger viel zu wenig Zeit haben, dass einige viel mehr tun möchten für den Patienten, aber einfach so viel gekürzt wird, und das ist genauso ein Ding, wo ich anfangen könnte zu brechen, weil ich's einfach ein Unding finde, dass hier gespart wird – an den Menschen zu sparen, das find ich das Allerletzte. Die Leute, die darüber entscheiden, sollten sich mal hinlegen und sich dann mal

in der Art und Weise versorgen lassen, wie die es müssen, die gar nichts mehr alleine machen können. Sie sollen nicht ans Bett gefesselt sein, das ist eine unschöne Redewendung, aber man sollte ihnen klarmachen, dass sie in den nächsten sieben Tagen – beispielsweise, um erst mal mit einer Woche anzufangen – das Bett nicht verlassen können, um einfach so eine Situation mal darzustellen, und sich auch nicht alleine drehen dürfen. Mal gucken, wie das ist, wenn sie für alles klingeln müssen und dann gesagt bekommen: Ich komme in einer Stunde, ich hab jetzt keine Zeit. Und selbst wenn es nur 20 Minuten sind, und die Leute haben sich eingenässt, und können sich selbst nicht mehr saubermachen und kriegen dann noch als dummen Spruch zu hören: »Äh, die hat ja auch schon wieder gekackt!« Was ist denn das für eine Wortwahl? »Die hat ja auch schon wieder gekackt!« Ja, wer weiß denn, ob die später nicht mal selbst inkontinent werden? So überhaupt zu reden, so über einen Menschen zu reden! Was haben die so zu urteilen? Das frag ich mich. Wie sind die erzogen worden, sind die erzogen worden?

Oliver: Sollte man dieses Experiment mit jedem Gesundheitspolitiker machen? Eine Woche?
Maria: Mit all denen, die die Einstellung vertreten, dass diese Behandlung ausreichen müsste.

Oliver: Ich glaube, eine Woche könnte heilsam sein …
Maria: Ich glaube nicht mal, dass die es aushalten würden, eine Woche lang.

Oliver: Die würden frühzeitig einen Rappel kriegen. – Bist du auf deine Krankheit noch wütend? Dass gerade du die bekommen hast, dass die so in dein Leben reingegrätscht ist, in deinen Lebensplan?
Maria: Ich würde nicht sagen, dass ich wütend bin. Ich wünsche sie auch niemand anderem, ich hab nie gesagt: »Warum ich? Warum

kann sie nicht jemand anderes haben?« Das nie, weil das nicht meine Einstellung ist, so ein Mensch bin ich nicht. Sie ist natürlich unpassend in dem Sinne, dass ich mir mein Leben anders vorgestellt habe. Aber wäre sie nicht gekommen, hätte ich dich nicht kennengelernt, hätte ich wahrscheinlich niemals ein Buch geschrieben. Vom Erfahrungsschatz her hätte ich es natürlich schreiben können, aber erst, als ich pflegebedürftig geworden bin, drängte es mich dazu, es auch zu tun. Mit dem Rollstuhl konnte ich gut leben, das wäre kein Problem gewesen, aber mit all dem, was Ende 2009 kam, wurde es schwierig, – kein Auslandssemester mehr, Familienplanung? Hm … Lebenserwartung? Hm … Und alles Weitere. Einen Beruf auszuüben, wirklich zu lehren später – hm … Es sei denn, es geschieht ein Wunder.

Oliver: Glaubst du noch an so ein Wunder?
Maria: Ja, wenn ich nicht daran glauben würde, würde ich kaputt-gehen. »Hoffnung« steht da oben. (Zeigt nach oben zu ihrer Zimmer-wand, wo der Begriff in großen Lettern aufgemalt ist.)

# Marias Kindheit und
# ihr Leben vor der Krankheit

Oliver: Ich würde jetzt einen Sprung machen in ein anderes Kapitel, in das Leben vor der Krankheit. Was war die kleine Maria für ein Kind? Warst du lebhaft? Und welche Hobbys hattest du?

Maria: Ich war ein Wirbelwind, aber ich war ein liebes Kind, ein sehr liebes Kind. Ein Kind, das nie ein anderes Kind verprügelt hat, im Gegenteil. Zwar ein Wirbelwind, aber schüchtern. Ein Vorbild wurde ich immer genannt. Aber das würde ich nie von mir selbst behaupten, ich gebe nur wieder, was andere gesagt haben. Ich war immer so das Mustermädchen, auch in der Schule. Ich hab immer viel Sport getrieben, natürlich, hab mit sechs, sieben Jahren angefangen mit Leichtathletik. Bin viel geschwommen, geskatet – also Skateboard und Inlineskating. Da war ein ganz steiler Berg in unserer Wohngegend, den ich hinuntergesaust bin, und irgendwann hab ich mich unten mal auf die Nase gelegt bzw. auf den Hosenboden gesetzt, weil ich sonst vor dem Auto unten nicht mehr hätte bremsen können – sehr bedenklich. Ich hab viel mit anderen Kindern unternommen, mit jüngeren, mit gleichaltrigen, mit ein bisschen älteren. Meine Eltern haben schon auf meinen Umgang geachtet, also dass ich nicht mit irgendwelchen Kindern unterwegs war, die andere verprügelt haben. Ich durfte mir trotzdem meine Freunde immer aussuchen, so war es nicht. Es war auch nicht so, dass ich »wohlbehütet« war. Meine Eltern haben schon darauf geachtet, dass die Leute mir gutgetan haben, mit denen ich unterwegs war. Ich hab Baumhäuser gebaut. Ich hab es geliebt, auf Bäume zu klettern – meine Jungenphase. Die Jungs sind auch immer auf Bäume gekrabbelt, also ist Maria hinterhergedüst. Wir haben Baumhäuser gebaut. Das fand ich total spannend. Ich war sowieso ein Kind, das viel experimentiert hat. Ich hätte mir am liebsten ein eigenes Gartenhäuschen gebaut, so ganz alleine, Marke Eigenbau. Nicht so, dass Papa das macht, sondern dass ich das mache. Mit so einem kleinen Chemiekasten für Kinder hätte ich am liebsten herumexperimentiert. Davon hab ich immer geträumt. Es gab mal so eine Fernsehserie: Ein Kind, ein kleines Häuschen, so ein kleines Labor, das wollte ich auch immer haben, das fand ich superspannend, superscharf. Ich hab auch mit meinem großen Bruder Tennis gespielt, wir hatten so einen Spielplatz hinter der Wohnung, in der wir gewohnt haben. Wir sind ja erst, als ich in den Rollstuhl gekommen bin, umgezogen in ein großes Haus. Vorher haben wir in einer Wohnung gewohnt und es gab viele Kids in meiner Umgebung. Ja, so hab ich meine Kindheit verbracht, auch mit Babysitten. – Das war die Mary, die gerne – leidenschaftlich gerne – Hausaufgaben gemacht hat, das muss man sich mal vorstellen, superordentlich und alles unterstrichen. Es musste alles ganz toll sein.

Oliver: Hast du im Haushalt gerne geholfen? Oder war da die Grenze?
Maria: Na ja … Wenn Mama mich gebeten hat, hab ich das immer gemacht. Ich hab auch so mal gefragt, ob ich was helfen kann. Ich hab mein Zimmer supergerne aufgeräumt, das schon. Jedes Wochenende alles ausgeräumt, geputzt und alles wieder eingeräumt und immer wieder umgeräumt.

Oliver: Ich hoffe, das machen meine Kinder auch so. – Hattest du ein Lieblingsspielzeug?
Maria: Barbiepuppen.

Oliver: Wirklich?
Maria: Ja, eine ganze Weile. Und Barbie-Wohnmobil und Barbie-Haus. Puppen waren in der Phase super-in, gerade die Barbies, davon hatte ich ganz viele. Ja. Dann hatte ich die Phase, da war ich nur in der Natur, da gab's zu Hause gar kein Lieblingsspielzeug,

nicht so generell. Ansonsten – Bücher fand ich ganz toll. Ich hab auch schon früh angefangen zu lesen, schon im Kindergarten.

Oliver: Du bist eher auf dem Lande aufgewachsen?
Maria: Ja, in einer Kleinstadt.

Oliver: Wie viele Einwohner?
Maria: Zwischen acht- und zehntausend.

Oliver: Also Natur zwei Straßen weiter?
Maria: Ja genau. Wir hatten auch einen Wald hinter der Wohnung. Und das war total spannend. Und dann ganz viel Feld dahinter, und ich bin immer mit meinem Fahrrad da langgebrettert. Und da war noch eine andere Schule, eine Realschule, in der Nähe, da bin ich immer rumgeskatet. Da konnte meine Mama dann rufen und ich hab das auf dem ganzen Schulhof gehört. Denn natürlich hatte damals nicht jeder mit sieben ein Handy. Ich hab mich immer daran gehalten, was Mama gesagt hat, wo ich mich aufhalten soll. Oft ist sie auch rumgekommen, hat eine Limo mitgebracht, eine Stulle oder so. Also ich war schon sehr brav. Auch ein Mamakind vor allem. Ich hab Papa auch geliebt, Papa musste immer kraulen, anderthalb Stunden, bis ich eingeschlafen bin … Mein Vater hat ja selten Fernsehen geguckt, genau wie heute. Ich bin genauso wie er, wir sind eher draußen. Ich hab auch immer versucht zu helfen, im Garten und so: »Papa, lass mich mal, ich kann das auch schon.« Ich konnte es natürlich nicht, ich hatte ja viel zu wenig Kraft …

Oliver: Wenn ich deinen Eltern morgen dieselbe Frage stelle, würden sie mir das auch so beschreiben, oder erzählen sie mir eine ganz andere Geschichte?
Maria: Ich bin gespannt. Ich denke, dass sie es so beschreiben, ja.

Oliver: Hattest du einen Spitznamen?

Maria: Lisbeth. So hat mich mein Papa immer genannt, ich weiß nicht warum. Ich weiß nicht, wie er auf Lisbeth kam.

Oliver: Aber du hast nicht gelispelt?
Maria: Nee, nee. Das gar nicht. Und wenn, dann hätte er mich so auch gar nicht genannt, weil er das als zu abwertend empfunden hätte. Lisbeth … Ich weiß nicht warum, du kannst ihn ja morgen mal fragen, warum er mich Lisbeth genannt hat. Ansonsten – meine beste Freundin nennt mich seit jeher Mary Lou oder Mary. Der Name darf aber nur von Leuten verwendet werden, denen ich vertraue, zu denen gehörst du zum Beispiel, also zu denen ich ein inniges Verhältnis habe. Es darf auch nicht jeder Freund oder jede Freundin.

Oliver: Das ist eine Auszeichnung?
Maria: Das ist eine Sache, die nicht jeder darf. Und auch nicht alle meine Freunde kennen diesen Namen »Mary«, oder wissen, dass ich so genannt werde. Von meinen Eltern natürlich »Spatz« oder so, oder »Maus«.

Oliver: »Maus« passt zu allen.
Maria: Natürlich.

Oliver: Wenn die Kinder krümeln, sind sie »Krümelmäuse«, und wenn sie viel essen, sind sie »Essmäuse« oder »Fressmäuse«. – Hast du ein Lieblingsbuch?
Maria: Ein Lieblingsbuch? Es gab so viele. »Jim Knopf und die Wilde 13«, dann ganz früher »Die kleine Raupe Nimmersatt«. Es variierte. Ich hatte dann auch später Deutsch- und Englisch-Leistungskurs. Ich hab eher englische Werke gelesen, oder allgemein Fremdsprachentexte. Ich hab fünf Sprachen gelernt: Deutsch, Englisch, Französisch, Spanisch und Latein.

Oliver: Woher kommt das Talent, ist das dir von den Eltern in die Wiege gelegt worden?

Maria: Meine Eltern sprechen brockenweise englisch. Aber mich hat das fasziniert. Mein Bruder ist eher so ein Informatikertyp, also auch schon in Sprachen total gut, in den Sprachen, die er hatte, aber dass er das jetzt, Latein und Spanisch, auch noch zusätzlich gemacht hätte, nein.

Oliver: Warum sprichst du so viele Sprachen, durch die Schule?

Maria: Ja. Ich hab in der Fünften Englisch bekommen, in der Siebten Französisch, in der Neunten Latein und in der Zwölften Spanisch.

Oliver: Und hat dir das richtig Spaß gemacht?

Maria: Hm *(bejahend)*.

Oliver: Waren das deine Lieblingsfächer?

Maria: Ich hatte nur ein Fach, das ich nicht mochte, das war Kunst – das hab ich zuerst abgegeben. Das lag nicht am Lehrer, sondern einfach weil ich das nicht konnte. Aber später, das beschreibe ich ja auch so in meinem Buch, war das eine Therapieform, dass ich angefangen hab zu malen. Da kamen die besten Bilder dabei raus, am liebsten Sonnenuntergänge und -aufgänge.

Oliver: Mathe und Physik?

Maria: War auch cool, Mathe vor allen Dingen. Ich war noch mit einem Mädel und einem Buben Kursbeste – auch in der Oberstufe.

Oliver: Mathe ist gar nicht so doof, hm?

Maria: Nö. Ich find Mathe überhaupt nicht doof. – Ich war ja sehr krank, damals schon. Durch die ersten beiden OPs hab ich von drei Jahren Oberstufe anderthalb Jahre im Krankenhaus gelegen. Ich hab mir's halt selbst beigebracht. Ich musste nie was wiederholen, im Gegenteil. Ich sollte auch hochgestuft werden. Mein IQ wurde mehrmals gemessen, da kam immer hundert und paarundvierzig raus. Mach ich mir nichts draus. Ich find's immer schwachsinnig, wenn man Schüler daran festmacht, weil das einfach nur ein paar Fähigkeiten testet. Aber wenn ein Schüler zum Beispiel in Spanisch total super ist … – also Spanisch wird da überhaupt nicht getestet. Oder wenn er ein total toller Physiker ist …, das kommt darin gar nicht vor, nur Allgemeinwissen Deutsch und Mathe und »Kinkerlitzchendinger«. Daran sollte man keinen Schüler festmachen. Ich würde keinen meiner Schüler danach bewerten.

Oliver: Wann ist dein Berufswunsch »Lehrerin« entstanden?
Maria: Mit sieben.

Oliver: Mit sieben? Aber nicht, weil du in den Lehrer verliebt warst?
Maria: Um Gottes willen. Ich fand's immer toll, wenn ich daran dachte, dass ich jemandem etwas beibringen kann. Und da ich Kinder sowieso total gern hab, war das für mich einfach was Tolles. Und als ich dann immer schon mal eine Stunde machen durfte, auch schon mal in der Schule … Ich hab dann in der Zehnten eine Mentorenklasse bekommen, das war eine fünfte Klasse, und für die war ich zuständig und hab sie betreut und hab das statt nur einem Jahr zwei Jahre lang gemacht, weil sie gerne wollten, dass ich sie weiterhin begleite. Ich hab zu einem Großteil von denen heute noch Kontakt. Ja, das war eine tolle Erfahrung. Als ich dann in den Rollstuhl gekommen bin, hab ich schon mal gedacht: Du wirst Arzt und machst alles besser – aber das kam nie wirklich infrage. 2009 hab ich meine Schulpraktischen Studien gemacht, den ersten Teil davon. Man wird dann mehrmals von der Uni an die Schulen geschickt. Die Ausbildung ist praktischer geworden, nicht mehr so theoretisch, wie sie früher war, was auch viel besser ist, weil man gleich merkt: Ist das was für mich oder ist das nix für mich? Manche entscheiden sich vor Semesterbeginn: »Na ja, ich hab den Platz, den ich eigentlich wollte, nicht bekommen, dann mach ich doch

Lehramt.« Gut, wenn sie's dann wirklich wollen, ist das toll, aber ansonsten kann ich so was nicht leiden, so eine Einstellung. Oder: »Hach, ich mach das des Geldes wegen oder weil ich so viel Ferien hab« – da könnte ich platzen. Wenn, dann muss das eine Berufung sein, muss man das wirklich wollen, richtig wollen. Dann muss man seine Schüler, egal in welcher Phase, unterstützen. Man muss sie abholen, da, wo sie stehen. Ich kann nicht sagen: »Der Schüler hat sich »scheiße« verhalten oder so. Beurteile ich ihn jetzt schlecht?« Nee, man muss dahintergucken: Was steckt dahinter? Gut, ich hab als viertes Fach Psychologie und ich fände es sehr wichtig, dass das für jeden Pflicht wird, also obligatorisches Fach wird, und nicht nur fakultativ. Das ist so wichtig, um hinter die Fassade zu gucken: Ist da was Familiäres oder liegt das an mir? Viele denken da ja gar nicht nach – nö, kann ja nicht an mir liegen – ich bin ja unfehlbar … Völliger Quatsch!

Oliver: Was für Jugendsünden hattest du? Hast du geraucht?
Maria: Nee, nicht mal eine Zigarette. Als Einzige aus der Familie rauche ich nicht.

Oliver: Alkohol?
Maria *(lacht)*: Nein. Klar hat man mal zum Geburtstag ein Glas Sekt getrunken oder so, aber ich bin immer die gewesen, die gefahren ist, dann später auch, um die anderen sicher nach Hause zu bringen. Klar hat man sich mal verabredet. Aber ich kann mich nur an ein Mal Silvester erinnern, wo ich getrunken habe, und bei mir braucht es nicht viel aufgrund der Medikamente. Ich war ja schon mit 13 auf Medikamente eingestellt, zwar damals noch nicht auf starke, aber ich hab eben damals schon Medikamente bekommen.

Oliver: Die sich mit Alkohol nicht vertragen.
Maria: Ja, und ich bin auch Asthmatikerin, das hat man auch schon in der Kindheit festgestellt und einige andere Krankheiten.

Das Trinken hat mir auch keinen Spaß gemacht, ich fand daran nichts Tolles und es hat mir auch nicht geschmeckt. – Also ich bin nicht spießig oder so. Ich war sehr brav. Meine Eltern haben sich manchmal »gewünscht«: Kannst du nicht ein bisschen … »anders« sein?* Aber mein Bruder war genauso. Also mein Bruder raucht zwar, hat aber sehr spät angefangen zu rauchen. Und auch er: kein Alkohol.

Oliver: Wurdest du von Gleichaltrigen für dein Aussehen bewundert? Die Fotos von 2008/2009 zeigen ja eine unglaublich schöne junge Frau. – Es ist sehr schön, dass es dieses Shooting** gibt, um das den Leuten zeigen zu können.

Maria: Ja, schon. Aber ich sag jetzt nicht, dass das mir unangenehm war, sondern es war seltsam, weil ich mich selbst nie so wahrgenommen hab. Ich dachte: Ich bin so, wie ich bin. Aber ich bin jetzt nicht Besonderes. Es war ja auch so, dass man mich wegen des Shootings angesprochen hat, als ich schon im Rollstuhl saß und ich gerade meine unsichere Phase hatte, in der ich versucht habe, mich wieder zu finden. Generell sind Komplimente etwas, wo ich auch heute noch jedes Mal erröte.

Oliver: Hast du auf dein Äußeres besonderen Wert gelegt, oder war das einfach so gegeben?

Maria: Also klar hat man, so in der Pubertät, schon mal geguckt, dass man keine Pickel hat oder so. Damit hatte ich zwar eh nie Probleme, aber ich hab schon geguckt, dass ich nicht irgendeine Seife nehme, sondern etwas, was die Haut gut reinigt, wo man eine anständige Creme draufmacht, oder vorher noch ein Tonic, das die Poren wieder schließt. Das mache ich heute noch. Ja, ich bin dann

* im Sinne von »nicht immer brav sein«
** Es handelt sich um das Shooting mit Michael Schreiner, ein Bild aus dem Shooting wurde vom Verlag als Coverfoto für Marias Buch ausgewählt.

auch immer mal zur Kosmetikerin gegangen, und lasse auch heute manchmal eine zu mir kommen, aber einfach nur um meiner selbst willen, um mich gut zu fühlen.

Oliver: Wann hast du dich erwachsen gefühlt?
Maria: Schon sehr früh. Durch meine Krankheit musste ich vielleicht viel früher erwachsen werden. Ich kann's nicht genau festmachen. Aber ich hab auch heute noch ein Kind in mir. Ich finde, das darf man nie verlieren. Richtig erwachsen wird man nie, hoffe ich. Also man sollte schon in gewissen Sachen ernst sein und Ernst zeigen können, aber in bestimmten Momenten auch mal kindisch sein können …

Oliver: Das bist du bis heute?
Maria: Ja, das bin ich auch gerne, ich hab auch mit meinen Schülern mal rumgeblödelt und Witze gemacht, aber dann auch wieder den nötigen Ernst an den Tag gelegt, indem ich gesagt habe, okay, das ist jetzt ein ernstes Thema – ja, bis hierher und nicht weiter, um ihnen Grenzen aufzuzeigen. Um zu sagen, wir können bis hier und hier gehen und Spaß machen, aber dann, wenn ich sage, hier ist Schluss, ist Schluss.

# Was Maria Kraft gibt:
# Familie, Freunde und der Glaube

Oliver: Wer hat dich als Kind und als Jugendliche am meisten geprägt?
Maria: Meine Familie: Mama, Papa und mein Bruder.

Oliver: Dein Bruder ist älter als du?
Maria: Hm *(bejahend)*, sechs Jahre. – Sie sind bis heute immer noch meine Vorbilder, das sind nicht irgendwelche Menschen aus dem Fernsehen. Natürlich gibt es Menschen, bei denen ich sage, die find ich toll, die mag ich, aber mein Vorbild ist meine Familie.

Oliver: Die auch jetzt ungeheuer zu dir hält.
Maria: Hm, ja. – Natürlich gibt es auch Freunde, die mich geprägt haben, die immer hinter mir standen, von klein auf, wie Franzi, die kenn ich jetzt seit 18 Jahren. Jetzt bin ich 25, sie auch, wir sind ein Alter. Wir haben die komplette Schulzeit miteinander erlebt bis zum Abitur, sind in fast allen Kursen gemeinsam gewesen, hatten dieselben Leistungskurse. Wir haben immer viel miteinander zu tun gehabt. Wir haben zusammen studiert. Sie hat zwar kein Lehramt studiert, aber auch Germanistik unter anderem. Ja, das ist auch ein Mensch, der mich geprägt hat, weil sie hinter mir stand und mich unterstützt hat und mich auch heute noch unterstützt.*

Oliver: Und hattest du vor deiner Diagnose ein klares Bild von deiner Zukunft – drei Kinder, Karriere oder?
Maria: Zwei bis drei Kinder. Natürlich wollte ich auch was in meinem Job erreichen. Mich auch ehrenamtlich weiter betätigen in der Kinder- und Jugendpsychiatrie, in der ich gearbeitet hab, als

---

* *Siehe Interview mit Franziska*

ich mein Praktikum gemacht hab. Ich wollte auch für krebskranke Kinder da sein. Im Marburger Klinikum gibt es eine große Kinder-Krebsstation und ich hätte gern ehrenamtlich dort gearbeitet. Ich hätte versucht, den Kindern einen Wunsch zu erfüllen. Und ich würde auch jetzt noch versuchen, den Kindern einen Wunsch zu erfüllen, bevor ich mir einen erfülle. Auch jetzt noch. Wenn ein Kind hierherkäme und mich bitten würde, ihm einen Wunsch zu erfüllen, ich würde das sofort machen, wenn ich's könnte.

Oliver: Gibt es irgendwas, was du deiner Krankheit an Positivem abgewinnen könntest? Hat sie dich klüger gemacht, oder ...?
Maria: Ja, das hat schon damit angefangen, dass ich mich auf den Rollstuhl einlassen musste. Sonst wäre ich nicht vorangekommen. Hätte ich den Rollstuhl weiterhin als Feind angesehen, wäre ich niemals glücklich geworden. – Das war ja da auch schon die Krankheit, die bis dato niemand erkannt hatte. Die Krankheit hat mich stärker gemacht. Meine Krankheit hat mir gezeigt, dass das, was früher für mich wichtig war, heute nichtig ist. Meine Gesundheit war mir nicht wichtig. Das ist heute wichtig. Oder auch eher so Sachen wie dieses Mal-fünfe-grade-sein-lassen-Können, das ist mir heute wichtig. Die Prioritäten haben sich geändert. Natürlich bin ich immer noch die ehrgeizige Person von früher. Aber dennoch ist es so, wenn ich heute merken würde, ich kann jetzt nicht mehr, würde ich anhalten und es anders machen. Ich würde mir wünschen, dass ich die Zeit dafür habe, ... da die Zeit eigentlich mein Feind ist, nicht mein Körper.

Oliver: Hast du eine Vorstellung von dieser Zeit?
Maria: Wie lange diese Zeit ist? Sie kann sehr kurz sein, sie wird auch nicht mehr lang sein. Sie wird nicht mehr lang sein. Ich werde nicht das doppelte Alter erreichen, nicht mal annähernd. Vielleicht ein paar Monate, vielleicht ... Ich weiß es nicht. Ich möchte darüber gar nicht spekulieren. Ich möchte gar nicht wissen, wie lange noch.

Ich will jeden Tag so leben, als wär's der letzte. Und deswegen sage ich auch heute jedem – wenn ich mit jemandem telefoniere oder die Person sehe –, dass er mir wichtig ist, weil ich nie weiß, ob's das letzte Mal ist, dass ich ihn höre oder sehe.

Oliver: Du sagst, dass deine Angehörigen dich zwar sehr oft besuchen sollen, aber dass sie trotzdem ein eigenes Leben leben sollen, dass sie sich nicht nur um dich kümmern sollen, sondern auch um sich selbst. Wo nimmst du diese Kraft her?

Maria: Aus meinem Glauben und daraus, dass ich einfach weiß, von mir wäre es unfair zu verlangen, dass sie immer nur bei mir sein sollen. Das wäre unfair und ich weiß, dass wir uns wiedersehen irgendwann.

Oliver: Was ist das für ein Glaube?

Maria: Der Glaube an Gott. Der Glaube an ein Leben nach dem Tod. Und auch der Glaube, dass es sich irgendwann vielleicht bessern wird. Gekoppelt mit der Hoffnung, dass es besser wird.

Oliver: Warst du vor der Diagnose religiös?

Maria: Ich habe zwei Jahre vor der eigentlichen Diagnose, vor dem eigentlichen Knall, in der Klinik zum Glauben gefunden, da saß ich gerade im Rollstuhl, da gab es diese »eigentliche Diagnose« noch nicht. Aber der Rollstuhl war schon auch, wenn man so will, eine Diagnose. Ja, was heißt gläubig – ich war konfirmiert. Ich hab das nicht gemacht der Geschenke wegen oder des Geldes wegen, sondern schon, weil da irgendwo ein Glaube war, aber ich war kein regelmäßiger Kirchgänger, und das gebe ich auch offen und ehrlich zu. Aber dann, in diesem Klinikum, war ich unterwegs mit Musik in den Ohren und irgendwann – ich hab nicht darauf geachtet, wo ich langfahre – waren die Batterien* alle, sie waren leer. Ich hab

* die Batterien des MP3-Players

49

nachgeguckt und gedacht: Shit, wo sind denn meine Batterien, hab ich noch welche? Ich hatte keine mehr. Und dann war's so, dass ich mich erst mal umgesehen habe: Moment, wo bin ich denn hier überhaupt? Andachtsraum, überall Zettel. Und dann hab ich gehorcht und bin in den Raum hineingerollt. Und das war ein ganz toller Raum, der hatte so was Eigenes. Da war ich dann eine ganze Weile. Und plötzlich tippte mich jemand an. Ich hab mich fürchterlich erschrocken. Da stand ein ganz freundlicher Mann vor mir, der mich anlachte. Als er mich dann fragte, was mich hierherführe, hab ich ihm die Geschichte ganz offen erzählt. Auch davon, dass ich eigentlich nicht gläubig bin, nicht so gläubig, dass ich jeden Abend beten würde oder so. Da hat er mich eingeladen in seinen Gottesdienst. Ich hab so ein bisschen »herumgedruckst« und er sagte: »Komm doch mal, schau's dir an.« Das hab ich dann gemacht. Ich war fasziniert, sodass ich dann jedes Mal hingegangen bin. Und der Mensch hat mich irgendwie so sehr fasziniert, ich hatte das Gefühl, die nächste Predigt hatte er nur für mich geschrieben, weil sie so sehr passte. Er hatte mich nämlich auch nach meiner Geschichte gefragt. Natürlich wäre es überheblich zu sagen, er hat sie nur für mich geschrieben, aber ich hatte das Gefühl, dass sie für mich war oder dass sie abgestimmt war auf dieses Thema. Und dann war ich immer da. Dann hab ich angefangen, in der Bibel zu lesen. Ich bin jetzt nicht total bibelfest, aber ich bete jeden Tag, mehrmals. Aber ich bete nicht für mich, ich bete für alle anderen Menschen. Ich bete nur zu einem minimalen Anteil für mich, dass sich etwas bessern möge. Und dass ich weiß, dass ich in seiner schützenden Hand bin, in der schützenden Hand des Herrn, dass ich, wenn er mich nicht mehr gesund machen kann, zu ihm gehe, schon ein bisschen früher. Vielleicht war es ja die Aufgabe, die er mir geben wollte.

Oliver: Bist du manchmal wütend auf Gott?
Maria: Nein, ich kann auch nicht sagen, dass ich ihn wirklich oft nach dem Warum gefragt hätte, weil ich eh keine Antwort bekommen

würde. Das hätte mir nur Energie geraubt. Und Wütendsein ist wie Hass, so ein starkes Gefühl, bei dem ich im Laufe der Zeit gemerkt hab, dass mir das viel zu viel Energie wegnimmt, ein Energiefresser, ein Blutegel, der das Blut aussaugt.

Oliver: Ist das nur der Glaube, der dir deine Kraft und deinen Lebensmut gibt, oder sind das auch noch andere Sachen?
Maria: Es sind meine Aufgaben, die ich mir gebe, es sind meine Familie, meine Freunde, es sind meine Schüler, wenn ich sie unterrichte.

Oliver: Gab's auch Momente, wo du nicht mehr kämpfen wolltest?
Maria: Ja, die gibt's auch immer noch. Ich glaube, es wäre gelogen, wenn ich sagen würde, die gibt es nie. Ich hatte auch eine Zeit, in der ich mein Buch geschrieben hab, wo ich sagte, ich gebe auf, weil ich einfach dachte, ich schaff das nicht mehr. Und dann kam so eine Art Blitz, eine Art Geistesblitz, indem ich mir sagte: »Ne, Mädchen, so leicht nicht, so schnell wird nicht aufgegeben, mein Fräulein! Das machst du mal schön fertig. Du hast allen erzählt, du schreibst ein Buch – nachher heißt es ›Große Klappe, nichts dahinter‹«. Und so hab ich's fertig geschrieben. Natürlich ist es auch generell schwierig, hier ist es ja immer dunkel, du kennst das, wenn du hier reinkommst, dann denkst du, du fällst in ein schwarzes Loch. Und natürlich, wenn ich eine Zeitung zitiere[*], hab ich anfangs immer »Heimvorteil«, weil ich weiß, wo alles steht, und sagen kann: »Nee, nicht da lang, nicht da lang, nicht da lang, am besten gleich setzen und Ruhe bewahren.« – Aber es gibt auch Situationen, in denen mir dieser Heimvorteil gar nichts nützt, und dann fall auch ich in ein Loch, das noch viel dunkler ist als das hier. Dann fall ich und fall ich und fall ich und schlag irgendwann unten auf.

[*] *»Am Anfang hat sie immer Heimvorteil.« Aus: Süddeutsche Zeitung Seite 3: »Euer Elend kotzt mich an« vom 01.06.2012*

Oliver: Kriegst du Antidepressiva? Willst du welche?

Maria: Möchte ich nicht. Ich hab da meine ganz eigene Meinung. Ich hab die mal genommen, als es mir schlecht ging, die sind mir nicht bekommen. Es gibt Menschen, denen mögen die wunderbar helfen. Das ist auch toll, dass es die gibt für die Leute, und das ist prima, aber ich will sie nicht. Ich möchte es so schaffen. Natürlich hab ich jederzeit die Möglichkeit, zu meiner Ärztin zu sagen, ich brauch was zur Unterstützung und sie zu bekommen, wenn ich sie haben möchte, aber ich möchte es nicht, zur Zeit zumindest nicht.

Oliver: Du möchtest dich auch dem Gefühl aussetzen?

Maria: Ja, ich finde es manchmal wichtig, ich denke, es ist wichtig, sich damit auseinanderzusetzen, sich damit zu konfrontieren, aber auch zu lernen: Stopp, bis hierhin und nicht weiter! Und sich dann zurückzunehmen und zu sagen: »So, jetzt gehe ich aus diesem Gefühl wieder raus«. Aber manchmal muss man sich in dieses Gefühl auch bewusst hineinbegeben und sagen: »Okay, ich muss das jetzt aushalten, weil immer nur wegdrücken und mich hier weghauen lassen, das bringt mir überhaupt nichts, außer dass es mich abstumpft.« – Das ist meine Meinung dazu. Das mögen andere Leute anders sehen, aber für mich ist das keine Lösung, für mich als Person. Ich möchte das nicht, brauche das nicht. Vielleicht irgendwann mal, wenn ich es gar nicht mehr anders schaffen sollte.

Oliver: Wer sind deine wichtigsten Freunde hier? Und haben die alten Freundschaften gehalten?

Maria: Die alten Freundschaften, um damit anzufangen, haben gehalten, fast alle. Zwei, drei Personen gibt es, denen ich die Freundschaft gekündigt hab. Eine Person davon wird im Buch auch behandelt, bei der ich aber schon vorher das Gefühl hatte, dass sie nicht mehr wirklich zu mir steht, die immer dann, wenn ich krank geworden bin, weg war. Ich hab sie dann auch mal gefragt bzw. auch überlegt: Vielleicht ist das nichts für sie. Dann kann sie's mir auch sagen. Ich bin der letzte Mensch, der dann sagt: »Ich hab da kein Verständnis.« Aber das kann einen sehr belasten, natürlich. Ich wüsste nicht mal, ob ich das selbst könnte, wenn jemand, den ich gern habe, so krank wäre. Natürlich würde ich's versuchen, aber wenn ich merken würde, das belastet mich total und ich geh darunter kaputt – ich weiß nicht … Natürlich würde ich alles daransetzen, aber ob ich's wirklich schaffen würde, weiß ich nicht. Ich hatte diese Situation noch nicht. Obwohl, nee, stimmt nicht – einmal gab es das, das war eine Person, die mir nahe stand und dann letztendlich verstorben ist. Der hab ich – leider als eine der wenigen – die Stange gehalten. Viele sind da abgesprungen, die sich als Freunde bezeichnet haben. Das fand ich sehr traurig, das fand ich sehr schade. Das war auch keine leichte Zeit. Meine wichtigsten Freunde sind Jens, der auch mit in der Doku zu sehen ist, sind Leute aus meinem alten Jahrgang, sind meine beste Freundin und mein bester Freund, Stefan und Katharina. Aber auch, wie gesagt, Jens. – Und Marita, das ist eine sehr enge Freundin, fast schon beste Freundin, und Kommilitonin, die sehr stark für mich da ist, aber auch manchmal sehr stark leidet, dann leiden wir zusammen, die sehr oft weint bei mir, mit mir weint, die aber auch genauso viel mit mir lacht.[*]

Oliver: Man kann mit dir prima lachen und weinen, ja.
Maria: … eine Person, die mir zuhört, eine Person, mit der man reden kann, ein wunderbarer Mensch. Das ist Doro, die erst vor nicht allzu langer Zeit dazugekommen ist, aber die mir sehr hilft durch ihre Gespräche. Sie ist selbst Deutschlehrerin und Reli-Lehrerin und da kann man sich auch aufgrund der Religion gut austauschen. Sie versucht auch, wann immer es möglich ist, hier-herzukommen – auch wenn das eine Strecke ist, die man hierher fährt –, und gibt mir sehr viel Kraft. Obwohl sie Familie und Kinder

*Siehe die Interviews mit Jens, Stefan, Katharina und Marita* hat, die auch alle versorgt werden müssen, und versorgt werden möchten von ihrer Mama, was ja auch richtig ist, natürlich an erster Stelle kommt, versucht sie immer, diesen Spagat zu machen und das alles miteinander zu kombinieren. Und sie nimmt mich, das finde ich sehr süß, sogar mit in ihre Familie hinein, sodass sogar ihre Kinder wissen: Wer ist Maria? oder Was hat Maria? und: Maria ist krank.*

Oliver: Gibt es auch einen Pfarrer, der ein Freund ist? Besucht dich ein Pfarrer?

Maria: Er hat mich eine ganze Weile besucht, ja. Jetzt im letzten Jahr nicht mehr. Ich wollte gern wieder Kontakt aufnehmen. Aber was ich eben noch sagen wollte: Es gibt Personen, die hier mit im Raum sind, die mir, glaub ich, mehr Kraft geben, als sie wissen. Und ich glaub, du weißt ganz genau, von wem ich rede. Und da bin ich ganz froh drüber, dass es die Leute gibt, die mir wichtig sind.

* *Siehe das Interview mit Dorothee*

# Marias Wünsche
# vor dem Tod

Oliver: Wir reden jetzt über ein sehr ernstes Kapitel: Das Sterben und den Tod. Hast du eine Liste mit Dingen, die du vor dem Tod noch erledigen möchtest, und was du noch schaffen möchtest?

Maria: Ja, jeden Tag etwas – darauf hat mich eine meiner früheren Schülerinnen gebracht, die ich 2009 unterrichtet hab: »Frau Langstroff, ich hoffe für Sie, dass Sie jeden Tag etwas haben, über das Sie sich freuen können, dass Sie jeden Tag etwas haben, worüber Sie lachen können, dass Sie jeden Tag etwas haben, was Sie zu Ihrem Eigen machen können.« Ja, hab ich, so eine Liste gibt es. Ich möchte noch einmal ans Meer fahren, unbedingt. Und ich werde ans Meer fahren, egal wie. Und ich möchte noch einmal mein Zuhause sehen, egal wie. Ich möchte noch einmal auf den Weihnachtsmarkt, egal wie. Ich möchte noch einmal in eine richtige Schule, egal wie. Und ich möchte einmal den Menschen kennenlernen, den ich schon seit Monaten kennenlernen möchte.

Oliver: Wer ist das?

Maria: Du weißt ganz genau, wer es ist. Es ist jemand, bei dem ich das Gefühl hab – es ist also eine Frau, schon eine Freundin, würde ich sagen, eine Person, bei der ich das Gefühl hab, dass ich sie schon viel länger kenne, als ich sie in Wirklichkeit kenne, schon jahrelang.*

Oliver: Und ihr habt bisher nur immer telefoniert?

Maria: Ja. Es kommt mir aber immer so vor, als würde sie vor mir sitzen, jedes Mal.

* *Maria spricht hier über Olivers Frau Ulrike, genannt Jule*

Oliver: Und manchmal sind im Hintergrund Kinderstimmen zu hören. Und manchmal telefonieren die Kinder auch mit dir.

Maria: Ja, und die Kinder würde ich natürlich genauso gerne kennenlernen. Natürlich nur, wenn sie keine Angst haben in dem Moment. Früher war's ja immer so – und auch heute sind Kinder immer noch mein Ein und Alles. Ich liebe Kinder, und deswegen auch der Wunsch mit der Kinder- und Krebsstation. Würde ein Kind hier reinkommen und sagen: »Ich wünsche mir das und das«, würde ich sagen: »Okay, ich versuch alles, damit du das kriegst.«

Oliver: Warum zieht's dich ans Meer? Hast du eine Beziehung zum Meer?

Maria: Das Meer, ja …

Oliver: Kennst du den Film »Knockin' On Heaven's Door«? Die wollen auch noch mal ans Meer. Und der eine stirbt am Meer.

Maria: Ja, doch, ich kenn Szenen daraus, ich kenn nicht den ganzen Film. Ich hab einer Freundin letztens erst erzählt, dass auch ich gerne am Meer sterben würde. Ich möchte nicht hier sterben, aber auch nicht zu Hause. Ich würde meine Eltern einpacken und sie mit ans Meer nehmen. Ja, und da sagte die Freundin von mir, mit der ich schon lange Jahre befreundet bin: »Das ist wie in dem Film.« Und warum's mich ans Meer zieht … Weißt du, Olli, hier guck ich an eine Wand und da guck ich in die Ferne. Auch wenn ich nicht mehr viel sehe, aber ich weiß, wo etwas endet. Hier, vielleicht zwei Meter vor meiner Nase, ist die Wand. Beim Meer nicht. Noch einmal den Sand halten. Die Sandkörner, die auf den ersten Seiten meines Buches beschrieben sind – wie oft träum ich davon und die Träume sind so real, als hätt ich da gerade drin gelegen. So oft, so oft in der Woche.

Oliver: Ostsee oder Nordsee?

Maria: Ich glaube, Ostsee. Ja, ich glaub, eher Ostsee, ja.

Oliver: Und was möchtest du beruflich erreichen?
Maria: Dass mein Buch irgendwann mal zur Pflichtlektüre in der Schule wird. Natürlich würde ich gerne ganz normal unterrichten, so wie früher. Aber es gibt nicht mal an jeder Schule einen Fahrstuhl. Wie soll es da einen Bettenaufzug geben?

Oliver: Möchtest du deinen Studienabschluss noch schaffen?
Maria: Hm *(bejahend)*. Das erste Stex, das erste Staatsexamen. Für das zweite Stex müsste ich zwei Jahre an die Schule … Aber das erste Stex … Vorher gehe ich nicht! Niemals!

Oliver: Machst du dir über deine Lebenserwartung Gedanken?
Maria: Manchmal. Das ist genauso ein Gedanke, den man zulassen muss wie negative Augenblicke … Ja.

Oliver: Was glaubst du, wie hoch deine Lebenserwartung ist?
Maria: Zeitlich, glaube ich, ist das schwer einzuschätzen.

Oliver: Wie soll deine Beerdigung sein?
Maria: Fröhlich. Nicht traurig. Keine traurige Beerdigung, wie man sich's vorstellt. *(Weint.)* Mit Musik, ganz viel Musik, keine Trauermusik, sondern mit Musik, wie ich sie früher immer gehört hab. Ein Teil von mir … Ich möchte ganz normal in einem Sarg beerdigt werden, mit ein paar Kuscheltieren. Mit Fotos von meiner Familie und von den wichtigsten Menschen. Ich möchte, dass ein Teil meiner Haare … dass davon ein bisschen abgeschnitten wird und im Meer wegschwimmt. Und es soll keiner Schwarz tragen.

Oliver: Für dich würde auch mal ein buntes Hemd anzuziehen.
Maria: Würdest du kommen? *(Lächelt.)*

Oliver: Aber sicher.
Maria: Das hätte ich mir gewünscht, dass du da bist.

Oliver: Was kommt nach dem Tod? Du sagtest, dass du oben sitzt und aufpasst auf mich und Jule und die Kinder.

Maria: Ja, und auf meinen Bruder und auf seine Freundin. Und auf meine Freunde. Auf meine Schüler, meine Lehrer, Dozenten.

Oliver: Ich würde es so gerne glauben. Ich würde es wirklich gerne glauben. Aber mein Großvater war auch evangelischer Pfarrer und ich bin trotzdem atheistisch aufgewachsen. Mein Trost ist, dass du in dieser Welt schon so viel Gutes gemacht hast.

Maria: Findest du?

Oliver: Durch dein Buch, durch deinen Kampf, deinen Mut, deine Tapferkeit.

Maria: Ich glaube. Wenn ich nicht glauben würde, würde ich fallen. Natürlich hab ich manchmal Angst. Ich hab letztens, als wir das Hörbuch aufgenommen haben, auch an einem Abend zu Antje* gesagt: »Du, ich hab Angst, dass ich heute Nacht einschlafe und morgen nicht mehr aufwache, bzw. ich hab Angst überhaupt einzuschlafen.« Diese Tage gibt es. Aber nicht weil ich den Glauben plötzlich verliere, sondern einfach, weil da plötzlich ganz viel Angst ist. Ich dachte immer, ich hätte noch so viel Zeit. Ich hab viel zu sehr vor mich hin gelebt. Ich würde mir wünschen, dass Menschen viel mehr, viel stärker begreifen, dass sie nur *ein* Leben haben, das es zu nutzen gilt und dass sie die Tage nicht verrinnen lassen sollten. – Ich hätte so gerne noch Kinder gekriegt … und geheiratet. Ich hatte das Gefühl, dass meine Beziehung deswegen kaputtgegangen ist, aufgrund der Erkrankung. Nicht weil er damals nicht zu mir gestanden hätte, der Mensch, mein Partner, sondern weil es einfach belastend war. Er war noch jünger als ich, zwei Jahre, er war damals 21, ich 23. Er war schon sehr reif. Da hätten viele andere einen Rückzug gemacht. – Ich wär gern noch mal 13.

---

* Antje ist im Verlag für Bild- und Tonaufnahmen zuständig, sie hat am Hörbuch mit Maria zusammengearbeitet und einen engen Kontakt zu ihr aufgebaut.

Oliver: Warum gerade 13?

Maria: Weil's da richtig anfing.* – Ich könnte nicht viel anders machen, außer die Zeit richtig zu genießen. Mit dem Wissen von heute wär ich gern noch mal 13.

Oliver: Das wollen wir alle.

Maria: Für mich ist es ganz schlimm, Freunde und Familie leiden zu sehen. Deswegen sage ich immer, sie sollen ihr eigenes Leben nicht vergessen und dieses Leben leben, wenn ich nicht mehr da bin. Weißt du, wenn jemand sich nur auf eine Sache, sich nur auf einen Freund, eine Freundin fokussiert und diese Freundin ist plötzlich nicht mehr da … – es ist wie bei einem Hausbau, wo mehrere Balken sind, und einer der Balken lässt sich nur von einem anderen stützen und dieser Balken wird morsch und bricht, dann stürzt er mit ein, stürzt ab, wenn er nicht noch an einen anderen angelehnt ist. Dann fällt er tief und tut sich weh, zerbricht vielleicht, wenn er irgendwo gegen knallt. Deshalb finde ich es so wichtig, dass Menschen ihren Fokus nicht auf mir liegen haben, auch die vielen Leute, die mir schreiben, die Leser. Da ist einer, der gesagt hat, dass er nur noch für mich lebt. Es ist schön, dass er aus dem Buch Kraft ziehen konnte, aber es ist ganz gefährlich zu sagen, dass er nur noch für mich lebt. Es ist so gefährlich, weil er sich damit abhängig macht, sich in eine Abhängigkeit begibt, die ganz, ganz, ganz böse endet, spätestens dann, wenn ich nicht mehr da bin oder nicht weiter-schreiben kann und es keine weiteren Artikel über mich gibt.

*Die Symptome verstärkten sich in dieser Zeit, auch wenn die Ärzte die Krankheit erst 10 Jahre später diagnostizieren konnten.*

# Gespräche mit Maria

*Tag 2*

# Marias Leben im Pflegeheim

Oliver: Wir beginnen den Tag damit, dass du eine Sonnenbrille aufhast. Gestern hattest du keine Sonnenbrille auf, heute brauchst du eine – warum?

Maria: Ich hab aufgrund der Erkrankung ganz empfindliche Augen– also wir haben ja gestern schon erklärt, dass ich … dass dieser Raum hier nur schwach beleuchtet ist, dass aber die Kamera so gut ist, dass es weniger, oder gerade so hell wie eine Kerze, wie ein Kerzenlicht hier drin ist, wie ein Kerzenschein. Es ist so, dass ich kein normales Licht vertrage, deswegen sind immer die Rollläden unten. Es ist immer ein schwerer Vorhang vorgezogen in meinem Zimmer. Es darf nie künstliches Licht angemacht werden, sprich nie die Deckenleuchte, nie irgendwelche starken Lichterketten, höchstens mal eine Lichterkette vom Weihnachtsbaum, von einem kleinen Weihnachtsbäumchen, wie ich es geschenkt bekommen hab, um Weihnachten ein bisschen diese Stimmung zu haben, weil man ja, wenn alles zugezogen ist, von draußen nichts mitbekommt. Ich weiß nie, ob die Sonne scheint oder ob es bewölkt ist. Wenn es regnet, dann höre ich das. Ich höre es, ob der Regen gerade aufkommt oder schräg, ob es Bindfadenregen ist oder andersartiger Regen. Wenn man hier reinkommt in dieses Zimmer – die Leute, die von draußen kommen, wo es ganz normal beleuchtet ist, die fallen in ein tiefes schwarzes Loch. So wie Menschen mit Depressionen es wahrscheinlich beschreiben würden, wenn sie sich in einem Loch befinden – tief und schwarz. So ist das Loch des Zimmers, in das man hineinfällt, wenn man hier reinläuft und gegen alles stößt. Und nach und nach gewöhnen sich die Augen daran, aber wenn die Sonne von außen ein bisschen stärker scheint als sonst, dann trag ich selbst in diesem schwarzen Loch immer noch eine Brille, weil selbst dieses Schwarz nicht schwarz genug ist. Dann können Anfälle ausgelöst werden. Also wenn man den Vorhang wegschieben würde, oder die Sonne würde scheinen, dann wär das zu viel für meine Augen. Wenn man das kleine Licht anmachen würde hinter mir, das Bettlicht, wäre es viel zu hell. Das Licht im Krankenhaus ist ganz eklig für mich, das geht überhaupt nicht. Es muss immer ein Einzelzimmer für mich sein, weil ich auch nicht vom Bettnachbar verlangen kann, dass er immer im Dunkeln liegt. Manche vertragen das ja überhaupt nicht, wenn sie nur im Dunkeln liegen.

Oliver: Aber heute ist das Zimmer genauso dunkel, genauso wenig hell wie gestern und du brauchst die Sonnenbrille trotzdem – ist das auch tagesformabhängig?
Maria: Ja, es kommt auch darauf an, wie viele Medikamente, wie viel Bedarfsmedikation ich an einem Tag bekommen hab. Heute ist es genauso wie gestern, aber ich bin sehr angestrengt und kann das Licht nicht aushalten. Ich bin sehr müde, meine Augen tun weh.

Oliver: Wie hast du geschlafen letzte Nacht?
Maria: Schlecht. Auch wenn ich sehr müde und sehr erschöpft bin, schlafe ich sehr, sehr schlecht, weil … Ich liege ja immer. Du musst dir vorstellen, ich liege seit fast drei Jahren, seit 2 ¾ Jahren. Bald werden's drei Jahre. Ich liege nur, ich mache nichts anderes als liegen. Natürlich denke ich auch: Das ist anstrengend. Auch wenn's sich keiner vorstellen mag. Und das kann anstrengender sein bei einem Menschen, der sehr krank ist, als viele andere Tätigkeiten, wie sich körperlich bewegen. Aber sonst – ich werde von der einen Seite zur anderen gedreht und wieder zurück auf den Rücken. Ich liege und liege und liege. Das Einzige, was ich sehe, ist schwarze Nacht vor mir. Nicht vom Kopf her, vom Kopf her sehe ich hier immer ein ganz helles Zimmer. Das ist der Optimismus, der im Kopf noch drin ist. Aber allein von dem Objektiven, was man sieht, nicht von der Subjektivität, aber von dem Objektiven, ist, was ich sehe, alles schwarz.

Oliver: Und siehst du im Kopf noch Farben? Kannst du dich an Blau, Rot und Grün erinnern?

Maria: Ja, ich weiß ganz genau, wie das aussieht. Ich war auch immer ein Typ, ich bin auch jetzt noch ein Typ, der Farben trägt. Ich könnte kein Schwarz tragen. Mal ja, aber wenn ich ein schwarzes Shirt trage, muss es eine quietschbunte Hose sein, und umgekehrt. Und wie du siehst, bin ich bunt angezogen.

Oliver: Ich bin schwarz angezogen und du bist bunt angezogen.

Maria: Ja. Ich könnte mich nie schwarz anziehen, nicht komplett schwarz. Deswegen hab ich dich auch mal gefragt, ob du auch bunte Sachen anziehst oder ob du immer nur schwarze Kleidung trägst.

Oliver: Hm, immer nur schwarze. Nur einmal bunte, aber nur dir zuliebe. Du legst enorm viel Wert darauf, wie dein Zimmer gestaltet ist. Du hast das schönste Krankenzimmer, das ich je gesehen habe. An der Wand hinter dir steht »Glaube, Hoffnung, Wünsche«, und du hast unglaublich viele und durchdachte Dekorationen im Zimmer. Sagst du zuerst was zu dem Spruch »Glaube, Hoffnung, Wünsche«, wo du den herhast?

Maria: Statt »Wünsche« hat man ja eigentlich … ja, »Glaube, Hoffnung, Liebe«, soweit ich weiß. Liebe ist bei mir auch ein ganz großes Thema, aber ich wollte dennoch eher »Wünsche« drin haben, weil ich noch so viele Wünsche hab, es ging mir einfach so durch den Kopf. Und als ich früher noch selbst im Internet surfen konnte, als ich selbst noch mit der Spracherkennung das Ganze steuern konnte, ohne dass ich jeden Tag jemanden brauchte, der mir zur Hand geht, war ich irgendwo unterwegs, ich glaub bei eBay oder so, und ich hab gesehen, dass man da Wandtattoos erstellen kann. Ich hab gedacht: Nee, nimmst nicht irgend so einen Spruch oder so Engelchen und Teufelchen, wie manch andere. Die hatten solche Beispiele, die fand ich nicht so angemessen. Also das wollte ich nicht, es sollte schon irgendwie besonders sein in dem Sinne, dass es auf meine Situation passen sollte, dass es zum Nachdenken bewegt. Und »Glaube« steht deshalb, weil ich zum Glauben gefunden hatte 2008 … denn wenn ich glaube … Ich glaube daran, dass Gott mir diese Aufgabe gegeben hat aus einem ganz bestimmten Grund, auch wenn ich den Grund nicht immer verstehe und an manchen Tagen auch nicht verstehen kann oder verstehen will. Aber es gibt bestimmt diesen Grund. Wenn ich nicht glauben würde, dann würde ich das Ganze nicht schaffen. Ich glaube, dass mein Körper mir schon noch Kraft geben kann, denn er hat's ja bereits mehr als einmal bewiesen, dass er noch was kann, auch wenn er mir danach in den Hintern getreten und mir gesagt hat: »Mädchen, das machst du nicht noch mal. Das war viel zu viel für mich.«

Oliver: Du spielst auf deine Vorlesung in Marburg[*] an, über die wir noch separat sprechen.

Maria: Hm *(bejahend)*. Auch sonstige Sachen, genauso war es mit der Arbeit an dem Buch. Danach war ich erst mal k.o. Danach hatte ich auch erst mal den nächsten Schub, weil meine Krankheit ja in Schüben verläuft. Aber das war mir egal. »Hoffnung« – ja, »Hoffnung lässt Traurigkeit schwinden«, sagt ein Sprichwort. Das steht auch in meinem Buch. Und das ist auch so. Wenn ich nicht hoffen würde, dann wäre ich traurig. Und ich muss hoffen und glauben, damit ich am Leben bleiben kann. Sonst würde ich, glaube ich, daran kaputtgehen. Und »Wünsche« – davon habe ich noch ganz viele, die ich mir noch erfüllen möchte. Ich wollte dir heute eigentlich meine Liste zeigen, die meine Wünsche beinhaltet: Sachen, die ich vor dem Tod noch machen will, was ich noch erleben will. Ja, da hab ich gestern schon viele Dinge genannt. Aber ich möchte auch noch mal in die Natur gehen. Ich wäre auch so gerne nach Australien gegangen, so wie ich's eigentlich vorhatte, wie's eigentlich schon lange geplant war, um da mein Auslands-

---

semester zu machen. – Hm, ich möchte noch einmal sitzen, ganz normal und ganz alleine. Gut, mit Hilfe ist's auch okay.

Oliver: Ich find Sitzen viel interessanter als Australien. Australien soll fürchterlich langweilig sein, hab ich gehört.

Maria: Australien war so ein lang gehegter Wunsch. Aber ich wüsste, wenn ich wieder sitzen könnte, und nicht nur ein Mal, sondern wenn es wirklich klappen würde, würde ich sofort ausziehen aus'm Pflegeheim. Sofort.

Oliver: Das, was du an Pflege brauchst, ist als Heimpflege nicht machbar?

Maria: Nee. Das kann man auch gar nicht bezahlen. Natürlich gibt es auch Zuschüsse, aber … *(Schüttelt den Kopf.)*

Oliver: Diese 24-Stunden-rundum-Betreuung …

Maria: Ja, die ist zu intensiv … Natürlich könnte man sagen, ja, du musst ja nicht zu Hause gepflegt werden bei deiner Familie, sondern du kannst ja gucken, dass du eine eigene Wohnung bekommst. Aber wenn, dann würde ich schon noch mal bei meinen Eltern sein wollen. Aber ich möchte auch nicht, dass sie irgendwann sehen, wie ich wiederbelebt werde. Das will doch keiner sehen, oder? Also ich glaube nicht, dass es meinen Eltern so guttun würde. Natürlich würden genauso meine Freunde da sein und sagen: »Komm, wir pflegen dich jetzt für diese Zeit, oder wir lösen dich mal ab, du fährst mal nach Hause – zwei Tage, und wenn es nur zwei Tage sind, du fährst mal nach Hause, zusammen mit einem Pflegedienst machen wir das.« Das haben wir schon mal gemacht, aber da ging's mir noch viel besser. Da konnte ich zwar auch nicht mehr sitzen, aber ich war noch keine Epileptikerin. Ich hatte noch keine Atemaussetzer.

Oliver: Würde man dieses große Bett bei euch in die Wohnung, ins Haus bekommen?

Maria: Ich hab dort eins, das genauso aussieht wie das. Das wirst du sehen nachher.*

Oliver: Auch ein Pflegebett.

Maria: Ja. In Hell, dieses hier ist dunkel. Meins ist hell. Darin hab ich seit 2006 geschlafen, weil ich ja da schon ein Pflegefall war. Allerdings nicht mal annähernd so stark wie jetzt. Ich war damals schon rollstuhlpflichtig, aber es war viel einfacher, ja bedeutete viel mehr Selbstständigkeit. Das Bett hat so ein Rutschbrett, das ich mir gebaut habe in der Ergotherapie, da war ich ganz besonders stolz drauf, mit einer Tigerente drauf, das fand ich ganz toll. Es funktionierte so, dass man es schräg gelegt hat und dann hält man sich am Bettgalgen fest, ssst, rutscht runter und sitzt im Rollstuhl. Und genauso rutscht man wieder ins Bett. Und so kann man dann das Bett hoch- und runterfahren. Wenn man hinein will in den Rollstuhl, fährt man das Bett höher, als der Rollstuhl ist, und rutscht rein in den Rollstuhl, und sonst macht man's niedriger, als der Rollstuhl ist, und dann rutscht man vom Rollstuhl wieder ins Bett.

Oliver: Und man bewahrt sich eine gewisse Unabhängigkeit mit den Sachen.

Maria: Hm *(bejahend)*.

Oliver: In deinem Zimmer hängen ganz viele Fotos an der Wand …

Maria: Und Postkarten.

Oliver: Fotos und Postkarten. Du kannst ja nicht im Detail sehen, aber du weißt, dass sie da sind. Was bedeuten die dir, was ist da drauf?

Maria: Sie bedeuten mir ganz viel. Ich hab sie ja mal im Detail sehen können. Da sind die Moderatoren drauf, die das angestoßen

---

* *Oliver besuchte im Anschluss an das Gespräch Marias Elternhaus und traf ihre Mutter und ihren Vater zum Interview.*

haben, von Sat.1, die das angestoßen haben mit dem Buch.* Deswegen sind die da drauf und sind auch ganz wichtig. Dann sind auf ihnen Urlaubsorte drauf: Miami, Los Angeles, New York. Auf einem sind Kinderpopos drauf. Und zwar auf der rechten Seite, in der Mitte, dass müsste die dritte Reihe sein, die vierte Karte von unten – da sind, glaube ich, drei Kinder, die nackig mit dem Rücken zu einem sitzen. Die Karte hat man mir geschrieben, ich hab sie nie gesehen. Ich wusste nur, wo sie hingesteckt worden ist. Das hab ich mir gemerkt, und da ich Kinder liebe, finde ich die Karte besonders toll. Dort sind Fotos von meinem Bruder und von mir, also auch auf der rechten Seite, erste Reihe, fünftes von unten, viertes und fünftes, die hängen übereinander. Einmal hab ich ein Sieb auf dem Kopf, das weiß ich noch von früher. Einmal hält er mich fest am Arm. Dann sind da noch ganz viele Sprüche: »Unterbrich mich doch nicht, wenn ich mich mit mir selbst unterhalte!« Und dort sind Kinderbilder von Samuel – Samuel, der sich irgendwann mal ein Buch gekrallt hat von seiner Mutter und damit immer eingeschlafen ist, jeden Abend, der zwar noch nichts davon lesen konnte mit seinen knapp vier Jahren, der sich aber immer die Bilder angeguckt hat und dann mit seinem Lockenköpfchen darauf eingeschlafen ist.** Dann meine Cousine – Trinity –, die jetzt eine ganz junge Frau ist, die ich das letzte Mal vor ein paar Jahren gesehen hab. Man muss sagen: Ein Teil meiner Familie lebt in den Staaten, die hängen einmal links von mir und einmal rechts von mir. Meine ganze Familie zusammen. Dann sind da noch Karten von Dozenten, Karten von Schwestern, Karten von Sat.1, von Menschen aus dem Verlag.

* Durch den Bericht im Sat.1-Frühstücksfernsehen über Maria und ihr Buch ist der Verlag auf Maria aufmerksam geworden.
** Samuel ist der Sohn einer Freundin von Maria. In Marias Zimmer hängt ein Bild von ihm, wie er auf Marias Buch »Mundtot!?« eingeschlafen ist.

Oliver: Du achtest sehr auf die Ordnung in deinem Zimmer …
Maria: Allerdings.

Oliver: Auch wenn du es natürlich selber nicht mehr machen kannst, aber du gibst sehr klare und sehr präzise Anweisungen, was wo und wie es dort zu liegen hat. Ist diese Ordnung auch ein Kampf gegen ein geistiges Verlottern, ist es ein Nicht-Aufgeben? Es muss alles immer noch eine Ordnung haben.

Maria: Ja, ja. Es heißt zwar auch manchmal: »Das Genie beherrscht das Chaos«, aber ich hab Ordnung von Kindheit an geliebt. Ich hab ja erzählt, dass ich jedes Wochenende mein Zimmer freiwillig aufgeräumt hab und immer wieder umgeräumt hab, und das ist mir wichtig. Und es soll bei mir nicht aussehen wie bei Hempels unterm Sofa. Natürlich ist es ein Kampf gegen das geistige Verlottern, es bedeutet aber auch, dass ich mir damit ein Stück meiner Vergangenheit beibehalte. Natürlich weiß ich, dass ich hier und jetzt lebe. Das ist auch richtig so und das Vergangene ist abgeschlossen, aber bestimmte Teile aus der Vergangenheit, die haben schön hier-zubleiben. Und nur weil ich mich jetzt nicht mehr selbst bewegen kann, heißt das nicht, dass hier Unordnung herrschen kann. Und wenn Leute der Meinung sind, dass sie bei mir nicht aufräumen müssen und mir dann manchmal an den Kopf schmeißen: »Mach's doch selbst oder warte, bis deine Eltern kommen!« – nee, so nicht. So schon mal gar nicht. Ich weiß nicht, wie's bei denen zu Hause aussieht – aber mit mir nicht. So was nicht. Und dann gibt es auch schon mal »Kämpfe«. »Ja, das ist ja total zwanghaft« – das ist überhaupt nicht zwanghaft. Das muss sein, um dann jemandem wiederum eine Anweisung geben zu können: »Ich brauche das, das liegt im Fach soundso an dieser und dieser Stelle.« Und wenn das nicht dort liegt, da kann der lange suchen, kann sich dumm und dämlich suchen. – Es soll ordentlich sein, es soll sauber sein, es soll aufgeräumt sein. Mehr verlange ich nicht.

Oliver: Draußen fahren ja dauernd Rettungswagen vorbei. Du bist doch sehr geräuschempfindlich und auch Geräusche können dich so erschrecken, dass sie einen Krampf auslösen, einen epileptischen Anfall. Ist es weniger gefährlich, wenn das Geräusch langsam anschwillt, bevor es ganz laut wird?

Maria: Wenn ich darauf gefasst bin, ist es weniger gefährlich. Natürlich, leisere Geräusche, auf die ich mich einstellen kann, sind weniger gefährlich. Deswegen keine laute Musik, die bis hintenhin aufgedreht ist. Obwohl man da auch sagen muss: Gut, wenn *ich* die Musik lauter mache – dann weiß ich ja, dass ich sie laut mache, dazu muss ich das Stück aber ganz genau kennen. Wenn da plötzlich ein tierischer Bass kommt oder jemand rumtrommelt wie wild – also ich muss das Stück erst so kennen, dass ich weiß, wann was kommt, wann was gespielt wird und auf welche Art und Weise. So ist es auch mit dem Fernseher. Der Fernseher ist wahnsinnig leise, wenn er überhaupt an ist, sodass jeder, der hier drinsteht, sagt: »Ich hör nichts, mach mal lauter.« Aber meistens läuft da sowieso nur Quatsch, bis auf das, was ich mir morgens immer anmache von Sat.1, aber das läuft auch leise und ich bekomme trotzdem alles mit, weil meine Ohren so überempfindlich sind. Ich höre ja unsere Konversation jetzt auch um ein Vielfaches lauter als die Personen, die hier hinter der Kamera stehen, es hören, oder als du es wahrscheinlich selbst hörst.

Oliver: Das heißt, du hörst eigentlich Fernsehen.
Maria: Hm *(bejahend)*. Und ich sehe, wenn überhaupt, nur Umrisse.

Oliver: Das reicht auch für die meisten Sender.
Maria: Allerdings. Früher war das anders. Ich habe das Gefühl, als ich klein war, konnte man Kinder wirklich eine Serie gucken lassen. Ich durfte mir auch mit meinem Bruder immer eine Serie anschauen, die meine Eltern als unbedenklich empfunden haben, bei der meine Eltern gesagt haben: »Die könnt ihr gucken, ohne

dabei zu verblöden.« Und heute ist es so: Wenn ich mir das angucke, was meine Schüler sich manchmal angucken – nee, das möchte ich mir gar nicht anschauen, glaube ich. Also wenn ich mich mit denen unterhalte: »Was guckt ihr denn so?« – das mache ich nicht, um die auszuhorchen, sondern einfach, weil es mich interessiert, und wenn dann ein Schüler sagt: »Oh, Frau Langstroff, ich hab da was ganz Tolles gesehen«, oder: »Ich guck mir da immer eine ganz tolle Serie an, gucken Sie die auch mal!«, da gab's auch schon Momente, wo ich gesagt hab: »Wollen wir mal einen Filmenachmittag machen mit den Sendungen, die ich früher geguckt hab?« – Das muss natürlich jeder selbst wissen, ich red da keinem rein … Es sei denn, ich merke irgendwie, das hat Auswirkungen auf die Schule oder sonst welche negativen Auswirkungen, aber qualitativ war das früher schon besser, finde ich. Das ist meine Meinung.

Oliver: Gibt es auch Tage, an denen du mit einem Lächeln aufwachst?
Maria: Ja, das hatte ich heute Morgen auch.

Oliver: Weißt du warum?
Maria: Ja, ich hab an eine bestimmte Person gedacht und ich wusste auch, dass wir heute weitermachen. Und es gibt auch Momente, in denen ich einfach wild loslache, genau wie früher, auch wenn ich gar nicht weiß, warum. Also ich weiß nicht, ob du das kennst, wenn man anfängt zu lachen, und wenn man dann gefragt wird: »Was ist denn gerade so witzig, warum lachst du denn so?«, kann man's so genau gar nicht beschreiben. Man lacht, weil man irgendwas total lustig findet, aber gar nicht genau weiß was. Das hab ich manchmal.

Oliver: Gibt's am Tag irgendeinen Moment oder eine Situation, auf die du dich freust und wo du weißt: Das ist das Highlight des Tages?
Maria: Das kommt immer drauf an. Wenn ich zum Beispiel weiß, dass ich Schüler unterrichte, dann ist das mein absolutes Highlight. Wenn ich weiß, dass irgendwas mit der Botschaft meines Buches

zu tun hat, ist das ein Highlight des Tages. Oder wenn ich weiß, dass ich mit bestimmten Leuten telefoniere, ist das auch ein Highlight des Tages. So gesehen – ein Highlight am Tag hab ich immer. Mindestens eins. Wenn ich Mama anrufe, aber auch oft, wenn ich im Verlag anrufe. Oder wenn ich Freunde anrufe. Wenn ich meine Schüler anrufe. Ja, man kann sich auch diese Highlights selbst schaffen. Man muss ja nicht darauf warten, dass das von anderen kommt. Das hab ich auch oft. Ich hab nicht wenige Highlights am Tag. Klar ist es hier schwierig, mit der Krankheit umzugehen, aber man kann sich sein Leben auch noch mal zusätzlich schlechtreden, find ich.

Oliver: Ist das für das Heim schwierig, eine Bewohnerin zu haben, die so aktiv ist wie du? Du bist ja der Umwelt gegenüber auch eine Herausforderung. Weil du nicht wie andere Bewohner geistig abwesend bist, sondern du bist geistig völlig präsent und du vertrittst deine Meinung und dein Anliegen. Wie ist das fürs Heim?
Maria: Da müsste man das Heim mal befragen, aber sicherlich nicht immer leicht. Es gibt bestimmt Momente, in denen sie mich verfluchen, so scherzhafterweise, in denen sie denken: Oh Maria, ich könnt dich jetzt packen. Aber es ist sicherlich nicht das Leichteste …

Oliver: … mit dir umzugehen.
Maria: Na ja, das nicht. Ich lass mir schon sagen, das geht nicht oder so. Aber es ist … Mir wird immer gesagt, ich bin sehr umgänglich und ich merk eigentlich auch, wenn ich selbst Fehler gemacht hab, und ich kann auch zugeben, wenn ich was falsch gemacht hab und mich dann auch entschuldigen. Oder wenn ich meine, dass ich jemandem gegenüber nicht fair war, das hab ich wohl gelernt irgendwann, das war nicht immer so. Aber irgendwann in der Pubertät kam das dann … Mit 13 ging das mit dem immer stärker werdenden Kranksein los, da kam das dann, dass ich stärker reifen musste, schneller reifen musste. Ja, das war so um diese Zeit, dass

ich, auch dank meines großen Bruders, gelernt hab zu sagen: »Entschuldigung, das war gerade nicht so gut.« Das sollte man auch können, als Lehrer vor allen Dingen, find ich. Das ist ganz wichtig. Meiner Meinung nach liegt es nicht immer nur an den Schülern, im Gegenteil. Man muss als Lehrer in diesem Beruf, auch sonst als Mensch, lernen oder wissen, sich zu entschuldigen. Einfach die Fähigkeit haben, sich zu entschuldigen. Aber gerade als Lehrer find ich's wichtig, zu einem Schüler sagen zu können oder vor einer Klasse zu stehen und sagen zu können: »Es tut mir leid, ich hab einen Fehler gemacht.« Ohne dass es einem peinlich ist und ohne zu denken, dass man jetzt total schwach ist – im Gegenteil: Ich glaube, wenn man das macht, dass Schüler einem das hoch anrechnen. Ich find's unfair zu sagen: »Schüler haben immer Schuld«, oder: »Es ist ja die Klasse, die so schlecht ist.« Wenn eine Schulklasse total schlecht ist und in Klassenarbeiten zigmal hintereinander schlecht abschneidet, muss es wohl an mir liegen, oder ich sollte in Betracht ziehen, dass es vielleicht nicht an den Schülern liegt, sondern an der Lehrkraft selbst, an ihrer Art, wenn es alle nicht verstehen. Und dann muss man sagen können: »Ich hab mich da einfach in was verrannt, ich bin da einfach über die Linie hinausgeschossen, über die ich nicht hätte hinausschießen dürfen.« Also ich denke, dass das zum Beispiel wichtig ist.

# Marias Unterricht
# mit ihren Schülern

Oliver: Du unterrichtest deine Schüler. Sitzen die da, wo ich jetzt sitze?

Maria: Nein, wir sind nie hier in diesem Raum, das ist mein Privatraum. Das heißt nicht, dass meine Schüler hier nicht reindürfen, im Gegenteil, hier waren schon Schüler drin. Aber zum Unterrichten wär das Zimmer hier viel zu klein. Wir sitzen dann in einem Raum, der wesentlich größer ist. In der Cafeteria, nicht in einem Patientenzimmer. Was ich auch wichtig finde, weil das für manche etwas sehr Beängstigendes hat. Gerade für Kleine, auch wenn das Zimmer hier sehr bunt ist. Es gibt Schüler, die denken: Ich trau mich da nicht hin. Dann machen wir das Ganze erst mal über Skype, per Computer. Ansonsten: Ein Schüler, der nachher auch kommt, hat mich auch schon hier besucht, nachdem er von mir über Skype unterrichtet worden ist. Da braucht man natürlich immer bei so einer Skype-Schaltung das Zusammenspiel mit dem eigentlichen Fachlehrer, dass der zum Beispiel Stühle rückt oder Sachen mit einem abspricht, und er muss auch wirklich dazu bereit sein, das mit einem abzusprechen. Dieser Schüler war ganz begeistert, dass dieses Zimmer irgendwie gar nicht so weiß und fahl ist, wie er immer dachte, sondern dass es eigentlich aussieht wie sein Kinderzimmer, nur eben ein bisschen weiblicher. Ansonsten: Alle anderen Schüler werden in der Cafeteria unterrichtet, weil es einfach zu viele Leute sind. Von daher sind wir dazu in einem anderen Raum, wir sind nicht hier.

Oliver: Was unterrichtest du, was bringst du denen bei?

Maria: Anders als früher – früher bedeutet 2009, als ich die Schulpraktischen Studien gemacht hab von der Uni aus – bringe ich ihnen nicht mehr Deutsch und Englisch bei, das könnte ich auch, denn das sind ja meine eigentlichen Hauptfächer, plus Pädagogik, was jeder Lehrer studieren muss, plus Psychologie, von der ich gestern auch schon mal meinte, eigentlich fänd ich's besser, wenn jeder Lehrer Psychologie studieren müsste, um dem gewappnet zu sein, was im Buch steht: Wie gehe ich mit Menschen um, die eine Behinderung haben? Hab ich schon mal jemanden diskriminiert? Oder habe ich mitgekriegt, dass jemand anders einen Menschen mit Behinderung diskriminiert hat? Oder: Wie gehe ich damit um, wenn Leute mit Handicap mich plötzlich anfeinden, weil ich ihnen meine Hilfe angeboten hab? Es gibt ja Menschen, die das gar nicht wollen und die dann vollkommen »überzogen« reagieren. Ich will dem Ganzen nicht etwas Negatives mitgeben, aber diese Menschen reagieren dann nicht so, wie man sich's vorstellt. Man könnte ja sagen: »Nee, danke, ich brauch keine Hilfe.« Aber man weiß immer nicht, in was für einer Situation diese Leute drinstecken, ob sie selbst gerade nicht mit sich im Reinen sind, ob sie überhaupt nicht damit zurechtkommen, dass sie im Rollstuhl sitzen. Wer weiß, wie lange sie da schon drinsitzen oder wie kurz. Was mache ich, wenn ich unsicher bin und gerne helfen würde? Denn es gibt ja die Kategorie der unsicheren Mitbürger, die zwar gucken, aber starr stehen bleiben und nix machen, was ich damals nicht als so schlimm empfunden hab wie die, die mich wirklich offen angefeindet haben, weil die Unsicheren einfach starr sind und in dem Moment nicht handeln können. Das bring ich ihnen bei. Wie verhält sich die Gesellschaft? Was, glaubt ihr, könnte die Gesellschaft anders machen? Was bedeuten die Begriffe »perfekt«, »normal«? Und bin ich nicht eher perfekt im Nicht-perfekt-Sein? Ich weiß, ich bin nicht perfekt, ich will auch gar nicht perfekt sein. Ich glaub, ich bin eher perfekt im Nicht-perfekt-Sein.

Oliver: Ist das ein bestimmtes Unterrichtsfach, zu dem das dann dazugehört?
Maria: Es kommt drauf an. Darauf, wohin ein Lehrer das schiebt bzw. welcher Lehrer sagt: »Ich möchte das gern machen.« Grund-

sätzlich ist das für jeden Lehrer möglich. Es gibt Klassenlehrer – das hatte ich in dieser 6. Klasse, in der ich über Skype unterrichtet hab anfangs. Das war eigentlich eine Englischlehrerin und ich hätte das ganze Konzept auch eigentlich auf Englisch machen können, das wär auch kein Problem gewesen. Ich hab ja selbst Englisch studiert oder ich studiere ja auch selbst Englisch, aber für die Kinder ist das ja auf Deutsch schon schwierig zu erfassen, wieso soll ich es ihnen dann auf Englisch erzählen? Es gibt auch Leute – also je nachdem, was die Schule angeboten hat, die das in Gesellschaftslehre machen. Manche machen das auch in Religion, oder in Ethik oder in Deutsch, wo sie dann das Buch gleich mitlesen.

Oliver: Wie oft hast du Schüler hier?
Maria: Das kommt drauf an, also ich kann jetzt nicht sagen jede Woche dreimal oder so. Mal zwei Wochen nicht, und dann fünfmal die Woche, immer Doppelstunden.

Oliver: Sind die dann überrascht, wenn sie dich zum ersten Mal sehen und eine hübsche und gepflegte und gut frisierte Lehrerin sehen, weil sie's vielleicht gar nicht so erwartet hätten?
Maria: Manche ja, manche erwarten es auch so, wie's auf dem Buchcover ist, die denken dann: Hä, auf dem Foto liegt die doch aber gar nicht, sondern sitzt. Wo ich dann sage: »Ja, das ist ein Foto vom Shooting.* Das ist nicht, wie es jetzt ist.« Manche sagen dann auch: »Du bist aber hübsch. Hätt ich jetzt nicht gedacht.« Manche sagen auch: »Ich find's toll, dass du so gut aussiehst und dass du da so viel Wert drauf legst.« Dann erröte ich manchmal und sage: »Ehm, danke schön für das Kompliment, hätte ich gar nicht damit gerechnet jetzt.« Also, das kommt sehr unverhofft. Aber manche sagen auch gar nichts dazu, die diskutieren das dann nachher wild in der Klasse. Ich hab mit einigen Schülern immer noch Kontakt …

* Fotoshooting 2009, aus diesem Shooting ist das Coverfoto entnommen.

also die gehen nicht hier raus und dann ist Ende. Einmal hab ich zwei Bücher mit in die Klasse genommen, weil wir eine Szene analysieren wollten – das war eine 13. –, und hab dann gesagt: »Ihr könnt die Bücher behalten, ihr könnt sie im Klassenverband lesen und mal untereinander austauschen.« Der eine Junge kam nach der Stunde noch mal zu mir und sagte: »Kann ich das wirklich behalten?« Ich sagte Ja. Das war ein ganz bezaubernder Kerl, der mich einfach wahnsinnig verblüfft hat mit seinen Antworten, die er gegeben hat während der ganzen 90 Minuten. Ein wahnsinnig toller Mensch, der dann auch gleich bei Facebook war. Ein Freund von mir, der meine Facebook-Profile leitet, hat mir das dann erzählt. Er hat gesagt: »Hier, du hast eine Anfrage von XY.« Ich hab gesagt: »Moment, beschreib mal das Bild!« Er: »So und so und so.« Da hab ich gesagt: »Das ist doch genau der Schüler, der noch vor einer halben Stunde vor mir stand.« Da ist er wohl gerade nach Hause gefahren, hat den Computer angemacht und dann bei Facebook geguckt. Sooft ich kann, lass ich ihm auch schreiben. Aber das ist unterschiedlich. Also der Junge zum Beispiel, der nachher noch kommt, hat mir letztens am Telefon gesagt: »Also mit den Fotos, Maria, beeindruckst du …« Dazu muss ich sagen: Meine Schüler, die ich jetzt habe, die nennen mich alle beim Vornamen, nennen mich alle Maria. Im Gegensatz zu den Schülern, die 2009 von mir unterrichtet worden sind, die haben mich gesiezt und Frau Langstroff genannt, das hat einen Grund. Jetzt bin ich nicht mehr die eigentliche Fachlehrerin, die ich mal war. Jetzt will ich was ganz anderes von den Schülern. Und es ist auch eine viel vertrautere Ebene, wenn ich sage: »Hallo, ich bin Maria« – es ist eh für alle kein leichtes Thema –, als wenn ich sage: »Hi, ich bin Frau Langstroff, für euch alle Frau Langstroff.«

# Marias Kontakt zur Außenwelt

Oliver: Du hast gesagt, dass du diesem Schüler schreiben lässt. Das ist genau die Frage: Wie hältst du Kontakt zur Außenwelt? SMS, E-Mail? Telefon? Wie geht das vonstatten?

Maria: SMS und Telefon hab ich selbst. Also ich hab so eine Sprach-erkennung, dass, wenn ich die SMS eintippe, also einspreche, alles mitgetippt wird und dann abgeschickt wird.

Oliver: Ist diese Spracherkennung einigermaßen zuverlässig?

Maria: Ja, schon. Wenn sich allerdings meine Sprache verzieht, nach einem Anfall, dann kann man das natürlich vergessen. Es gibt auch oft Situationen, in denen jemand das Antworten für mich übernimmt. Entweder indem er antwortet, was er denkt, das ich antworten würde, oder dass er explizit sagt: »Ich bin der und der und schreibe gerade für Maria, weil …« Oder es kommt eben keine Antwort die nächsten Stunden. Am Telefon mache ich das alles selbst, ich spreche natürlich selbst mit den Leuten. Bei E-Mails ist das ganz anders, das kann ich nicht selbst. Das ist so, dass zwei be-stimmte Freunde und Leute aus der Familie das machen, wenn ich sage: »Schreib an XY das und das und das.« Dann tippt die Person das mit am Telefon und schickt es ab. Sie geht aber vorher in meinen Computer hinein, also es gibt ein bestimmtes Programm, womit sie dann Zugang zu meinem Computer kriegt und ich nicht erst sagen muss: »Log dich da und da ein, das und das ist die E-Mail-Adresse«, sondern wo man dann einfach einen Datentausch macht.

Oliver: Und E-Mails bekommst du vorgelesen?

Maria: Ja.

Oliver: Und kannst du noch SMS tippen auf einer Tastatur?

Maria: Auf einer Tastatur nicht, nee, wenn, dann hab ich so einen Touchscreen. Manchmal probier ich das, aber da kommt manchmal nur …

Oliver: … Unsinn raus.
Maria: … Unsinn raus, kommt nur Quark raus.

Oliver: Und die Spracherkennung, liest die noch mal vor, was sie erkannt hat, bevor sie es abschickt, dass du noch mal kontrollieren kannst?
Maria: Nein. Entweder hab ich dann Glück und die Person versteht mich oder ich hab halt Pech gehabt.

Oliver: Wie oft bekommst du Besuch?
Maria: Das ist unterschiedlich. Also meine Familie kommt einmal in der Woche, Freunde kommen ein- bis dreimal in der Woche … und ein paar Journalisten.

Oliver: Aber es kommt eigentlich jeden Tag jemand?
Maria: Die Therapeuten sind auf jeden Fall immer da, die dann fragen: »Wie geht's dir?« Die Leute, die mir nahestehen, sind nicht jeden Tag da. Das hat aber auch den gesundheitlichen Grund, dass nicht jeden Tag jemand da sein darf, weil das viel zu anstrengend wär. Das geht nicht.

Oliver: Wie nimmst du das Weltgeschehen wahr, interessierst du dich dafür?
Maria: Ja, sehr.

Oliver: Wie kommen die Nachrichten zu dir?
Maria: Über Sat.1. *(Lacht.)* Oder wenn ich Zeitung vorgelesen bekomme. Ich hab einen Therapeuten, der jeden Tag kommt, eine halbe Stunde. Dann kann ich mir aussuchen, was er mit mir macht. Aber wir unterhalten uns ja auch ganz oft beim Waschen über

solche Themen. Und ich will das dann auch wissen, ich ruf dann auch an, ganz explizit. Ich ruf Leute an und frag: »Was macht ihr? Was ist draußen los?« Manche Leute schreiben mir das ja auch bei Facebook.

Oliver: Kannst du dir Webseiten vorlesen lassen, funktioniert das? Kannst du Spiegel online lesen oder so was?
Maria: Da muss ich dann Freunde drum bitten, dass sie das machen, wenn sie Zeit haben.

Oliver: Würdest du sagen, dass das dein Leben erleichtert, verbessert?
Maria: Ja. Also früher hat mich das nicht so interessiert, da konnt ich ja auch draußen überallhin gehen und konnte mir ganz normal eine Zeitung durchlesen. Ich finde es so toll, wenn man die Zeitung umblättert. Und jetzt – geht das »Antatschen« nicht mehr, das Anpacken. Damals musste man ganz ganz viel umblättern, gucken, dass man die Seiten nicht verblättert, man hat dazu die Finger angeleckt, das hat Papa immer gemacht, das macht Papa auch heute noch. Das Fingeranlecken hab ich von ihm irgendwann übernommen. – Kratzt du mich mal, vorne auf'm Handrücken, ja, genau, gut.

Oliver: So viel du willst. – Was könnte getan werden, um deinen Alltag zu erleichtern oder zu verschönern?
Maria: Ich bräuchte mehr Leute für mich, die mehr Zeit haben. Nicht weil ich jemand bin, der irgendwie Aufmerksamkeit braucht in dem Sinne, dass er im Mittelpunkt stehen will – das gar nicht. Das ist mir gar nicht so angenehm. Natürlich, wenn jemand sagt, er will ein Interview haben, wo man dann unweigerlich im Mittelpunkt steht – ja, aber das mach ich nicht für mich. Das mach ich, weil ich die Botschaft aus meinem Buch vermitteln will. Das mach ich nicht, weil ich Maria Langstroff bin und weil Maria Langstroff, der Name, ganz groß irgendwo erscheinen soll. Nee, deswegen nicht. Aber ich bräuchte schon Personen, die länger Zeit für mich hätten, die nicht

so husch-husch von einem zum anderen huschen, die dann auch Zeit haben, sich für meine Belange einzusetzen. Ich würde mit denen so viel machen. Ich würde mit denen so viel auf die Beine stellen. Ich würde sagen: »So, wir organisieren dies, organisieren das – alles, was mit Behindertenorganisationen zu tun hat.« All so was. Also ich hatte früher eine Pflegerin von einer anderen Station, die hat Palliativ- und Schmerzmedizin noch zusätzlich gelernt. Sie ist aber leider nicht mehr hier. Und das ist sehr, sehr schade, das hat mir sehr gut getan.

*Nach einem langen Drehtag verabschiedet sich das Videoteam des Verlags von Maria, links Anne, rechts Antje.*

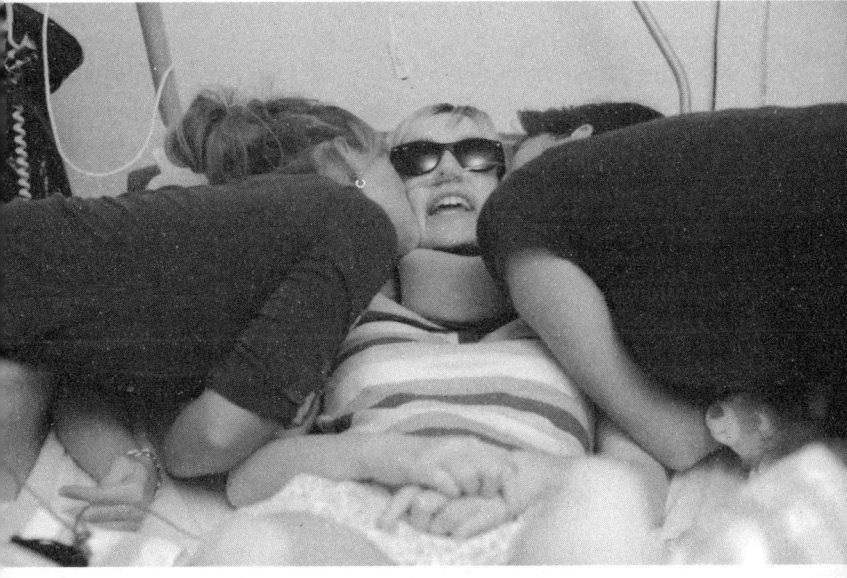

# Die Entstehung des Buches und die große Resonanz

Oliver: Dann kommen wir jetzt zum Thema »MUNDTOT!?«.

Maria: Meine Herzensangelegenheit.

Oliver: Das Buch ist deine Herzensangelegenheit, ja. Warum hast du das Buch geschrieben?

Maria: Ich hab das Buch aus mehreren Gründen geschrieben. Ich hatte irgendwann verstärkt Albträume, da die ganzen Diskriminierungen immer wieder hochkamen. Ich lag im Pflegeheim, in einem anderen, und ich hatte schon vorher – im Pflegeheim, in den Kliniken – Diskriminierungen von Menschen im Wachkoma miterlebt. Ich konnte es einfach nicht mehr sehen, dieses Elend, ich konnt's nicht mehr sehen. Ich hätte ausrasten können, weil's so unfair war und so unfair ist. Jeder, der sich so herablassend gegenüber Menschen mit einer Behinderung oder Menschen im Wachkoma verhält … Ich wünsche niemandem etwas Schlechtes, aber ich wünsche mir, dass diese Menschen diese Situation nur einmal nachstellen müssen und nicht reden dürfen, aber hören müssen, was Leute sagen über sie, die keine Rücksicht nehmen, gar keine Rücksicht. Natürlich hab ich das Buch auch geschrieben, um selbst zu verarbeiten. Schreiben ist ja auch immer eine gute Therapie-Methode. Ich hab das Buch geschrieben, um anderen Menschen eine Stimme zu geben, gerade den Leuten, die keine Stimme mehr haben – den Leuten, die hier liegen. Zwar bin ich erst danach, einige Monate später, hierher gekommen, nachdem ich schon angefangen hatte mit dem Buch, aber auch für all die Menschen, die hier sind, hab ich's geschrieben. Und eigentlich gehört jeder Name der Leute, die hier liegen, jeder Vorname, noch rein ins Buch, in die Widmung. Aber das ist mir viel zu spät eingefallen.

Oliver: Und gab's einen bestimmten auslösenden Moment zu sagen: Jetzt schreib ich ein Buch?

Maria: Ja, das waren diese wiederkehrenden Albträume. Ich bin ja nicht erst diskriminiert worden, als ich plötzlich ein Pflegefall war, oder ein stärkerer Pflegefall wurde als vorher. Sondern ich bin diskriminiert worden seit der Zeit, als ich in den Rollstuhl kam. Also seit 2006, und da hat man mir noch nichts angesehen außer … Ich hätte ja auch aufgrund eines Unfalls da drin sitzen können und nicht aufgrund einer Muskelkrankheit, die man damals ja eh noch nicht erkannt hatte. Das koppelt sich auch so ein bisschen mit dem Warum. Bei dem Warum war es auch so, dass ich ja andere Menschen wachrütteln wollte. Ich wollte denen eine Stimme geben, die selbst keine mehr haben, weil sie selbst nicht mehr sprechen können, oder weil sie paralysiert sind aufgrund der negativen Erfahrungen, die sie gemacht haben. Es gab Menschen, die mir geschrieben haben nach der Veröffentlichung meines Buches: »Maria, ich hätte mich das nie getraut. Ich bin so verstummt durch all die Sachen, die man mir an den Kopf geworfen hat. Ich kann gar nicht mehr.« Für die Leute, die gelähmt sind, die gar nichts mehr sagen können – für all diese Leute hab ich das Buch geschrieben, und natürlich für die, die genau diejenigen sind, die uns diskriminieren. Damit die mal den Moment erleben, wo sie vielleicht sagen: »Aha, ist vielleicht doch nicht so clever, was wir da machen.« Und es ist auch so, dass ich nicht mehr schweigen wollte. Ich hatte das Gefühl: Jetzt bin ich stark genug. Und jetzt muss das alles raus. Ich hab keinen Bock mehr zu schweigen. Wollte ich nicht mehr, hätte ich auch nicht mehr länger gekonnt, ich wäre irgendwann geplatzt. Entweder wäre ich geplatzt oder ich wäre kaputtgegangen dran. Eins von beiden. Und dann hab ich mir gesagt: »Muss ich aufgrund von Dingen, die mir andere an den Kopf schmeißen, muss ich dafür büßen und kaputtgehen? Nee, ich nicht!«

Oliver: Wann hast du genau angefangen zu schreiben?

Maria: Im Mai 2010 hatte ich die ersten Ideen, ich hab meinem Bruder davon erzählt, der dachte: Die scherzt doch. Er hat mir dann ein Spracherkennungsgerät geschenkt. Und im August habe ich damit angefangen, im August 2010.

Oliver: Wie gut konntest du da noch die Arme bewegen?

Maria: Der linke war gelähmt wie jetzt, dem rechten ging es besser als jetzt. Seit der letzten Untersuchung weiß man, dass der rechte einen ganz schönen Schlag abgekriegt hat vom letzten Schub. Und ich war besser beweglich als jetzt. Ich hatte keine Anfälle, es ging mir im Allgemeinen viel besser. Ich konnte viel deutlicher sprechen, ich hatte eine ganz andere Stimmfarbe als jetzt. Das war ja das Jahr, bevor ich meine Sprache verloren hab. Ich war aber dennoch viel zu schwach, um nur mit meinem rechten Arm alles einzutippen. Das hätte ich nie geschafft, nie. Ich hab das probiert, aber immer wieder nach fünf Worten gesagt: »Ich kann nicht mehr.« Und zwar nicht, weil ich faul bin oder so, sondern einfach, weil's wirklich nicht mehr ging. Und hab dann das alles eingerichtet mit der Spracherkennung, das hat wunderbar funktioniert.

Oliver: Hat die Spracherkennung erkannt, was du gesagt hast?

Maria: Sehr genau. Zu 98 Prozent bestimmt. Sie hat selten Fehler gemacht.

Oliver: Hattest du das ganze Konzept im Kopf oder ist das zum Teil während der Arbeit entstanden?

Maria: Während der Arbeit. Also grob hatte ich's sicherlich schon im Kopf, ja, natürlich. Ich wollte aufschreiben, welche Erfahrungen ich gemacht hab, das auf jeden Fall. Ich wusste auch, wie ich es aufgliedern wollte: Am Anfang sollte stehen, wo ich jetzt bin. Dann gehe ich zurück ins Jahr 2006 und fange von dort aus an. Dass am Ende ein Gedicht stehen wird, stand erst zum Schluss fest. Dass es mein Gedicht sein wird, mein eigenes, entschied sich auch erst zum Schluss. Zwischendurch hab ich mal gedacht: Hm, ich frag mal Xavier Naidoo, ob er mir die Erlaubnis gibt, dass ich einen Titel abdrucken darf, einen neuen Titel. Ich konnte mich dann aber auch nicht entscheiden welchen, und … hab dann eine andere Lösung gefunden.

Oliver: Und der Titel »Mundtot!?«, stand der schon früh fest?
Maria: Von Anfang an. Auch die Sache mit dem Ausrufe- und dem Fragezeichen.

Oliver: Die Reihenfolge ist dir sehr wichtig. Warum?
Maria: Die Reihenfolge ist mir deswegen wichtig, weil sie eine ganz explizite Bedeutung hat. Das Ausrufezeichen steht dafür: Mundtot, bum, so ist es! Bis zum Jahr 2008 war ich es. Und dann nicht mehr. Dann gab es die Wende – das Jahr 2008 ist das längste Kapitel des Buches, mit Abstand, und es ist die Wende im Buch. Danach kommt das Fragezeichen, weil dann fraglich wird, ob ich noch immer mundtot bin. Von da an merkt man auch, dass ich nicht mehr so sprachlos bin, wie ich es am Anfang war. Dann kommt die neue Maria zum Vorschein, die sagt: »Hey, Freund, so nicht!« Die zwar manchmal ihre Rückfälle hat, dafür steht dann wieder das Ausrufezeichen, aber am Ende steht doch das Fragezeichen, das ganz markant und stark leuchtet und sagt: »Hallo, sie ist nicht mehr in diesem Maße mundtot.« Und das gilt ab dem Jahr 2008 bis heute.

Oliver: Und hast du das Buch geschrieben, ohne überhaupt an das Veröffentlichen zu denken? Als wir in Kontakt kamen, war das Manuskript ja eigentlich fertig.
Maria: Ich hab zwischendurch schon immer wieder ans Veröffentlichen gedacht, aber im Prinzip hab ich nicht wirklich dran geglaubt, dass es tatsächlich so veröffentlicht wird. Ich hab das erst mal für mich geschrieben, geschrieben, geschrieben und mir

irgendwann dann mal gedacht: Ja, jetzt sollte ich dann vielleicht doch mal gucken, ob das vielleicht jemand haben will. Und dann kam dieses Thema gerade bei Sat.1. Die haben getestet, wie hilfsbereit die Leute denn sind gegenüber Rollstuhlfahrern. Und da hab ich mir gedacht: Oh, das passt ja. Schreibste da mal hin.

Oliver: Das war der Auslöser, mit Sat.1 ins Gespräch zu kommen?
Maria: Ja. Ich hab dann gesagt: »Ich hab da so ein Projekt gemacht, kann ich das mal vorstellen bei euch?« Zwei Tage später kam die Zusage. Zwei Monate später waren sie hier und haben gedreht. Und selbst dann hab ich noch nicht daran gedacht, dass das Manuskript veröffentlicht wird. Als dann Sat.1 hier anrief und sagte: »Maria, Maria, Maria – da hat ein Verlag angerufen …« Ich glaub nicht mal zwei Stunden, nachdem es gesendet worden war. Also ihr wart der erste Verlag, und dann kamen noch 12 oder 13 danach, insgesamt waren es 14 oder 15. Und dann war aber für mich schon klar: Nö, die andern will ich gar nicht. Ich nehme den ersten Verlag. Ich hab dann telefoniert mit Jenny, die mich kontaktiert hat. Ich hab gedacht: Zack, die nehm ich, wenn die mich wollen, nehm ich die.

Oliver: Wir waren gerade bei Sat.1. Du hast dich also an Sat.1 gewendet, Sat.1 hat hier gedreht. Der Beitrag lief im Frühstücksfernsehen, und das war der erste Medienbeitrag über dich. Und diesen Beitrag hat meine Mutter gesehen, mich angerufen und die natürlich völlig unsinnige Frage gestellt: »Hast du gerade das Morgenmagazin gesehen?«, obwohl sie genau weiß, dass ich gar keine Zeit habe, das Morgenmagazin zu gucken, weil ich um diese Zeit arbeite. Ich habe ihr gesagt: »Nein, habe ich nicht gesehen, was war denn?« – »Da war die Maria Langstroff und die hat ein Buch geschrieben.« Und sie hat zuerst überhaupt gar nicht gesagt, worum es geht, nur »da war die Maria Langstroff«, als müsste ich die schon kennen, weil – sie nahm ja an, ich hätte es gesehen oder zumindest sehen müssen. Und dann hat sie's also kurz erzählt, das, was sie behalten hat, das war aber ausreichend. »Besorg dir das irgendwie, guck's dir an, du musst dieses Buch machen.« Dann haben wir uns das besorgt, oder wir haben auch schon gleich angerufen, wie rum weiß ich nicht. Aber ich wusste ja, worum's geht. Das war präzise von meiner Mutter. – War das ein Wunsch von dir, dass sich nach diesem Beitrag Verlage melden? Also: Hattest du das auf der Liste?

Maria: Nee, nee, so gar nicht. Also ich dachte: Gut, das läuft jetzt. Aber ich hab gar nicht daran gedacht, was danach kommt. Also ich dachte nicht: Ja, danach melden sich hoffentlich Verlage. Denn wäre es nicht so gewesen, wäre ich viel zu enttäuscht gewesen, glaube ich. Deswegen hab ich mir gar nichts dabei gedacht, denn es kamen auch schon so viele Zuschriften. Kurz darauf kam dann ein weiterer Sat.1-Beitrag, vier Wochen danach, den man über Skype gemacht hat und in dem dann gesagt wurde: »Du hast einen Verlag gefunden, kann das sein?« Ich sagte: »Ja, genau.« Meine Lieblingsmoderatorin, also ich finde die alle super, aber die Marlene Lufen, die den Beitrag gemacht hat, die war dann auch hier, später, bei mir, die habe ich persönlich getroffen und sie war sehr berührt von diesem Thema. Wir telefonieren auch seitdem immer mal wieder und sind immer in Kontakt. Und wieder haben sich ganz viele auf den Beitrag hin gemeldet. Das waren dann auch Literaturagenten, die gemeint haben, jetzt wäre es ganz wichtig, dass sie dabei wären, wegen des Vertrages, ich müsste dann aber so und so viel abgeben, da gab's so manche. Manche haben dann auch gleich meine Eltern angerufen, woraufhin ich mir gewünscht hab, dass man meinen Eltern gegenüber nicht aufdringlich wird. Und es hat mir die Schuhe ausgezogen, als ich gehört hab, dass deine Mama diejenige war, die angerufen hat. Weil ich mich schon gefragt hab: Wer hat denn da wem erzählt, was da heute Morgen lief?

Oliver: Ja, ein guter Sohn muss machen, was die Mama sagt. Das ist doch klar. Dabei hat sie das in den 20 Jahren, die ich Bücher mache, ein einziges Mal gemacht und das war das. Sie hat mir nie eine Programmempfehlung gegeben, mir auch nie reingeredet und mir überhaupt nichts

vorgeschlagen, ja. – Wie würdest du denn den Ton deines Buches beschreiben in wenigen Adjektiven? Ist es wütend, ist es …? Ja, was ist es?
Maria: Nein, es soll nicht wütend sein. Ich war mal wütend, ja, natürlich. Ich war wütend auf das, was passiert ist, klar. Aber das Buch soll nicht das widerspiegeln. Es soll … – ich glaube, in Adjektiven kann man's gar nicht beschreiben –, es soll reflektierend sein, soll die Gesellschaft reflektieren, soll einfach den Spiegel vorhalten. Das, was ich von der Gesellschaft weiß … Also, nur in Adjektiven kann ich's gar nicht fassen. Es soll die Oberflächlichkeit zeigen von Menschen, dass Menschen auf das Äußere gucken, und damit meine ich nicht nur, ob jemand im Rollstuhl sitzt. Genauso ist es doch ein Thema, welche Hautfarbe jemand hat, ob jemand kräftig oder schmal ist, ob jemand anders ist als »die Norm«. Was ist Anderssein, was ist die Norm? … Klar hat es so einen wütenden Beigeschmack, aber ich bin nicht mehr wütend auf die Gesellschaft. Ich will nur, dass Leute lernen, dass sie begreifen, dass heute was passieren muss. Wie gesagt, in Adjektiven geht das nicht. Man braucht mehr, mehr Wortarten, um es zu beschreiben, glaub ich. Es ist … ja, oft traurig an manchen Stellen. Viele sagen, dass sie so ein absolutes Gefühlschaos durchlebt haben in dem Buch …

Oliver: Ich auch, ja.
Maria: … dass sie mal wütend waren und mal traurig waren, dass sie entsetzt waren, dass ihnen das blanke Entsetzen ins Gesicht geschrieben stand, dass sie schockiert waren und dass sie sprachlos waren.

Oliver: Du hast gesagt, dass dieses Buch dein letztes großes Ziel war. Das hast du ja längst zurückgenommen, weil du dir neue Ziele gesucht hast. Aber als du dieses Ziel erreicht hattest, das Buch fertiggeschrieben war, warst du da auch wenigstens für einen Moment einfach nur stolz, dass du es geschafft hast?

Maria: Hm, ja. Als ich's zulassen konnte, ja. Nicht sofort. Zuerst bin ich in ein Loch reingefallen, weil ich dachte, jetzt ist es fertig und jetzt würde unser Kontakt abbrechen – das dachte ich zuerst.

Oliver: Dabei ging's dann erst richtig los.
Maria: Ja, ich hätte auch nie gedacht, dass es ein Bestseller wird. Damit hat man nicht gerechnet. Natürlich wünscht man sich so was mal, aber … das ist auch etwas, was ich nie auf'm Schirm hatte. Ich hab nie gesagt: »Okay, jetzt ist es raus und jetzt gehör ich zu den Bestsellerautoren«, oder: »Jetzt gehört es zu den Bestsellern.« Das klingt viel zu überheblich, find ich. Ja, ich war stolz, genau genommen. Mein Bruder, der zeigt das immer auf eine andere Art und Weise, der war auch sehr stolz.

Oliver: Und hast du damit gerechnet, dass es in den Medien solche Wellen schlägt?
Maria: Nee. Ich dachte, vielleicht gibt es mal ein, zwei Artikel, vielleicht auch drei. Ich dachte nicht, dass es viele so interessiert, dass man mir hier das Zimmer einrennt. Aber ich fand's gut und ich find's gut, dass es so ist. Wie gesagt, es geht mir nicht um das Interesse an meiner Person. Es geht mir um das Interesse an dem Thema.

Oliver: Du nimmst dich in dem Buch auch als Person relativ zurück, weit mehr, als man es erwarten könnte, sondern reflektierst sehr viel über die Situation hier.
Maria: Ja. Ich wollte auch kein Buch schreiben, wo's immer nur um meine Krankheit geht. Natürlich braucht man die als Rahmen, weil man's sonst nicht versteht. Das war schon wichtig, damit die Leute verstehen: Warum sitzt sie im Rollstuhl, warum wird sie angefeindet? Das versteht man ja sonst nicht. Warum ist die plötzlich ein Pflegefall? In welcher Situation sind wir hier? – Aber ich wollte kein Krankheitsbuch schreiben. Viele haben mich am Anfang ge-

fragt oder viele fragen mich auch jetzt im Krankenhaus noch: »Du bist doch die Autorin, oder? Ich hab dein Buch noch nicht gelesen, aber ich wollt's mir demnächst kaufen, äh, geht's da in der Regel um deine Krankheit?« Nein, 60 Prozent um Diskriminierung, 4o Prozent um die Krankheit … Stopp! Ist das Fenster wirklich zu? Kamerateam: Ja, die sind beide zu.
Maria: Hast du's zugemacht?

Oliver: Es ist zu.
Maria: Wir hören gerade den Regen. Das ist für mich so extrem laut. Ist das für euch so ein Klopfen?

Oliver: Hm *(bejahend)*.
Maria: Für mich ist das ein Schlag, als würde jemand Steine von außen dagegenwerfen.

Oliver: Aber das sind nur ein paar Regentropfen auf'm Fensterbrett.
Maria: Ja, zumal die Rollläden noch unten sind. Die Tropfen knallen dagegen und knallen dann runter. Und für mich ist es … für die Ohren, als würde es richtig draufknallen. Aber zum Buch zurück. Es ist so – viele sagen, oder auch Ärzte haben letztens gesagt: »Frau Langstroff, Ihre Gesundheit ist doch wichtig. Es geht doch auch in Ihrem Buch darum.« – Falsch! Es geht nur im zweiten Aspekt um meine Krankheit. Es geht zunächst darum, was ich erlebt habe aufgrund der Krankheit – ich will aber kein Krankheitsbuch schreiben.

Oliver: Hast du dir mit dem Buch eine neue Art von Diskriminierung eingehandelt – Neid untereinander?
Maria: Ja, sicher. Was heißt hier sicher – ja, schon. Wenig, aber das gibt es – Menschen, die sagen: »Ja, also ich hab das auch schon probiert, aber ich hatte nicht so viel Erfolg.« Wo ich mir dann denke: Schade, warum können die sich nicht freuen, wenn sie doch genau

das auch eigentlich vorgehabt haben? Oder die Leute, die plötzlich gesagt haben: »Ja, ich wollte ja auch immer ein Buch darüber schreiben, aber ich bin ja nicht so gefördert worden wie du.« Aber ich bin auch nicht gefördert worden, ich hab das Buch ganz alleine geschrieben, es waren meine Gedanken. Ja, mein Vater hat es abgetippt, aber er hat nie etwas an meinen Gedanken verändert, nie. Und manche haben auch geschrieben, ja, was heißt manche, also, ich habe eine Person erlebt, das hat ein Freund von mir vorgelesen, die gesagt hat: »Also die wird ja von Sat.1 total gepusht.« Mein Buch war schon fertig, als ich mit Sat.1 Kontakt aufgenommen hab. Ich finde das schade, dass es so was gibt.

Oliver: Das sind aber Einzelfälle. Wir haben, nein, du hast Hunderte und Hunderte und Hunderte Mails von Lesern bekommen, die sich in einer ungeheuren Bandbreite, aber durchweg positiv äußern, dankbar sind, dass es das Buch gibt – sei es, weil sie selber krank sind, sei es, weil sie in den Berufen arbeiten, Angehörige sind oder auch vollkommen Unbetroffene, die dem Thema aber gegenüber offen sind und sich da selbst bereichert gefühlt haben, darüber zu lesen. Wie geht es dir, wenn du solche Mails kriegst?
Maria: Gut.

Oliver: Mission erfüllt?
Maria: Ja. Ich weiß dann, dass das genau das Richtige war, was ich gemacht hab. Und auch wenn's, wie gesagt, manche gibt, die dann sagen: »Ah, sie schreibt ja nur Negatives.« Ja, denn das meiste war bei mir auch wirklich negativ. Und ich hab extra von Leuten erzählt, mit denen ich nicht vorher schon viel zu tun hatte, sodass man hätte sagen können: »Okay, da könnte es aber auch an der anderen Person gelegen haben«, oder »Die hatten dann vielleicht Streit«, sondern wirklich von Leuten, die man nicht kennt, denen man auf der Straße begegnet, denen man nie zuvor begegnet ist. Dass war pure Absicht, dass ich Leute als Beispiel genommen hab, die mir unbekannt sind oder denen auch ich unbekannt bin. Warum sollten die mich sonst

irgendwie anpöbeln? Was soll ich denen sonst getan haben oder was haben die mir sonst getan? Wenn ich irgendwie vorbeifahre und einer ruft mir »Spasti« hinterher – dann ist das einfach nicht positiv. Und es ist absichtlich so geschrieben, um das Ganze mal zu bündeln, um es zu sammeln und zu zeigen: Leute, so geht's nicht! Natürlich ist das regional auch unterschiedlich, aber ich wollte sagen: Selbst wenn's von zehn Begegnungen dennoch drei negative gibt, dann sind das drei negative zu viel. Das ist einfach so. Das ist so. Und wenn manche gesagt haben: »Da musst du doch drüber stehen, hast doch früher alles in den Schoß gelegt bekommen«, da gab es eine Person ... Nee, ich hab schon immer gekämpft und ich hab nix in den Schoß gelegt bekommen. Aber mich ärgert so was, weil ... Wenn man einen Menschen nicht kennt, wieso urteilt man dann über ihn? 98 bis 99 Prozent, eher 99 Prozent der Reaktionen auf mein Buch waren supersuperpositiv. Viele Leser haben gesagt: »Wir würden dich gerne kennenlernen.« Das ist mir leider nicht möglich, dadurch, dass ich gesundheitlich so achtgeben muss. Sonst würde ich natürlich sagen: »Wir machen hier als Nächstes irgend so eine Riesenlesung, zu der dann all diejenigen eingeladen sind, die sagen: »Ja, ich würde die Person gern mal treffen, und wenn ich's im Pflegeheim nicht kann, kann ich sie dort auf der Lesung treffen.« Die Leute schreiben dann immer: »Ja, du hast mich bereichert.« Sie haben aber auch mich bereichert. Es gibt Sachen, die sind mir so tierisch unter die Haut gegangen. Ich hab dir von einem Jungen erzählt, der dieses Massaker überlebt hat, in Utøya, ein 15-jähriger Knabe, der mir so geschrieben hat, dass es mir die Schuhe ausgezogen hat. Der sagte, dass er jetzt auch was hat am Bein, dass er zwei Psychotherapeuten hat aufgrund seiner Angstzustände, was natürlich vollkommen normal ist, wenn man so was erlebt hat. Der hat von einem dieser Psychotherapeuten, der selbst vom Hals ab gelähmt ist, mein Buch empfohlen bekommen und es gelesen. Ich glaub, die Mutter ist Norwegerin, der Vater ist Schwede, und er lernt Deutsch nur im Schulunterricht. Und das war grandios, wie er geschrieben hat, wirklich grandios, wirklich brillant. Und er schrieb mir, er wollte mir sagen, dass ich ihm nicht antworten muss, weil er sich vorstellen kann, dass ich viel tun habe, aber er wollte mir sagen, dass die ganze Welt mir zuhört.[*] Und gerade wenn mich die Mails von Kindern und Jugendlichen erreichen, ist das für mich das Highlight des Tages.

Oliver: Ich hab hier eine ganz typische Mail, die ist auch kurz – manche schreiben sehr lang. Marion schreibt dir: »Liebe Maria, ich wollte Ihnen nur alles Liebe wünschen und weiterhin viel Kraft. Toll, dass Sie dieses Buch geschrieben haben, ich hoffe, es macht die Menschen ein bisschen nachdenklich. Nichts ist selbstverständlich auf dieser Welt. Jeder sollte jeden Tag dankbar sein, wenn er gesund ist. Liebe Grüße, Marion.« Ich glaube, das ist eine sehr typische Mail von jemandem, der gar nicht selber betroffen ist, aber es ernst nimmt, was du schreibst. – Dieses »Bereichern« ist auch das, was mein Gefühl ist deinem Buch gegenüber, auch als wir uns noch nicht kannten. Natürlich dann noch viel mehr, aber das ist selber eine neue Erkenntnis dazu. – Wie ist das mit dem schwarzen Loch, nachdem so ein Wunsch in Erfüllung gegangen ist? Da besteht ja die Gefahr: Es gibt das große Ziel, man hat das große Ziel erreicht, dann gab's und gibt es bis heute enormes Medieninteresse. Aber was kommt dann? Was kommt dann als Nächstes für ein Ziel?
Maria: Ja, als Nächstes … so ein Ziel, das immer bleibt, ist, diese Botschaft weiterzuvermitteln, egal wie. Und ein Ziel, das auch immer bleibt, ist, das Studium weiterzumachen.

* *Siehe den Leserbrief von Peer*

# Marias Vorlesung
# an der Uni in Marburg

Oliver: Du hast dir nach dem Buch eine neue Aufgabe gestellt. Du hast uns eines Tages angerufen und gesagt, du möchtest noch ein einziges Mal eine Vorlesung in deiner alten Uni in Marburg halten. Und wir sind von der Idee erst mal völlig überfordert gewesen, ich glaube, wie jeder andere auch. Wie bist du auf diesen Gedanken gekommen?

Maria: Eine Professorin aus der Universität hat mir einen Leserbrief geschrieben über die tolle Website, die du mir geschenkt hast, und hat mich eben gefragt, ob ich dazu bereit wäre und ob ich Lust dazu hätte. Und ich natürlich: »Na klar«, und dann hab ich Jule angerufen und hab zu deiner Frau gesagt: »Hier, ich hab da so einen Leserbrief bekommen, ich möchte das gerne machen. Fertig. Sprich das irgendwie ab, manage das mal und Punkt.«

Oliver: Ahntest du, was du damit auslöst?

Maria: Nö.

Oliver: Aber es war dir wichtig und du hast dafür an allen Fronten gekämpft. Aber ich glaube, wir als Verlag waren schnell dabei.

Maria: Schneller, viel schneller als andere.

Oliver: Was war das für ein Organisationsaufwand?

Maria: Der war wahnsinnig, der war riesig, und ich glaube, die Professorin selbst war sich nicht im Klaren darüber, was das bedeutet. Das meine ich nicht böse, aber ich glaube, dass ihr erst nach und nach bewusst geworden ist, was das eigentlich heißt.

Oliver: Wie sah's am Ende konkret aus?

Maria: Wie sah's konkret aus? Ja, ich bin mit einem Intensivtransportwagen statt mit einem normalen Rettungswagen gekommen, ich hatte einen Notarzt dabei, zwei Rettungsassistenten und eine Krankenschwester. Die Leute hatten die beste Ausbildung, die man haben kann. Ich war auf einem Intensivbett gebettet, sauerstoffversorgt, mit allem, was ich brauchte. Zugänge waren gelegt. Und Sat.1 war mit der Kamera dabei.

Oliver: Das Intensivbett müssen wir noch erklären.

Maria: Ja, Intensivbett – nicht wie so eine ganz normale Trage, auf der man liegt, wenn man mal mit dem Krankenwagen abgeholt wird, oder mit dem Rettungswagen, so eine unbequeme Trage, sondern eine richtig gut gebettete Trage, auf der man es lange aushalten konnte, schließlich musste ich da lange drauf liegen, es war eine die richtig abgepolstert war …

Oliver: … und mit allen lebensüberwachenden Geräten, die man sich vorstellen kann.

Maria: Pulsoxymeter, sprich so eine Spitze, die auf den Finger gesetzt wird, die Puls und Sauerstoffgehalt misst. Sie hat immer wieder gepiept und Geräusche von sich gegeben, hat Linien angezeigt, was die Leute hat kaum atmen lassen. Und da, wo ich aus meinem alten Leben verschwunden war, aus dem Notausgang, bin ich in mein altes Leben wieder reingekommen.*

Oliver: Und du wurdest in diesem riesigen schweren Bett dann in einen abgedunkelten Hörsaal gefahren …

Maria: Ja, mit dem Kopf zuerst. Ich glaube, wäre ich mit den Beinen zuerst da reingefahren worden, wie ich es erst wollte, und hätte die

* Maria bezieht sich auf den SPIEGEL ONLINE-Artikel vom 11.07.2012: *Lesung von Maria Langstroff – Im Rampenlicht*

ganzen Köpfe da gesehen, die Umrisse von den Köpfen, hätte ich gesagt: »Fahrt mich raus!« So war es so, dass ich mit dem Kopf zuerst reingefahren wurde und ich niemanden gehört hab … Ich hab gedacht: Ihr veräppelt mich. Weil du noch zu mir gesagt hast, der ganze Saal sei voller Leute. Ich hab gedacht: Das kann doch gar nicht sein, ich hör niemanden. Ich wollte schon sagen: »Was veräppelst du mich hier?« Bis man mich umdrehte. Und ich fast einen Schreck bekam, als ich all die Köpfe sah. Gesehen hab, wie sie alle starr da saßen, ich manche schluchzen hörte, manche weinen. Und ich mich an deiner Hand festklammerte und dachte: Lass mich bloß nicht alleine, Olli!

Oliver: Aber als Erstes hast du einen Witz gemacht.
Maria: Ja, ich hab die Hand gehoben und gewunken und ins Mikro gesagt: »Geht gleich l-o-o-o-s!« Und das hat ein bisschen aufgelockert, hatte ich das Gefühl. So ein Raunen, so ein Aufatmen ging durch die Reihen, und dann ein Lachen, und damit war's geknackt. Davor waren alle sehr angespannt, glaube ich, extrem, ja.

Oliver: Und das Publikum, was waren das für Leute?
Maria: Dozenten, Studenten, Freunde, Familie.

Oliver: Was für Studenten?
Maria: Studenten der Universität, alle möglichen Studenten dieser Universität, die waren alle eingeladen, die mussten nur ihren Ausweis vorzeigen. Es waren Studenten da, die kannte ich gar nicht. Natürlich waren auch Studenten darunter, die mit mir befreundet sind. Es waren nur ein paar Freunde da, die nicht von der Uni waren, die hab ich extra auf die Gästeliste setzen lassen. Aber sonst – wenn ich Freunde sage, waren die von dieser Universität. Und natürlich waren meine Eltern da.

Oliver: Du bist aber mit dieser Vorlesung ein erhebliches gesundheitliches Risiko eingegangen und wir haben vorher ausführlich darüber gesprochen und es auch miteinander abgewogen. Es ist gut gegangen. Was wäre gewesen, wenn es nicht gut gegangen wäre?

Maria: Ich hätte draufgehen können dabei, ich hätte sterben können. Ich hab es danach erst gemerkt, es ging mir danach ja sehr schlecht. Ich bin nach der Vorlesung wieder in den Intensivtransporter reingekommen und hab einen Anfall bekommen, der stärker war als alle bisherigen Anfälle. Man hat mich 15 Stunden nach dem Spritzen der Medikamente erst wieder zurückgeholt, sprich ich bin erst 15 Stunden nach den letzten Spritzen wieder zu mir gekommen. Ich hab dann erst wieder wahrgenommen, wo ich bin, und ich dachte: Wieso habt ihr mich die Vorlesung nicht machen lassen?

Oliver: Das war dein Gedanke beim Aufwachen?

Maria: Ja, weil ich nämlich dachte, Lydia*, hätte für mich übernommen und ihr hättet mich gar nicht in den Hörsaal reingefahren, dachte ich. Ich dachte, ihr hättet vorher abgebrochen. Ich war unheimlich sauer.

Oliver: Deine Erinnerung hat dir einen Streich gespielt.

Maria: Ja! Und dann hab ich mir die ganzen Mails vorlesen lassen. Und plötzlich war Stefan wieder an meiner Seite, der mir sagte: »Herzi, du hast das ganz toll gemacht!« Ich fragte: »Was hab ich gemacht?« – »Na die Vorlesung, die hast du ganz toll gemacht.« Ich sagte: »Hä, ich war doch gar nicht dabei, oder?« – »Doch, klar, stehen doch überall schon die Berichte über dich in der Zeitung.«

Oliver: Noch mal zum Risiko. Du hast gesagt, es wäre in Ordnung für dich, dort dabei zu sterben. Würdest du's rückblickend auch noch so sagen?

Maria: Ja.

---

* *Lydia, eine professionelle Sprecherin, war bei der Vorlesung dabei, im Falle, dass Maria aufgrund ihrer Verfassung nicht hätte selbst lesen können.*

Oliver: Könntest du dieses Risiko wieder eingehen?

Maria: Hm, ja. Weil es das ist, was ich immer am meisten wollte. Natürlich wollte ich nicht, dass ich dabei sterbe, aber es ist so, dass die Universität das war, wofür ich von 2006 bis 2008 in den Kliniken immer gekämpft hab. Ich wurde nur entlassen am Ende, weil ich gesagt hab, ich will jetzt studieren. Und ich fühl mich jetzt bereit und ich lass mir von niemandem mehr mein Leben kaputt machen. Von niemandem, der mir einen diskriminierenden Spruch reindrückt. Von niemandem, von gar niemandem mehr. Ich will mein Leben leben. Und das war meins, mein Studium. Das sollte mir keiner wegnehmen. Die Uni war das Leben für mich, und es roch nach Leben, als ich zu meiner Vorlesung in der Uni ankam, so wie damals, als ich zum letzten Mal dort war. Zum letzten Mal, als ich noch gar nicht wusste, dass das das letzte Mal sein wird, dass ich in der Uni bin. Damals war ich auch zum allerletzten Mal im Hörsaalgebäude. Damals bin ich auch, das weiß ich noch ganz genau, zu einer Tür rausgefahren, die eigentlich den Notausgang darstellte, und durch diese Tür, nur in einem anderen Hörsaal, bin ich dieses Mal eben rückwärts wieder reingefahren. Ganz so wie in einem Film, als würde ich rückwärts wieder reinkommen, und als hätte man nur kurz auf »Pause« gedrückt. Und plötzlich kommt statt eines Rollstuhls mit einer jungen Person ein riesiges Bett mit einer jungen Person hinein, die eine Brille tragen muss, obwohl es so dunkel ist, die nicht geblendet werden darf. Und in den Hörsaal durfte kein Mensch mit Husten, mit Infekten oder sonstigen ansteckenden Krankheiten rein. Jeder, der ansteckend hätte sein könnte, musste draußen bleiben. Es hätte für mich das Ende bedeuten können, und dennoch war's mir – es war mir nicht egal, aber es war mir wichtig, das noch mal zu machen.

Oliver: Verstehst du, warum wir so große Bedenken vorher hatten?

Maria: Ja, ich denke schon. Es war die Sorge, und wenn ihr einfach so Ja gesagt hättet, ich weiß nicht, ob ihr euch am Ende nicht Vorwürfe gemacht hättet, gesagt hättet: »Okay, wir hätten eigentlich wissen müssen, dass sie das nicht schafft, und wir haben ohne mit der Wimper zu zucken Ja gesagt« – ich hätt's nicht mit meinem Gewissen vereinbaren können.

Oliver: Dabei haben wir mit allen möglichen Notärzten und Ärzten vorher gesprochen. Gibt's noch etwas, was wir über Marburg und die Vorlesung sprechen müssen? – Nach der Veranstaltung gab's Begegnungen mit Leuten, die du lange nicht gesehen hast. Es waren nicht nur ein Fernsehteam dabei und Journalisten, sondern auch Menschen, die dich von früher kannten und dich ganz lange nicht gesehen haben. Wie war das?
Maria: Seltsam. Viele dieser Menschen kannten mich so nicht. Das war auch der Grund, warum ein Mädchen so geweint hat. Sie kannte mich so, wie sie mich das letzte Mal gesehen hatte. Ich hab mit ihr zusammen gewohnt in einem Haus für Menschen mit Körperbehinderungen und nicht körperbehinderten Menschen. Sie hatte mitbekommen, dass ich, als ich die Lungenembolie hatte, zusammengebrochen bin, obwohl ich zehn Minuten vorher noch dort am Tisch saß und gegessen hab. Ich dachte damals, mir wäre nur schlecht von dem, was wir gegessen hatten – es gab Lasagne, ich hab den Lasagne-Geruch noch in der Nase. Ich dachte, ich müsse mich übergeben, und in dem Moment, als ich mich übergeben wollte, fiel ich – ein paar Stunden vorher hatte sie mich zum letzten Mal gesehen. Und da zum ersten Mal wieder. Und wir hatten vorher noch einen gemeinsamen Freund verloren, der auch dort gewohnt hatte, und das war für sie ganz schwer. Es gab andere Menschen, die mit mir Abitur gemacht haben, mich seit sechs Jahren nicht mehr gesehen hatten, aber die immer in Gedanken da waren, mir immer geschrieben haben, mir Päckchen hierhergeschickt haben. Es waren Menschen da, mit denen ich vorher in der Schule nie viel zu tun hatte und die plötzlich zu Freunden geworden sind in der schwersten Zeit. Es waren Menschen da, die ich dort erst kennengelernt hab. Es waren Menschen da, die mich gefragt haben, ob ich

ihnen beibringen könnte, wie man spricht vor so großen Mengen, die sagten: »Ich bin fast im Abschlusssemester und ich kann nicht so frei sprechen, und schon gar nicht vor so einer Menschenmasse, vor fast 200 Leuten.« Es war toll, dass die Dekanin des Fachbereichs Englisch da war, sie hat mir danach eine ganz ausführliche Nachricht geschrieben und mir ihre Bewunderung ausgedrückt, und dass die Universitätspräsidentin da war und sich den Termin freigeschaufelt hat – das ist etwas Besonderes, weil sie sehr viele Termine hat. – Ich hätte allerdings gern meinen Bruder dabeigehabt, aber der hat nicht frei bekommen. Seine Freundin leider auch nicht.

Oliver: Haben sich eigentlich Menschen bei dir entschuldigt, die wissen, was sie dir angetan haben? Haben die sich entschuldigt, nachdem sie das Buch gelesen haben?
Maria: Ja. Ja, haben sie. Und zwar persönlich, indem sie mich hier besucht haben – wie einige Ärzte, denen ich das sehr hoch anrechne, sehr, sehr hoch. Aber auch schriftlich – es gab Menschen, die das Gefühl hatten, dass sie es damals auf der Straße waren, die mich diskriminiert haben. Sie sagten: »Wenn du diejenige bist, dann bin ich derjenige, der an dem Tag das und das gemacht hat, und selbst wenn du nicht diejenige bist, möchte ich mich stellvertretend entschuldigen.« Es gab Menschen, die gesagt haben: »Ich war mal ein totaler Arsch« – das ist ein Zitat –, »Ich war mal ein totaler Arsch, bis dein Buch rauskam. Ich hab Leute immer nur verachtet, Leute verachtet, die im Rollstuhl sitzen, bis dein Buch rauskam.« Einer von ihnen war auch in meiner Vorlesung. Der sagte: »Ich saß in deiner Vorlesung und das hat mich verändert.« In der Vorlesung saßen auch Ärzte, unter anderem die, die in den Fachbereichen der Uni unterrichten oder dort in den Kliniken sind. Entschuldigt haben sich viele. Und es haben sich auch viele stellvertretend entschuldigt, nach dem Motto: »Ich schäme mich dafür, in der Pflege zu arbeiten. Es tut mir leid, was meine Kollegen

dir angetan haben.« Auch das ist ein Zitat. Leute, die mit Tränen vor mir standen in Kliniken und gesagt haben: »Wenn die dir das angetan haben, dann tut es mir leid, dass du so was erfahren musstest.« Die sich entschuldigt haben, obwohl sie gar nichts dafür können, sie selbst gar nicht die Person waren, aber die sich entschuldigt haben für andere, weil's ihnen so peinlich war. Vorhin hast du nach dem schwarzen Loch gefragt, wenn ein Ziel abgeschlossen ist. Es gibt jedoch *ein* Ziel, das immer währt. Das ist, die Botschaft des Buches präsent zu halten, die Botschaft des Buches immer weiterzureichen, auch mit Hilfe der Universität. Deswegen hab ich auch meinen Dozenten gefragt, welche Kurse er anbietet im nächsten Semester. Um immer wieder ein neues Ziel zu haben und immer auch selbst mit dem Köpfchen zu arbeiten. Man darf negative Gedanken mal zulassen, aber so sorge ich dafür, dass sie nicht überhandnehmen.

*Enormer Andrang bei Marias Vorlesung an der Uni in Marburg.*

# Die »private« Maria

Oliver: Lass uns noch ein bisschen über die private Maria sprechen, weil – du bist nicht in allererster Linie krank und behindert, sondern du bist in allererster Linie eine Frau. Lebst du in einer Beziehung?

Maria: Nein, schon länger nicht.*

Oliver: Wie sind deine Bedürfnisse nach Körperkontakt?

Maria: Also … wenn man krank ist, ist es natürlich so, dass bestimmte Bedürfnisse nicht so da sind, je nachdem auch, wie man sich fühlt. Wenn man starke Schmerzen hat, ist es nicht so, dass man unbedingt immer angefasst werden will. Wenn ich Rückenschmerzen hab, dann will ich nicht am Rücken angepackt werden. Das kann aber manchmal auch angenehm sein, wenn jemand eine warme Hand hat und die beruhigend dahin legt, wenn er massiert oder so. Ansonsten, denke ich, brauche ich das wie jeder andere Mensch auch, mal mehr, mal weniger. Gern auch von Freunden, nicht auf einer Beziehungsebene, sondern einfach so, dass man in den Arm genommen wird, dass man einen Kuss auf die Wange bekommt, dass man sich so aneinanderschmiegt, freundschaftlich, aber auch wenn man einen Partner hat natürlich, ja.

Oliver: Zur privaten Maria gehören deine Eltern und dein Bruder. Deine Eltern besuchen wir nachher. Wie haben deine Eltern dich erzogen und was sind die Werte, die sie dir mitgegeben haben?

Maria: Ehrlichkeit, Höflichkeit, dass man zuvorkommend ist, dass man sensibel mit anderen Menschen umgeht, dass man emphatisch ist, dass man zumindest versucht, sich in andere hineinzuversetzen,

---

* Inzwischen hat Maria wieder einen Freund, sie schreibt darüber in ihrem Essay am Ende dieses Buches.

dass man sich sozial verhält, dass man ein Mensch ist, der anderen nicht wehtut, zumindest nicht absichtlich, aber der auch seine Meinung vertreten darf. Aber es war bei uns zum Beispiel ganz wichtig, dass es keine Gewalt gibt und dass man Konflikte nicht mit Gewalt löst, auch nicht unter Kindern, und dass man sich da nicht umstupst oder so. Das gab's bei uns nicht. Und dafür war ich eh auch nicht der Typ. Ich war eher der Typ, der das dann in sich hineingefressen hat und dann geweint hat, aber ich bin auch nie irgendwohin gegangen und hab gepetzt oder so, ich war dann halt traurig. Ich war eher schüchtern, ja.

Oliver: Was sind deine Eltern von Beruf?
Maria: Mein Vater ist eigentlich Schreiner, hatte dann aber auch einen Unfall und einen Abriss im Oberschenkel, soweit ich weiß, und jetzt ist er schon lange Zeit in einer Schokoladenfabrik. Meine Mutter ist eigentlich Fotolaborantin und nun aber schon seit Jahren gelernte Reinigungsfachkraft, führt da die Leute an, praktisch. – Ich bin jetzt nicht aus einem Dozentenhaushalt oder so, von ganz Intellektuellen, aber meine Eltern haben mir mitgegeben, dass man fleißig sein sollte und dass Schule wichtig ist, haben mich aber nie gezwungen, aufs Gymnasium zu gehen, meinen Bruder ebenso wenig. Sie haben uns aber sehr wohl gesagt, dass eine gute Schulbildung wichtig ist, damit wir's auch später besser haben als sie. Meine Eltern mussten schon früh arbeiten, es lag nicht daran, dass sie nicht weiter zur Schule gehen wollten oder so, sondern mein Vater ist in einer Familie aufgewachsen, wo die Mutter schwerkrank war und er hatte viele Geschwister, fünf oder sechs. Meine Mutter hat auch früh angefangen zu arbeiten, von jeher hat auch sie gearbeitet. Mein Bruder und ich sollten es besser haben. Bei uns beiden hat das gut geklappt, wir sind beide aufs Gymnasium gekommen.

Oliver: Haben deine Eltern sich gewünscht, dass ihr Abitur macht, oder wäre Realschule auch in Ordnung gewesen?

Maria: Realschule wäre vollkommen in Ordnung gewesen, Abitur war überhaupt kein Muss. Sie haben sich gefreut wie die Schneekönige, als wir Abitur gemacht haben. Das war für die etwas ganz Tolles, aber deswegen haben sie uns auch immer beigebracht: »Ihr seid nichts Besseres als andere.« Und das haben sie uns auch damals als Werte mit auf den Weg gegeben: »Ihr seid nicht besser, aber auch nicht schlechter als andere Menschen.« Das war meinen Eltern wichtig. Und als wir beide mit einem Super-Abi-Schnitt gekommen sind – bei mir war's ja noch so, ich war von drei Oberstufenjahren anderthalb.in der Klinik und hab mir das alles selbst beigebracht, ich habe nie eine Klasse wiederholen müssen, im Gegenteil, ich sollte eine überspringen – waren sie unheimlich stolz, genauso bei meinem Buch, also stolz wie sonst was sind sie.

*Zu Besuch in Marias Elternhaus: Antje vom Videoteam geht zu Marias Zimmer, Maria liegt in ihrem Krankenzimmer, doch sie ist am iPad via FaceTime dabei.*

Oliver: Und wie haben deine Eltern deine Krankheit erlebt? Von Anfang an, die erste Diagnose? Waren sie verzweifelt, oder?

Maria: Ja, ja. Also bei der Skoliose haben sie sich noch nicht so viel dabei gedacht, das kann ja jeder haben. Als ich dann die OPs hatte, natürlich, da flossen schon Tränen, das waren keine leichten OPs. Mit 19, knapp 20, als ich in den Rollstuhl kam und der Arzt sagte: »Ja, das sieht nach einem Querschnitt aus«, da saß meine Mutter in der Cafeteria und hat gesagt, wirklich mit diesem Gesichtsausdruck, wie versteinert: »Das ist es nicht, das darf's nicht sein, das darf's nicht sein.« Und als ich ihr später nach der endgültigen Diagnose möglichst nüchtern und möglichst zackig am Telefon erklärte: »Ich komm nicht mehr nach Hause«, sagte sie: »Wie, ziehst du aus? Du hast doch schon in Marburg gewohnt?« – »Nein, ich ziehe woandershin«, sagte ich. – »Willst du nicht mehr studieren? Ich komme jetzt nicht mehr mit.« Ich sagte: »Nein, ich habe eine neuro-

*Ein Detail aus Marias Zimmer in ihrem Elternhaus. Alles ist noch so, wie sie es verlassen hat, als sie ins Pflegeheim umziehen musste.*

muskuläre Erkrankung.« Sie hat erst, ja, was heißt Witze gemacht, aber sie hat versucht, es damit abzutun. Und dann hab ich gesagt: »Nee, Mama, ich komm nie wieder nach Hause.« – »Quatsch, wann kommst du denn? Das ist noch eine andere Klinik, in die du gehst.« – »Nein, ich komme nie wieder nach Hause.« Und dann fing sie an zu weinen und sagte: »Du musst doch aber wiederkommen.«

Oliver: Warum hast du ihr das am Telefon gesagt? War es leichter?
Maria: Ich war viel zu weit weg, ich war in einem anderen Bundesland in der Klinik. Ich konnte gar nicht von Angesicht zu Angesicht mit ihr sprechen, weil ich ihr nicht aufhalsen wollte … Meine Eltern waren in jedem Klinikum, sind mir da jahrelang wirklich jedes Wochenende hinterhergereist, überallhin gereist, haben sich mit reingelegt in die Klinik, haben eingecheckt in die Klinik, haben Hunderte, Tausende Euro bezahlt dafür, dass sie da schlafen konnten, nur um bei mir zu sein auf der Intensivstation und sonst überall. Ich wollte ihr nicht zumuten, dass sie auch noch nach Rheinland-Pfalz in die Klinik kommt. Ich hab gesagt, das sei völlig in Ordnung, dass sie dort nicht hinkommt. Weil ja meine Freunde alle kamen und meine Dozenten, die auch immer die Sachen von Mama mitgebracht haben. Ja, es war einfach so, dass … Ja, ich hätte es ihr sonst von Angesicht zu Angesicht gesagt. Sie hat mich auch gleich besucht nach ein paar Tagen, gleich am nächstgünstigen Wochenende hat sie mich dann besucht in dem anderen Pflegeheim und gesagt: »Gell, du bist hier nur vorübergehend«, und ich sagte: »Nein, bin ich nicht.« – »Aber der Arzt …, ich will einen Arzt sprechen.« Ich sagte: »Mama, jetzt ist Wochenende, wir haben hier keinen Arzt.« Sie war geschockt. Mein Vater noch viel mehr, und mein Bruder erst recht – der sonst so starke Bruder, der schon massive Probleme beim Betreten des Klinikums bei der Lungenembolie hatte, der ging nur bis zum Eingang und hat mir was gebracht und dann war Ende. Mein Bruder mag Kliniken nicht. Er ist da genauso scheu wie ich. Also ich hab's ja jahrelang da drin aus-

halten müssen, aber er hat Erfahrungen als kleines Kind gemacht, die waren nicht toll, und ich kann's verstehen, dass er seitdem nicht mehr hinein möchte. Das war ganz unschön für ihn, das war nicht toll. Er macht ja alles für die kleine Schwester, alles …

Oliver: Erzähl mir etwas über das Haus, das wir nachher sehen werden.
Maria: Es ist groß und hell und schön. Und es riecht gut. Es ist meine Heimat. Du wirst Sachen sehen, die mich widerspiegeln. Du wirst die alte Mary sehen, direkt vor deinem Auge. Du wirst Sachen sehen wie mein Handbike, das mir die ganze Stadt geschenkt hat. Sie haben alle zusammengelegt. So ein Fahrrad, das man sich vor den Rollstuhl spannt. Du wirst einen Treppenlift sehen. Und du wirst etwas sehen, was hoffentlich noch immer nach mir riecht. Du wirst etwas sehen, was die Mary so hinterlassen hat, als sie damals gegangen ist.

Oliver: Kleinmädchen-Poster an den Wänden?
Maria: *(Lacht.)*

Oliver: Backstreet Boys?
Maria: Nein, aber schon ein durchtrainierter Kerl an den Wänden.

Oliver: Ja – ein durchtrainierter Kerl an den Wänden, ja ja. Mary ist eben auch ein Klischeemädchen gewesen, hm? Nichtbehinderte Menschen sind im Umgang mit behinderten Menschen unsicher. Ich glaube, niemand weiß, wie man es richtig macht. Wie soll ein Nichtbehinderter mit einem Behinderten umgehen?
Maria: Ich glaub, so eine richtige Faustregel dafür gibt's nicht. Nach Gefühl, das Gefühl muss mitspielen. Also man sollte schon versuchen, sich hineinzuversetzen und zu gucken: Wie würde ich mich jetzt fühlen? Man sollte schon mal fragen: »He, kann ich helfen?« Wenn man angeranzt wird, nicht zurückschrecken und beim nächsten Mal nicht gar nicht mehr helfen, sondern es weiterhin

versuchen, obwohl's natürlich von dem Menschen mit Handicap auch nicht in Ordnung ist, wenn er schimpft, und sich dann später aber beschwert, dass ihm keiner hilft – vielleicht. Das hab ich mal erlebt und ich bin zu dem Betreffenden hingefahren und hab gesagt: »Ich find das echt scheiße«, weil sich genau die Leute dann denken: Gut, das war das erste und das letzte Mal, dass ich gefragt und geholfen hab. Man kann das ordentlich sagen, denn die Menschen, die nicht behindert sind, die wissen's nicht besser. Es gibt die Kategorie »verunsicherter Mitbürger«, der fragt vielleicht und guckt vielleicht so, dass man denken könnte: Ah, was glotzt der denn so? Aber der meint es nicht böse, sondern er guckt, weil er nicht weiß, was er tun soll im nächsten Moment. Und es gibt die Kategorie »diskriminierender Mitbürger«, aber der haut sowieso gleich drauf – verbal. Das ist nicht der, der lieb fragt. Und das versuche ich auch in meinem Buch zu differenzieren, ich differenziere ganz ganz ganz ganz klar zwischen verunsicherten Mitbürgern – die werden da gar nicht näher beleuchtet, die gibt es natürlich, aber das hätte den Rahmen gesprengt –, und diskriminierenden Mitbürgern. Es ging mir darum aufzuzeigen, was Leute mir schon an den Kopf geschmissen haben, was, wie gesagt, regional natürlich auch immer unterschiedlich sein kann. Leute, die es noch nie erlebt haben, können sich glücklich schätzen – ich wünsche es keinem –, aber es gibt wirklich Menschen – sehr sehr viele Menschen –, die sich gemeldet und gesagt haben: »Maria, ich hab genau das Gleiche erlebt. Ich kenne diese Situationen – nicht mitgenommen zu werden, vom Busfahrer und blöde Sprüche zu kassieren.« Ja, ich differenziere da. Also die Leute, die sich nicht sicher sind, ja, die gibt es. Und natürlich gibt es auch Leute, die eine Behinderung aufweisen und die richtige Kratzbürsten sind. Es ist nicht okay, wenn die so kratzbürstig antworten, weil's wie gesagt das letzte Mal sein kann, dass dann jemand hilft. – Aber es ging in meinem Buch primär darum aufzuzeigen, was manche Menschen in dieser Gesellschaft eigentlich für oberflächliche Ansichten haben. Es gibt also kein Nonplusultra, keine Faustregel, von der man sagen kann: »So behandelt man den jetzt und das passt auf jeden.« Weil jeder Mensch ein Individuum ist, da kannste gar nicht sagen, das und das passt zu jedem.

Oliver: Aber einfach zu fragen, ob man helfen kann, kann das auch falsch sein oder ist das zumindest immer sinnvoll?

Maria: Sinnvoll. Es ist natürlich mutig, das traut sich nicht jeder. Das würde ich immer hoch anrechnen, schon alleine, wenn jemand zu mir sagt: »Kann ich dir helfen?« Ich würde nicht rumranzen, ehrlich nicht, weil ich's sehr gut fände und das sehr viel Menschlichkeit zeigt. Und das tut weh, wenn man seine Hilfe anbietet und dann so eine Abfuhr bekommt. Das kann sehr wehtun. Hab ich früher auch mal bekommen, als ich noch nicht im Rollstuhl saß und gefragt hab: »Kann ich helfen?« Natürlich überlegt man vorher hin und her, ja, und es ist schwierig, aber die Menschen, die da im Rollstuhl sitzen – bitte, liebe Leute, ihr könnt euch bestimmt auch denken, was das für eine Überwindung sein kann, zu fragen. Deshalb können wir die, die ihre Hilfe anbieten, nicht einfach so »rundmachen«. Das geht nicht, das fände ich nicht gut.

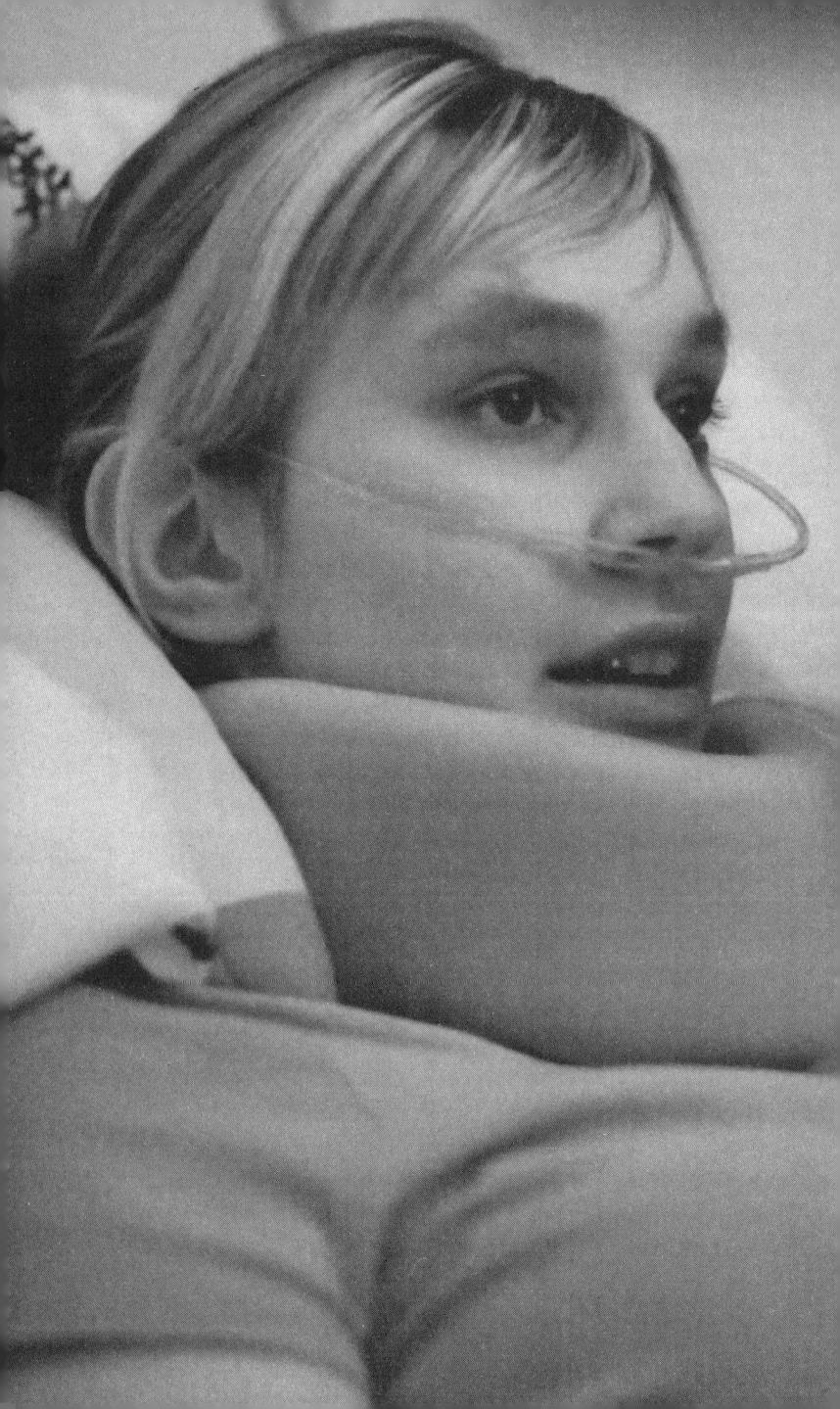

# Gespräche mit Maria

*Tag 3*

# Nach dem Besuch in Marias Elternhaus

Oliver: Mary, wir waren gestern Abend noch bei deinen Eltern zu Besuch. Das war sehr ergreifend, weil wir dein Zimmer sehen durften, mit deiner Familie sprechen durften, sehen konnten, gesehen haben, wie du da gelebt hast und wie du dort einfach rausgerissen worden bist. Das sieht noch so aus, als ob du gleich reinkommst und dich dort ins Bett legen würdest. Und du hast unseren Besuch auf dem iPad begleitet. Wir haben über FaceTime miteinander telefoniert und wir waren also irgendwie zusammen in deinem Zimmer, du nicht körperlich, aber geistig. Wie war das gestern für dich?

Maria: Ganz komisch. Also ich musste danach ziemlich schlucken. Ich musste danach auch mit Pflegern sprechen. Ich musste mit den Tränen kämpfen und dann auch mit meinen Eltern noch mal reden. Es ist zwar gleichzeitig das Schönste immer noch – ich seh's zwar jetzt nur noch in Umrissen –, aber zu sehen: So sah es aus, und so waren meine Schuhe angeordnet, bevor ich weg bin – ich hatte gerade die Winterstiefel zurückgepackt, weil es noch nicht wieder so kalt war, es gab da ein paar wärmere Tage und dadurch, dass ich nicht mehr pendeln musste, hab ich mir auch nicht mehr die Zehen abgefroren bei der Deutschen Bahn – ... sehr komisch war das.

Oliver: Wir haben lange mit deinen Eltern gesprochen, wie sie deine Krankheit erlebt haben, und sie haben schon gesagt, dass sich ihr Leben jetzt sehr um dich dreht, dass sie nicht in Urlaub fahren können, obwohl du ihnen sagst, sie sollen auch mal in Urlaub fahren, aber sie würden es sich nicht verzeihen, wenn sie nicht da wären, wenn du ihre Hilfe brauchst. Wie ist jetzt das Verhältnis zwischen dir und deinen Eltern?

Maria: Noch viel enger, als es vorher war. Ich hatte vorher schon ein sehr enges Verhältnis zu meinen Eltern, habe bei ihnen gelebt, das Haus wurde ja wegen mir gekauft und für meinen Bruder. Sie sind extra umgezogen. Genauso hätten sie ja auch sagen können: »Bitte, zieh alleine aus, zieh in ein rollstuhlgerechtes Apartment«, damals, als ich 2006 in den Rollstuhl kam. Ja, ich hing immer sehr an meinen Eltern und heute ist das noch stärker der Fall. Es ist schon so, dass ich nicht darauf bestehe, aber meine Eltern doch jedes Wochenende dringend brauche. Und dann das Anfassen – zwar telefoniere ich jeden Tag mit ihnen, aber da höre ich nur die Stimme, das Anfassen ist dann etwas ganz anderes. Ja, es ist noch sehr viel enger geworden, aber gleichzeitig versuche ich ihnen klarzumachen, dass sie lernen müssen, sich mit dem Gedanken auseinanderzusetzen, loszulassen, jetzt schon, etwas loszulassen. Dazu gehört in den Urlaub zu fahren, ich bin ja hier versorgt. Aber ich versteh schon, was sie damit meinen, gerade wenn ich den letzten Weg gehe und sie wären nicht bei mir. Sie wissen, dass ich hier nicht sterben will, sondern nach Möglichkeit wenigstens zu Hause oder am Meer. Aber es wär besser für sie, für ihre Psyche, wenn sie auch mal zeigen würden, dass sie jetzt keine Kraft mehr haben, weil Mutter ist so das Stehaufmännchen, das Zugtier auch, zusammen mit meinem Vater, natürlich, aber sie lassen sich auch nichts abnehmen. Freunde sagen: »Komm, ich kann doch hinfahren dieses Wochenende«, oder meine Tanten sagen das, oder meine Onkel und meine Cousinen, die sind älter als ich, die sagen: »Komm, wir fahren hin, wir nehmen auch die Wäsche mit«, weil ich die immer zu Hause waschen lasse, nicht hier, da bestehe ich drauf, dass die mitgewaschen wird. Aber natürlich ist das auch wieder so ein Ding: Ich lass die Wäsche zu Hause waschen und meine Mama hat das Gefühl: Okay, sie ist jetzt noch da, ich wasch für sie die Wäsche, ich leg sie ihr so in den Schrank, so wie ich sie früher gewaschen hab. Weil mir das früher nicht möglich war. Das war für mich körperlich zu schwer. Ich hab sie zwar sortiert und alles, aber ich konnte sie nicht aufhängen, das war für meine Wirbelsäule … das hätte meine Kräfte einfach überstiegen, die körperlichen.

# Marias Tagesablauf

Oliver: Wir haben noch gar nicht über deinen genauen Tagesablauf hier gesprochen, auch weil der für uns so selbstverständlich geworden ist. Wie ist der?

Maria: Ja, morgens werde ich von der Pflegekraft immer gefragt: »Wann willst du fertiggemacht werden?« oder »Wann hast du Termine?« Gerade wenn Journalisten kommen oder wenn ihr kommt oder so, dann möchte ich natürlich gerne um einiges früher fertig sein. Ja, und dann werde ich gewaschen, und die Pflege beansprucht schon eine Stunde bei jemandem mit Pflegestufe 3, das geht nicht husch, husch. Auch weil Verbände gewechselt werden müssen und sich öfters mal was entzündet. Dann gibt es beispielsweise an manchen Tagen um zwölf Uhr Physiotherapie, sprich Krankengymnastik, um 15 Uhr dann Ergotherapie – alles hier im Zimmer. Bei anderen Patienten ist das anders. Und zwischendurch ruhe ich mich natürlich immer wieder aus. Manch andere würden sich hinlegen zum Ausruhen – aber ich liege ja sowieso die ganze Zeit, aber ich muss wirklich schlafen zwischendurch, weil ich sonst den ganzen Tag gar nicht durchhalte, zumal ich auch – natürlich dadurch, da es hier immer dunkel ist – nicht diesen Tag-Wach-Rhythmus hab. Und dann höre ich viel Musik. Was im Fernsehen läuft, bis auf ein paar Sachen morgens, kann man das ja echt in die Tonne treten. Ich hoffe, die Produzenten einiger Sendungen verzeihen mir, wenn ich das so überspitzt sage.

Oliver: Das können wir ja rausschneiden.

Maria: *(Lacht.)* Und ansonsten gucken die Pfleger nach mir. Ich werde immer von der einen Seite auf die andere Seite gedreht. Ich krieg Anrufe, mache was für die Universität, sprich da kommen dann Freunde, zum Beispiel jetzt im Fach Englisch, die die Sprache gut beherrschen, das brauch ich auch – dadurch, dass ich selbst nicht mehr lesen kann mit den Augen, müssen Leute mir das vorlesen. Ich merke mir alles im Kopf, die ganzen Texte, verarbeite die unter einer bestimmten Fragestellung, wenn es um eine Hausarbeit geht. Das dauert natürlich länger, bis ich das wieder diktiert hab, ich diktiere das, lasse es mir wieder vorlesen, Wort für Wort, lasse mir Wörter buchstabieren, bei denen ich mir denke, dass mein Gegenüber die vielleicht falsch schreiben könnte, weil sie schwierig sind, und dann korrigieren, und dann geb ich die Texte ab, zum Beispiel. Oder ich mach was für die Projekte, für das Schulprojekt zum Beispiel.

Oliver: Sag was über das Schulprojekt, bitte.
Maria: Ja, das Schulprojekt hab ich mir ausgedacht bzw. ins Leben gerufen. Also es geht darum, Schüler sozial stark zu machen, und ich finde, das ist was ganz Wichtiges. Gerade in dieser Phase, weil die Schüler da noch so formbar sind. Natürlich ist jeder ein Individuum. Aber ich finde, man kann sie so gut fassen und dort abholen, wo sie stehen. Man kann vielleicht eingefahrene Spuren noch mal verändern. Oder den ganz Kleinen noch an die Hand geben: Hier, das sind wichtige Werte. So hab ich's auch früher in meinem Unterricht immer gemacht. Ja, nicht nur den normalen Unterricht, sondern: Was gibt es denn damit verbunden für Werte? Ich als einzige Person, die dort an der Schule Rollstuhlfahrerin war, das war natürlich was Besonderes. Da mussten die Schüler helfen. Ich konnte nicht alleine an die Tafel schreiben. Da mussten die Schüler ran. Das hatte dann natürlich auch wieder den Aspekt, dass sie sich bewegen konnten im Unterricht. Sie konnten mal nach vorne laufen, wenn sie in der zehnten Stunde Englisch hatten. Das find ich ganz wichtig, das darf man nicht aus den Augen verlieren. Nicht nur stur den Unterricht machen, sondern wo sich's anbietet, immer mal noch so eine Einheit dazwischenschieben. Und ich hab meinen Schülern auch immer gesagt, dass sie mich alles fragen

dürfen, wenn sie Fragen haben. Natürlich zögern viele am Anfang, aber die fragen dann schon oder haben auch gefragt: »Wieso sitzen Sie im Rollstuhl?«, oder die jetzigen Schüler, die dann sagen: »Ja, Maria, wieso liegst du im Pflegebett?« Ich hab ja gestern schon gesagt, die Schüler von früher haben mich gesiezt, weil ich ihre Fachlehrerin war. Die Schüler von heute duzen mich, weil ich nicht mehr Deutsch und Englisch unterrichte, obwohl ich das auch gern noch machen würde und auch angeboten bekommen hab – aber es geht mir ja um was ganz Bestimmtes. Und die Schüler fragen dann tatsächlich, nachdem sie warm geworden sind: »Ja, Maria, wie ist das denn so und wie läuft denn das hier so im Pflegeheim? Ja, ich hab mir das so und so vorgestellt. Du hast ja so ein schönes Zimmer!« Und das ist mir schon wichtig, dass die Schüler auch Fragen stellen dürfen, dass sie nicht von den Eltern so ein Verbot, so ein Pflaster über den Mund bekommen, im Sinne von: »Fragen verboten!«

# Was noch zu sagen ist …

Oliver: Wenn du eines Tages gehen musst, würdest du dann sagen: Ich habe trotz der Krankheit ein erfülltes Leben gehabt?

Maria: Hm, ja. Allein aufgrund der Menschen, die ich kennengelernt hab. Auch wenn ich viele Dinge nicht mehr verwirklichen konnte, gab es dann aber andere Dinge, die ich verwirklichen konnte. Andere Wünsche, die sich dafür erfüllt haben. Ich hab schon mal gesagt, ich hätte wahrscheinlich nie ein Buch geschrieben. In hätte an der Uni gar keine Zeit dafür gehabt. So hätte ich dich vielleicht nie getroffen.

Oliver: Ganz sicher nicht, nein.

Maria: Wenn ich so meinen Alltag weitergegangen wär – vielleicht war's auch ein Zeichen, mir zu zeigen, von oben gezeigt zu bekommen: Mädchen, du rennst viel zu viel und du begreifst nicht, was du hast.

Oliver: Wir haben gestern und vorgestern über viele Sachen gesprochen und da sind noch ein paar Fragen offen geblieben. Ich sag ein paar Stichworte und du sagst mir vielleicht, was dir dazu einfällt. – Das erste Stichwort ist »Zeit und sich Zeit nehmen«.

Maria: Ja, das ist für mich ganz wichtig geworden. Ich hab ja schon mal das Thema angerissen, dass ich Zeit weggenommen bekommen hab, Überlebenszeit, aber dass mir auch eine bestimmte Zeit gegeben worden ist, die ich so niemals wollte, weil ihr gegenüber eben der Verlust steht. Ich hab zwar hier »viel« Zeit, aber das ist keine wirkliche Lebenszeit. Und ich finde, dass sich jeder Mensch da draußen die Zeit nehmen sollte, natürlich nach seinen Möglichkeiten, und jede Sekunde und jede Minute leben sollte. Natürlich ist man auch mal im Stress, das verstehe ich auch und das war ich auch immer. Aber irgendwann kommt wirklich der Punkt, so wie ich's auch im Buch geschrieben hab … irgendwann kommt der Punkt, an dem sich jeder einmal fragt, ob er denn so gelebt hat, wie er's eigentlich möchte. Ich hab mich gestern mit der Mutter eines Schülers unterhalten, nachdem ihr zu meinen Eltern weggefahren seid und Benedikt ja auch interviewt habt, und sie hat gesagt: »Ja, da geht die Zeit einfach so ins Land und man genießt sie gar nicht.« Sie huscht so an einem vorbei und das ist einem nicht klar, und irgendwann sind die Lebensjahre rum und man ist achtzig. Man hat vielleicht viel zu erzählen, aber wenn man nach bestimmten einzelnen Momenten gefragt wird, kann man die nicht mehr greifen. Und das ist was ganz Vergängliches. Und ich glaub, dessen sind sich viele nicht bewusst. Und ich will einfach, dass die Leute, die mein Buch lesen, die mein Hörbuch hören, die die Dokumentation sehen, sich bewusst machen, dass Zeit gleich Vergänglichkeit ist und dass man auch mal fünfe grade sein lassen sollte. Ich find das wichtig. Das hab ich so gelernt. … Wenn ich noch einmal zwölf Jahre jünger, also 13 wäre, so alt wie ich war, als das alles angefangen hat, würde ich sicherlich anders leben, mit dem Wissen von heute natürlich.

Oliver: Zweites Stichwort: »Wertvoll sein«
Maria: Ja, das hat auch mit den Menschen allgemein zu tun. Es gibt so ein Lied, »Beautiful« von Christina Aguilera, »*You are beautiful no matter what they say. Words can't bring you down, no, no …*«, sowie Zeilen, die im Lied »Marching On« von One Republic und Timbaland vorkommen: »*For those days we felt like a mistake*«, diese Tage, an denen wir uns wie ein Fehler fühlten. Natürlich, jeder macht Fehler, das ist klar, aber dennoch sind wir nicht weniger wertvoll, und gerade für Menschen mit wenig Selbstbewusstsein, glaube ich, ist es wichtig, dass sie das nicht nur gesagt bekommen, sondern dass sie versuchen, es für sich zu verinnerlichen. Es ist wichtig, dass auch Menschen mit Krankheit, mit Behinderung

wissen, dass sie wertvoll sind und dass sie sich auch nicht durch geringschätzige Kommentare davon abbringen lassen, sondern weiter daran festhalten und wissen: Nee, du kannst mir gar nichts; wer bist du, dass du mir das sagen darfst. Vor Gott sind wir ja auch alle gleich. Über uns darf hier keiner richten, wir haben keine Gewalt, hier zu richten. Das ist meine Meinung, ich würde niemanden so emporheben, dass er wirklich richten darf.

Oliver: Mit wem würdest du dich gern mal treffen? Wer sollte mal hier zu dir kommen und eine Stunde mit dir reden?
Maria: Angela Merkel.

Oliver: Warum?
Maria: Weil ich glaube, dass das für die Politik mal ganz gut wäre. Also ich hab überhaupt nichts gegen Angela Merkel, im Gegenteil. Ich find sie an manchen Stellen – ja, sympathisch. Ja, mit ihr würde ich mich gerne mal treffen, allgemein aber auch mit anderen Politikern, und gern mal mit ihnen reden, wie sie sich das eigentlich denken mit manchen Reformen, die sie tätigen. Ich würde sie fragen, ob sie vielleicht mal mit mir tauschen wollen für eine Woche, gerade die, die alles einsparen. Angela Merkel würde ich gern mal treffen, ja. Ich würde gern mal mit ihr reden, denn sie ist eine Person, die ich auch aus eigenem Interesse sehr gern treffen würde. Ich hab ja auch schon in Marburg gesagt: »Also wenn ich mal jemanden treffen wollen würde, wäre das Angela Merkel und auch ein paar andere Politiker.« Aber ich mein's nicht böse. Ich würde mich ganz normal mit ihr unterhalten wollen und gucken, was dabei herauskommt. Ob man da nicht irgendwas drehen kann, als kleine Person. Ich find's auch wichtig, dass man den Mund aufmacht, auch wenn immer gesagt wird, auch von meinen Eltern: »Ach, du kannst sowieso nichts ausrichten, die anderen haben viel mehr Macht.« … Ja, mir ist aber egal, wie viel Macht jemand hat. Ich als kleine Person kann aber doch schon mal anfangen. Und so

eine kleine Person bin ich jetzt auch nicht mehr, dass ich gar nichts ausrichten könnte, glaub ich.

Oliver: Was möchtest du den Leuten mit deinem Buch auf den Weg geben – den gesunden wie den nicht gesunden?

Maria: Ich möchte ihnen mit auf den Weg geben, dass keine Unterschiede zwischen Menschen gemacht werden sollen und dass sie sich wirklich jeden Tag bewusst machen sollen, dass es sich lohnt zu leben, dass die Zeit kurz sein kann, gerade auch den Gesunden, dass sie schneller in der gleichen Situation sein können, als sie denken – und sei es nur durch einen Unfall, sie setzen sich ins Auto oder überqueren den Zebrastreifen und irgendjemand kommt angerast und brettert sie um. Einfach, ja, dass das Leben wertvoll ist und dass sie die Chancen im Allgemeinen, die sich ihnen bieten, beim Schopfe ergreifen sollen, und zwar nicht im negativen Sinne, dass man dabei andere Leute beleidigt und angeht oder seinen Frust an ihnen auslässt, sondern dass man etwas Gutes tut.

Oliver: Wir sind ganz am Schluss unserer Dokumentation angekommen. Das waren sehr sensible Tage, sehr anstrengend – für alle, für dich wie für uns, sehr intensiv. Was ist dein persönliches Schlusswort?

Maria: Mein Schlussgedanke ist unter anderem ein Zitat von Goethe. Es ist auch das, was vorne im Buch als Erstes aufgegriffen wird: »Auch aus Steinen, die einem in den Weg gelegt werden, kann man Schönes bauen.« Und wie ich eben schon zusammenfassend gesagt habe, dass das Leben so wichtig ist und dass es so plötzlich mit einem Schlag vorbei sein kann, und dass man ganz plötzlich rausgerissen werden kann aus seinem normalen Leben und nur Fetzen zurückbleiben, Bruchstücke, Gedankenstücke, und dass man sich mal klarmachen sollte, wen man da eigentlich um sich herum hat, dass man eine tolle Familie hat, tolle Freunde, und dass man denen ruhig mal sagen sollte, wie toll es ist, dass sie da sind. Ich hoffe, dass die Menschen, dass diejenigen, die keine Freunde und keine Familie mehr haben, trotzdem noch jemanden finden und dass sie sich nie aufgeben. Ich weiß, dass das für Leute, die nicht mal mehr den Rückhalt von irgendjemandem haben, ganz ganz ganz schwer sein muss, wirklich schwer sein muss. Ich hab da totales Glück, dass ich in der Situation Leute hab, weil sich ja auch oft Menschen abwenden. Aber ich würde mir wünschen, dass diese Menschen wirklich versuchen zu kämpfen, und ich weiß, dass nicht der eine Tag wie der andere ist, und dass man an manchen Tagen weniger Kraft hat als an anderen. Ich denke, dass Menschen, die so gar keinen mehr haben, irgendwie versuchen sollten, Kontakte zu knüpfen, und sei es durch irgendwelche Gruppen, irgendwelche – ja – Selbsthilfegruppen, also Leute, bei denen sie wirklich Anschluss finden können, wenn sie tief fallen, egal ob das gesundheitlich ist oder ob das im Sozialen ist, oder in sonst einer Art und Weise.

Vielleicht finden manche auch ihren Glauben an Gott. Ich will niemanden bekehren. Ich bin keine Person, die sagt: »Jeder muss an Gott glauben.« Das hab ich ja selbst lange Zeit nicht getan. Aber manchmal kann das gerade in der Not der rettende Anker sein. Und ich würde mir wünschen, dass man, wenn man sich über Gott keinen Anker bauen kann, keinen Anker werfen kann, dann irgendwo anders seinen Anker wirft.

Oliver: Vielen Dank! *(Umarmt Maria.)* Mary, das hast du toll gemacht, meine Heldin! Wir kommen wieder, mach dir keine Sorgen!

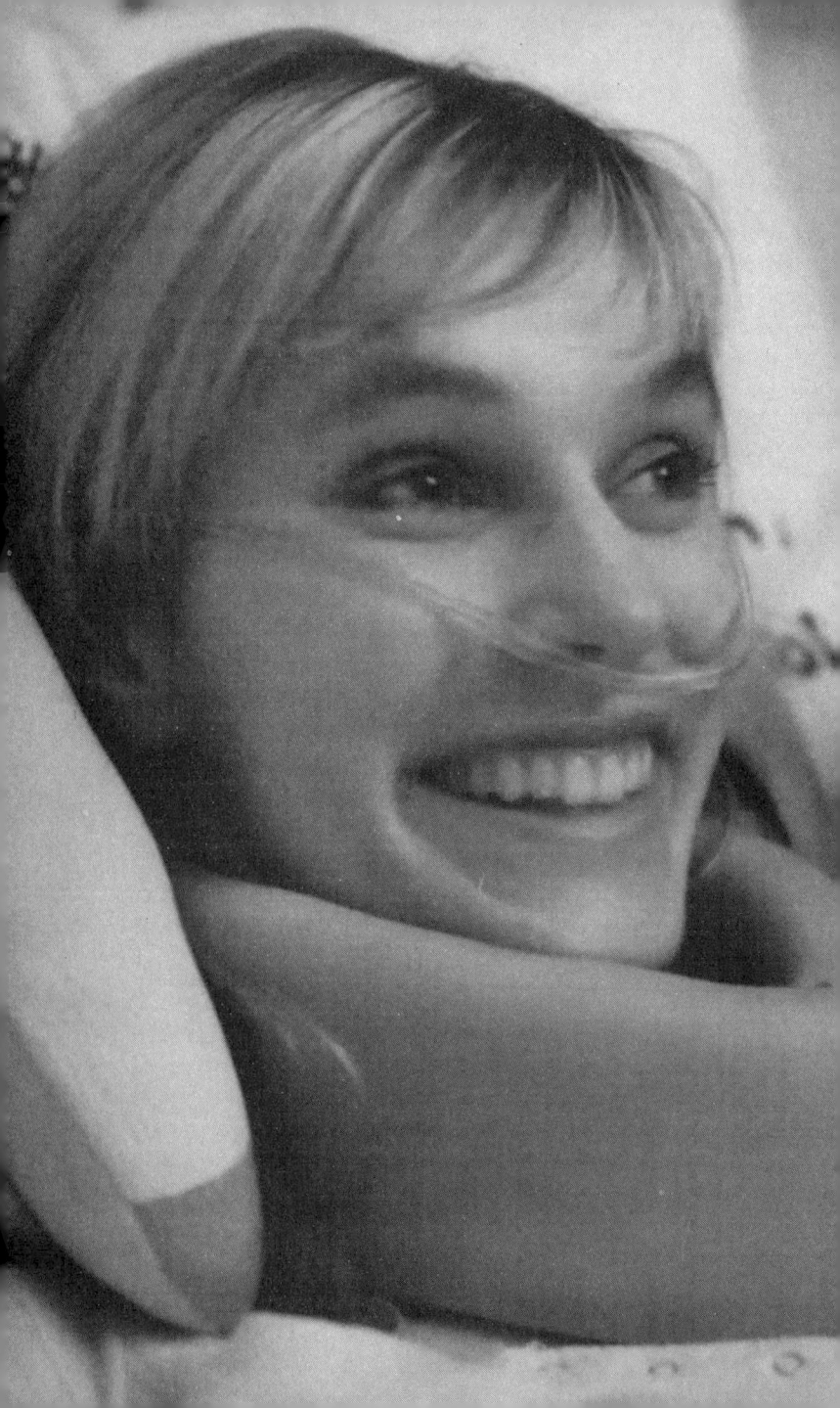

**Gespräche mit Marias
Familie, ihren Freunden,
Pflegern und Dozenten**

# Marias Eltern

**Jutta Langstroff, 55 Jahre, Raumpflegerin, und**
**Holger Langstroff, 60 Jahre, Mitarbeiter in einer Süßwarenfabrik**

Oliver: Frau und Herr Langstroff, Sie haben uns heute bei sich zu Hause empfangen – in dem Haus, wo auch Maria gewohnt hat, bevor sie ins Pflegeheim kam. Zunächst sind wir sehr dankbar dafür, dass Sie uns eingeladen haben, dass wir gucken durften, wie Maria hier gewohnt hat – ich war ja schon unten in ihrem Zimmer. Sie hat mir alles erklärt: das Bett, wo die Nahrung stand, den Schreibtisch, auch ihren Kleiderschrank. Und sie hat mir auch erzählt, wie glücklich sie war in der relativ kurzen Zeit, die sie hier war. Meine erste Frage ist: Wie und wann haben Sie von der Schwere der Erkrankung von Maria zum ersten Mal erfahren, mit den Konsequenzen, die da dran hängen können?

Vater (zur Mutter): Das weißt du wahrscheinlich besser.

Mutter: Sie ist damals in der Reha gewesen und die Ärzte haben bei den Untersuchungen gemerkt, dass irgendwas mit den Muskeln nicht stimmt, und darauf folgten andere Untersuchungen.

Oliver: Wann war das?

Vater: 2010. Die Reha wurde erst abgelehnt, dann wurde sie doch genehmigt, und dort haben sie dann festgestellt, dass es mit ihr schlimmer steht, als wir es selber vermutet haben. Zuerst hatte sie ja Probleme mit dem rechten Bein, dann kam das linke Bein dazu, dann der linke Arm. Die Ärzte in der Reha haben das dann auch gleich klargemacht mit dem Pflegeheim.

Mutter: Zu Hause war die Pflege nicht gewährleistet, es ging nicht.

Oliver: War das für Sie ein Wendepunkt in der Krankengeschichte?

Vater: Das kann man so sagen.

Oliver: Und hatten Sie vorher noch die Hoffnung, dass es quasi eine Allerweltskrankheit ist, die man eben so hat und mit der man leben kann irgendwie?

Vater: Wir haben uns damit abgefunden, dass sie ihr Leben wahrscheinlich im Rollstuhl verbringen würde. Damit hatte sich Maria auch abgefunden, das muss man wirklich sagen. Jeden Morgen hat sie dann mit ihrem Rollstuhl den Weg zur Uni gemacht nach Marburg. Das war bestimmt nicht einfach für sie bei Wind und Wetter. Aber ich sag mal, da war für sie die Welt noch in Ordnung. Bis dann die Reha kam und sich alles so entwickelt hat, wie's keiner von uns vermutet hatte. Mit allem andern hätten wir uns gut abgefunden und Maria sich selber auch.

Mutter: Sie kam 2006 in den Rollstuhl. Und auch das hatte eine ganze Weile gedauert, bis sie sich daran gewöhnt hatte.

Vater: Am Anfang war auch das mit dem Rollstuhl für sie in Ordnung, bis dann die Menschen sie dazu gebracht haben, doch darüber nachzudenken: Warum, wieso, weshalb? Und sie dann nicht mehr als Mensch behandelt wurde, sondern als Behinderte. Das war auch der Ursprung für das Buch.

Oliver: Das Haus haben Sie sehr liebevoll behindertengerecht umgebaut?
Vater: Richtig, ja.

Oliver: Unter anderem in der Hoffnung, dass sie ...
Vater: Wir sind davon ausgegangen, dass Maria ihr Leben hier so lang verbringt, bis sie vielleicht mal heiratet, auszieht und und und. Dass sich alles so entwickelt, hätten wir nie geglaubt.

Oliver: Wie haben Sie den Krankheitsverlauf vorher erlebt? Dem ging ja schon eine lange Geschichte voraus. Zunächst die Annahme, es sei eine normale Skoliose, wie sie viele Menschen haben ...
Vater: Das fing bei ihr schon sehr, sehr früh an, muss man dazu sagen. Sie ist schon mit drei zum Kinderturnen gegangen und später hat dann eine Trainerin mal gesagt: »Da stimmt was nicht ...« Und sie hat uns dann die Adresse einer Klinik gegeben. Dort hat Maria sich vorgestellt, der Befund war Skoliose und sie musste operiert werden. So weit war alles in Ordnung. So weit ging es ihr gut nach der OP. Dann hat sie ihr Abitur fertig gemacht. Danach hat sie eine Reha angetreten und dort wurde es mit dem Laufen immer schlechter. Dann ist das rechte Bein ausgefallen, die Ursache war ein Bandscheibenvorfall, der so stark gewesen ist, dass er schon das Rückenmark geschädigt hatte. Dadurch war das rechte Bein gelähmt. Ansonsten hat sich das dann peu à peu weiterentwickelt. Dann haben sie das mit ihrer Muskulatur festgestellt, obwohl – im Nachhinein haben wir sämtliche Krankheitsberichte, die Befunde noch mal durchgelesen – auch in in jungen Jahren wurde schon festgestellt, dass mit ihrer Muskulatur etwas nicht stimmt. Aber weil das mitten im Bericht stand, hat das keiner so richtig gelesen.
Mutter: Ja, weil die Wirbelsäule im Vordergrund stand.
Vater: Eben. Und die haben sich immer wirklich nur auf die Wirbelsäule konzentriert. Wenn ich mit ihr zur Nachuntersuchung war, erst jedes halbe Jahr, dann einmal im Jahr, da wurde immer bloß ein Röntgenbild gemacht – die OP war gut verlaufen. Und im Nach-

hinein haben wir uns dann die Krankenbefunde angesehen und haben dann mal in der Mitte nachgeguckt, was die Neurologen so geschrieben haben, und da steht überall auffällig, das mit ihren Muskeln irgendwas nicht stimmt. Nur – es war dann hinterher zu spät.

Oliver: Wobei niemand sagen kann, ob es behandelbar gewesen wäre.
Vater: Gar nicht. Das ist jetzt kein Vorwurf an die Ärzte. Ich meine, ich weiß das selber, wenn ich irgendwie einen Brief kriege wie vom Finanzamt, Rückerstattung oder so – ich les die erste Seite und die letzte Seite, alles andere interessiert mich nicht. Und genauso ist das bei den Ärzten auch.

Oliver: Wie gestaltet sich Ihr eigener Alltag, seitdem Maria im Pflegeheim ist? Sie sind beide berufstätig, und Sie besuchen sie sehr oft.
Vater: Ja, die Frau noch öfter als ich, weil sie am Wochenende nicht arbeiten muss. Meine Frau ist mindestens jedes Wochenende da, wenn Urlaub ist unter der Woche. Und so ist das auch bei mir, auch ich bin dann unter der Woche da. Den Wochenablauf, den bestimmt schon Maria bei uns, durch die Krankheit, das muss man wirklich so sagen. Also ich sag jetzt mal: Ein eigenes Leben, wie das vorher war, dass man mal einen Urlaub planen konnte oder so – da ist nichts mehr drin.
Mutter: Wenn das Telefon klingelt und die Nummer der Station aufleuchtet – Oh Gott, schon wieder irgendwas!, denkt man dann … Das hat man immer im Hinterkopf.
Vater: Ja, meistens heißt es dann: »Sie hat wieder einen Krampf bekommen, es ist wieder irgendwas und sie ist wieder in der Klinik.« Und selbst als sie damals in Marburg an der Uni war, und sie die doppelseitige Lungenembolie hatte, da wurde dann die Nacht gegen halb zwölf angerufen, ich hatte Spätdienst, bin gerade von der Arbeit gekommen, und da hat der Arzt sich noch entschuldigt, dass er angerufen hat. Ich sprech: »Um Gottes willen, das ist wichtig

für uns.« Und die sind davon ausgegangen, dass es eventuell bloß eine Lungenentzündung war. Dass sich das dann so entwickelte, wusste keiner. Aber unser jetziges Leben bestimmt Maria, bedingt durch die Krankheit.

Oliver: Sind Sie manchmal auch wütend auf diese Krankheit?
Vater: Kann ich so nicht sagen. Ich kann in dieser Hinsicht sowieso nichts sagen, weil ich selber diese Muskelerkrankung hab, nur nicht in dem Maße wie Maria. Eher müsste Maria wütend auf mich sein, weil sie das von mir geerbt hat.
Mutter: Man ist hilflos, weil man nichts machen kann, also »hilflos« ist da eher der Ausdruck als »wütend«.
Vater: Na ja, manchmal denkt man schon: Warum gerade Maria? So denkt man schon, aber so eine richtige Wut ist da nicht dabei.

Oliver: Nur: Warum Maria? Warum so früh?
Vater: Genau.

Oliver: Hat Maria sich charakterlich verändert durch die Krankheit?
Vater: Ja. Sie ist viel bestimmender geworden, bestimmender. *(Zur Mutter:)* Also gerade, was dich anbelangt.
Mutter: *(Lacht.)* Bei mir, ja. Ich merke das immer, ja.

Oliver: Ist sie ein Mamakind oder ein Papakind?
Vater/Mutter: Mama.

Oliver: Und das bedeutet dann auch, dass sie mit der Mama …
Vater: Genau, die haben so gar keine Geheimnisse. Also ich stehe da schon mal hintenan, die Mama ist immer die Erste, die was erfährt.
Mutter: Obwohl wir auch schon mal anecken, wenn sie mal einen schlechten Tag hat oder ich mal, oder es kommt mal was etwas anders rüber, als es gemeint ist, also das passiert auch schon mal.

Fotoshooting 2008: Ein bisschen rotzig, ein bißchen frech, ein bisschen cool — eine ganz normale junge Frau, wenn da nur nicht schon die Krankheit wäre. Maria sitzt bereits im Rollstuhl und kann nur mit fremder Hilfe aufrecht stehen.

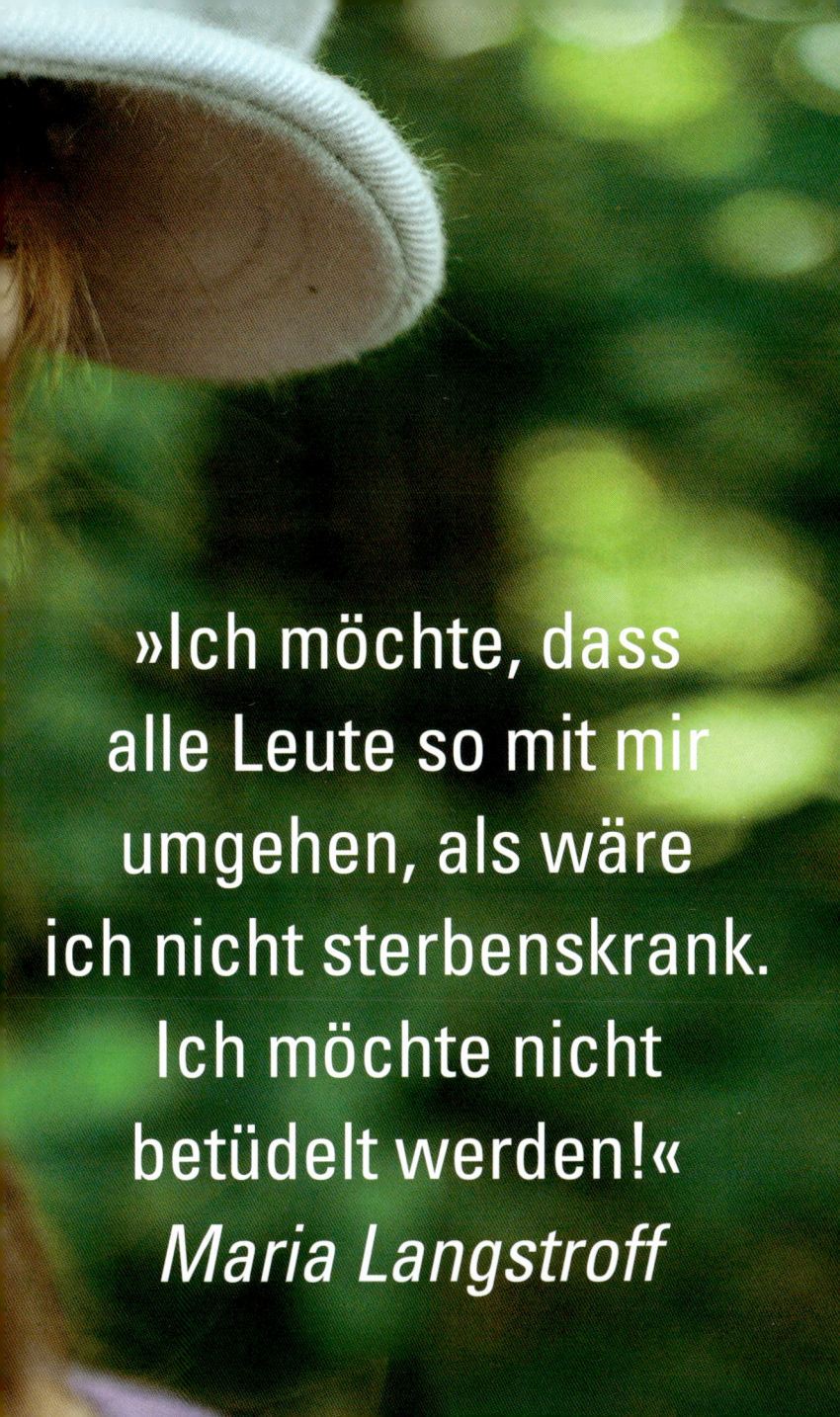

»Ich möchte, dass alle Leute so mit mir umgehen, als wäre ich nicht sterbenskrank. Ich möchte nicht betüdelt werden!«
*Maria Langstroff*

Fotoshooting 2009: Wenn der Rollstuhl nicht im Bild ist, scheint alles ganz normal zu sein.

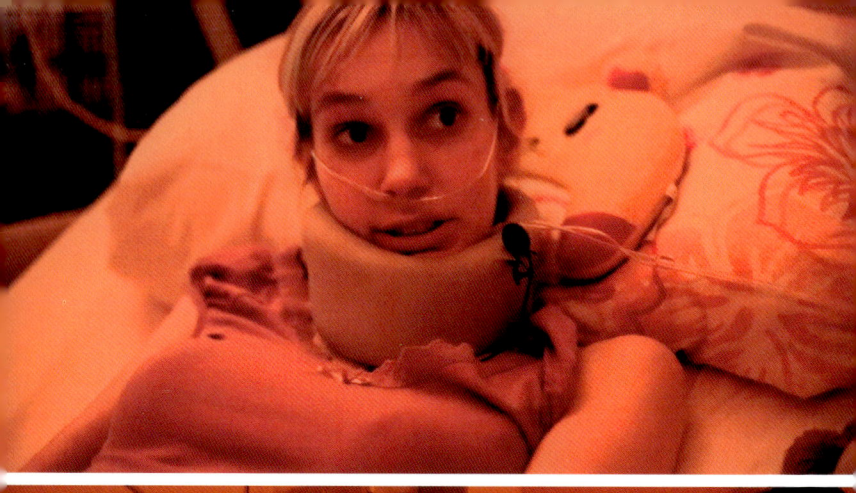

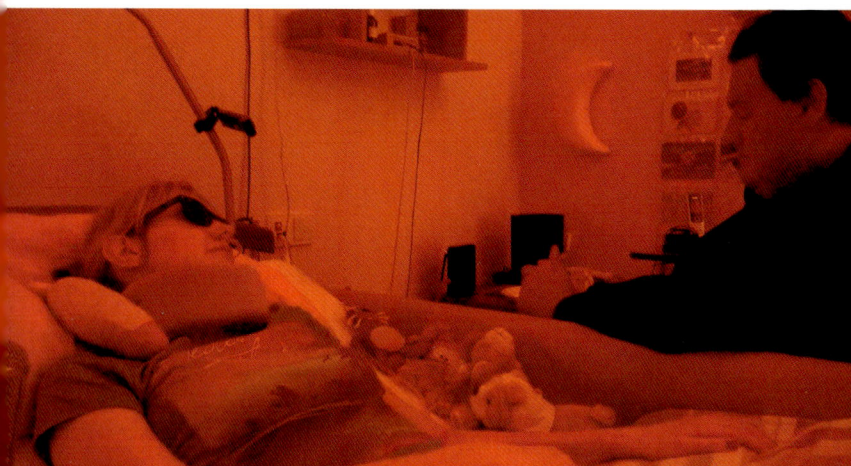

Maria 2012 in ihrem Zimmer, nur bei vollständiger Dunkelheit kann sie die Schwarzbrille abnehmen. Oben bei den Aufnahmen zum Buch, unten am Telefon, ihrer wichtigsten Kontaktmöglichkeit.

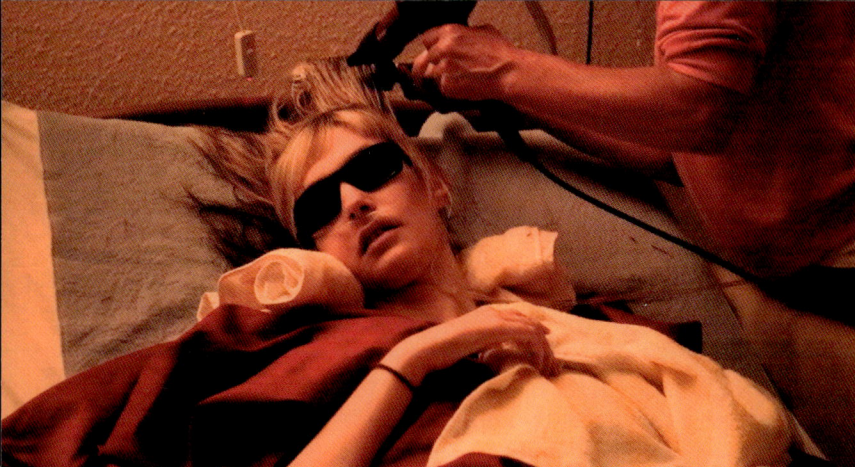

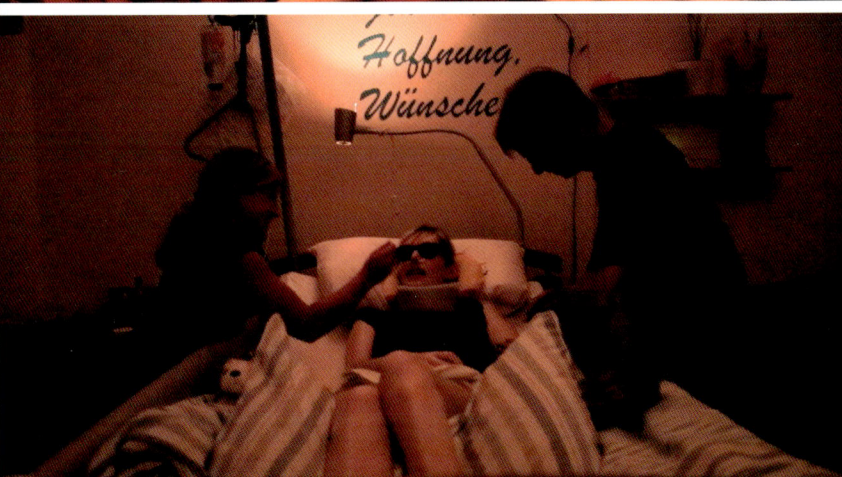

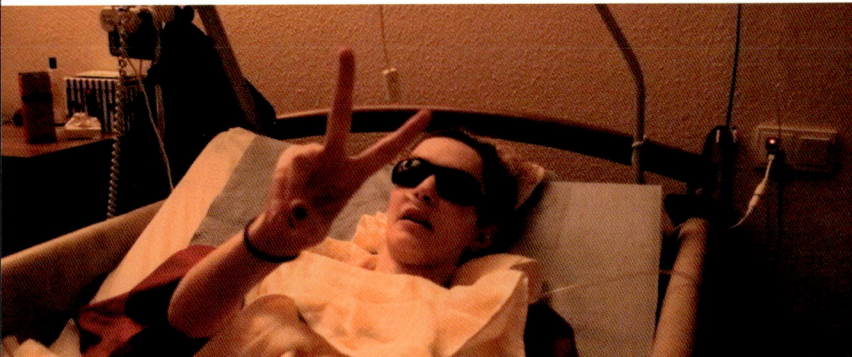

Oben: Regelmäßig kommt der Friseur, so viel Zeit muss sein. In der Mitte: Anne vom Videoteam des Verlages füttert Maria im heißen Sommer mit Eis. Unten: Ich lasse mich nicht unterkriegen!

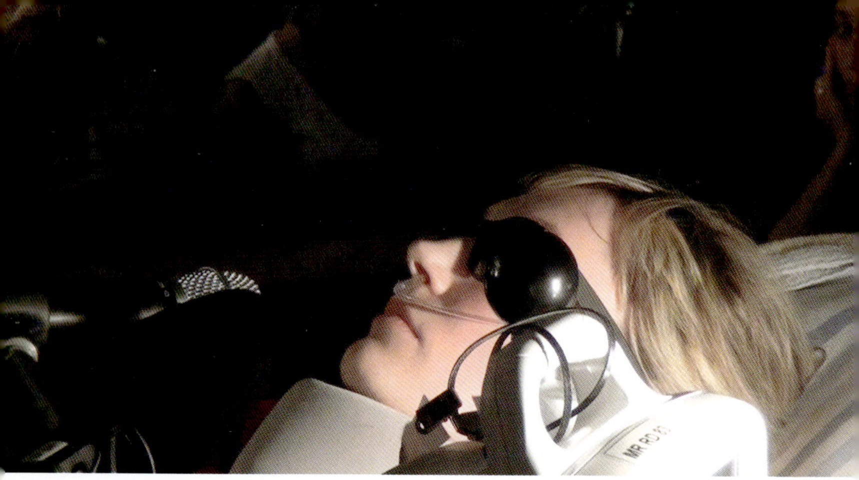

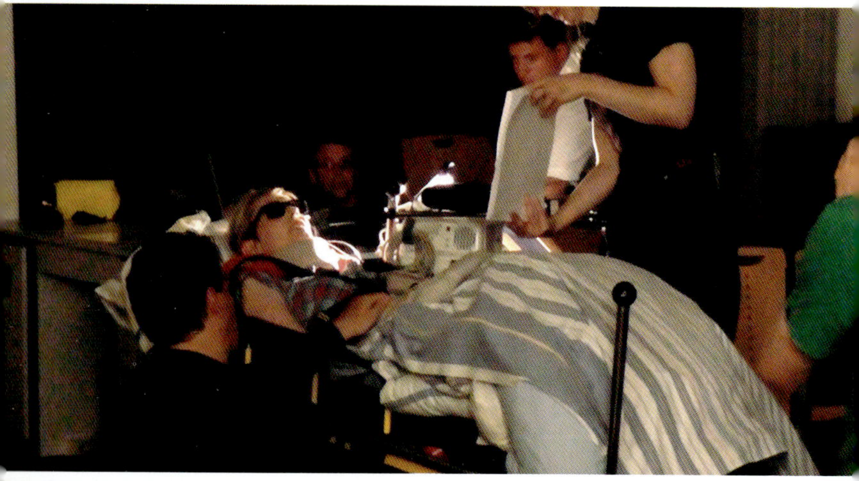

Mit der Vorlesung an der Marburger Universität geht für Maria ein Traum in Erfüllung. Sie wollte noch einmal an ihre Uni zurückkehren, für die Studenten aus ihrem Buch lesen und Fragen beantworten. Auch hier ist der Raum abgedunkelt, Maria muss dennoch eine schwarze Brille tragen.

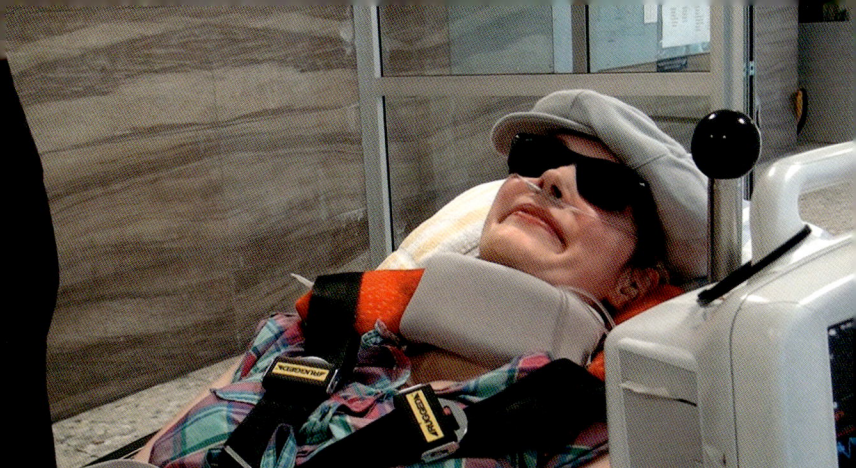

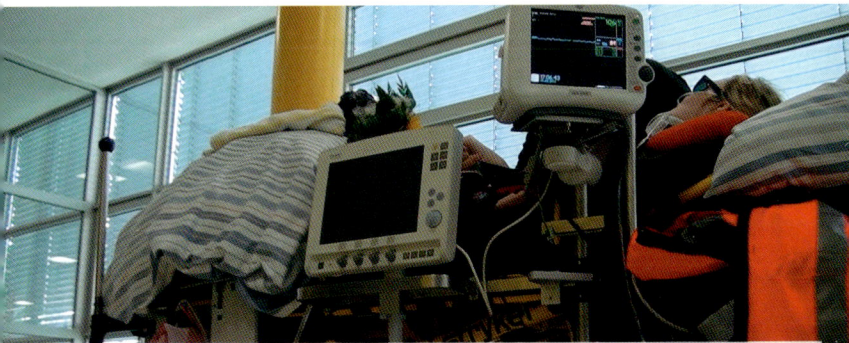

Nach der Vorlesung im Liegen vor den ergriffen lauschenden Studenten ist Maria völlig erschöpft, aber glücklich. Sie schläft anschließend mehrere Tage lang, und fragt sich nach dem Erwachen, ob die Vorlesung überhaupt stattgefunden hat oder alles nur ein Traum war.

Glaube,
Hoffnung,
Wünsche

HiPP
Sondernahrung

A N N E

Details aus Marias Zimmer im Pflegeheim. Sie hat es liebevoll eingerichtet und dekoriert.

Hier fanden die Aufnahmen zum Hörbuch, zur DVD und die Interviews dieses Buches statt.

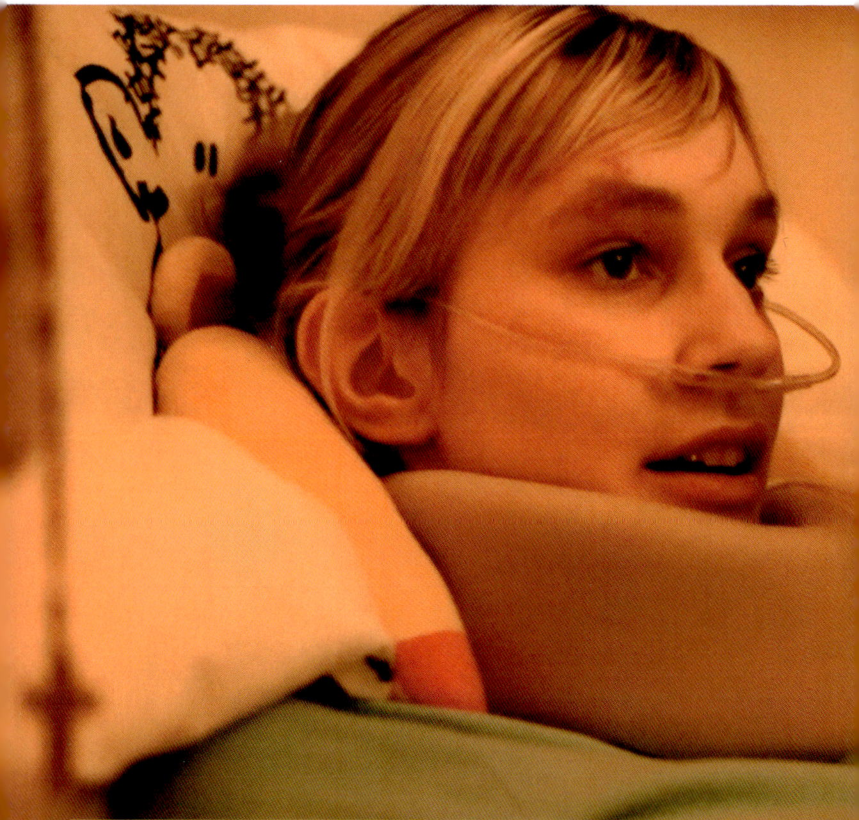

Maria im Jahr 2012 bei der Aufnahme des Hörbuches zu ihrem Buch MUNDTOT!? in ihrem Gießener Krankenzimmer. Der Raum ist fast vollständig abgedunkelt, Maria spricht das Hörbuch weitestgehend aus dem Kopf, da sie ihren Text auswendig kennt.

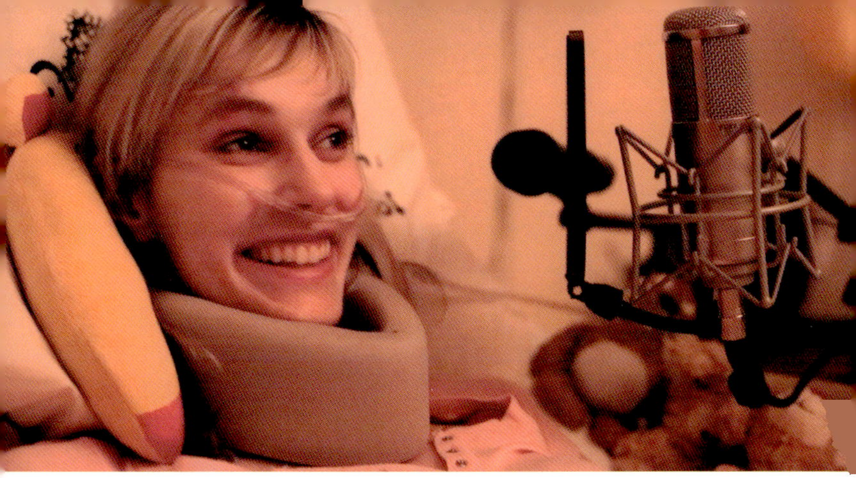
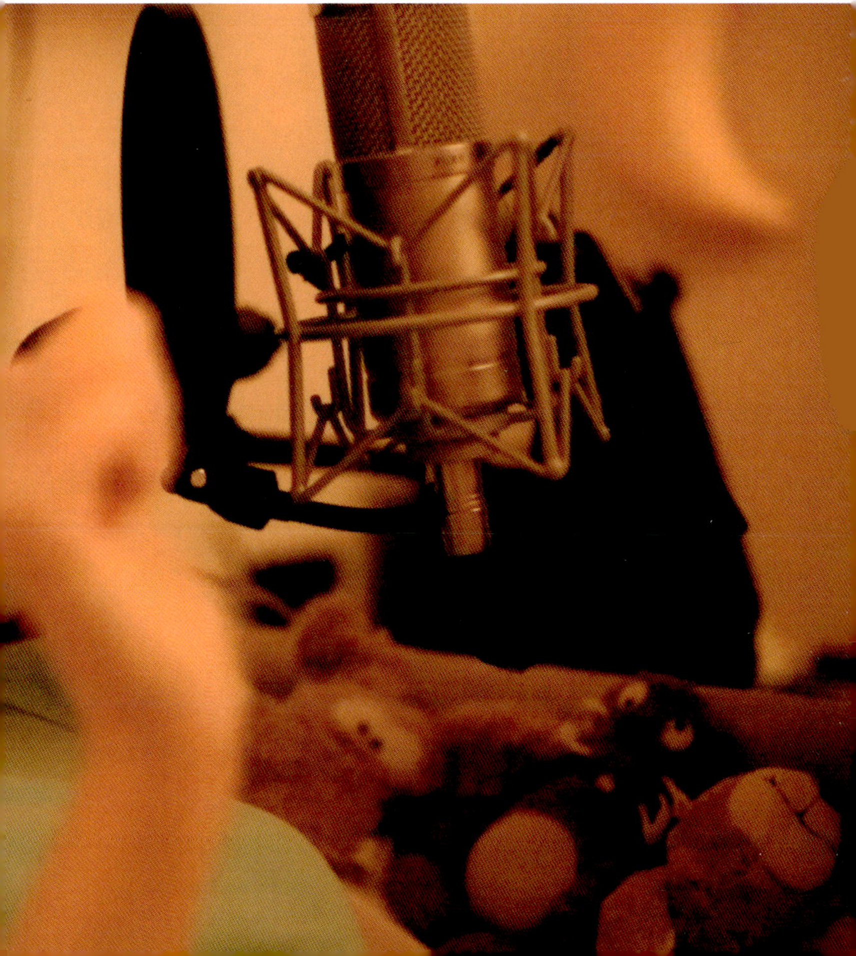

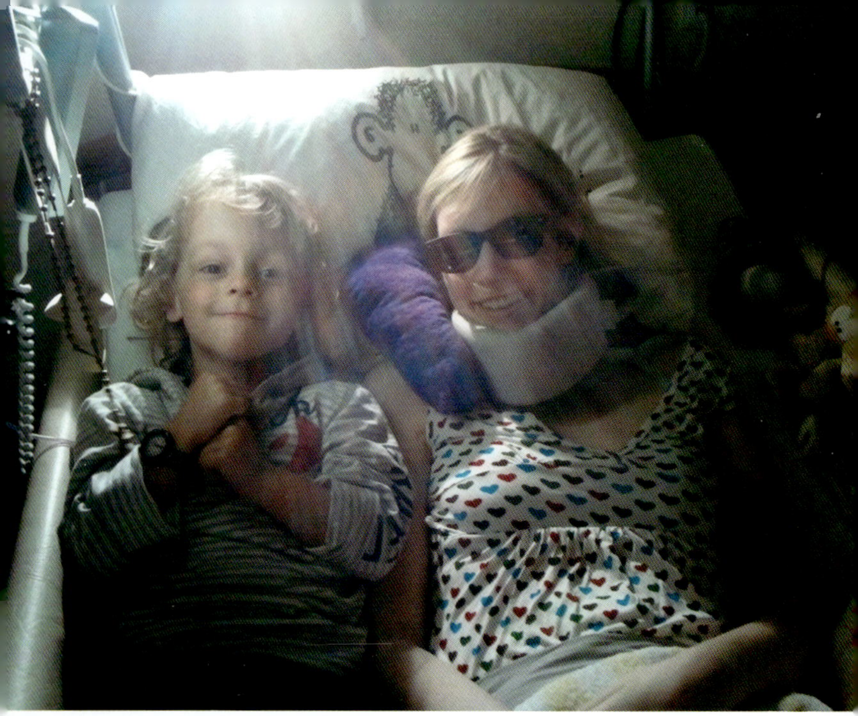

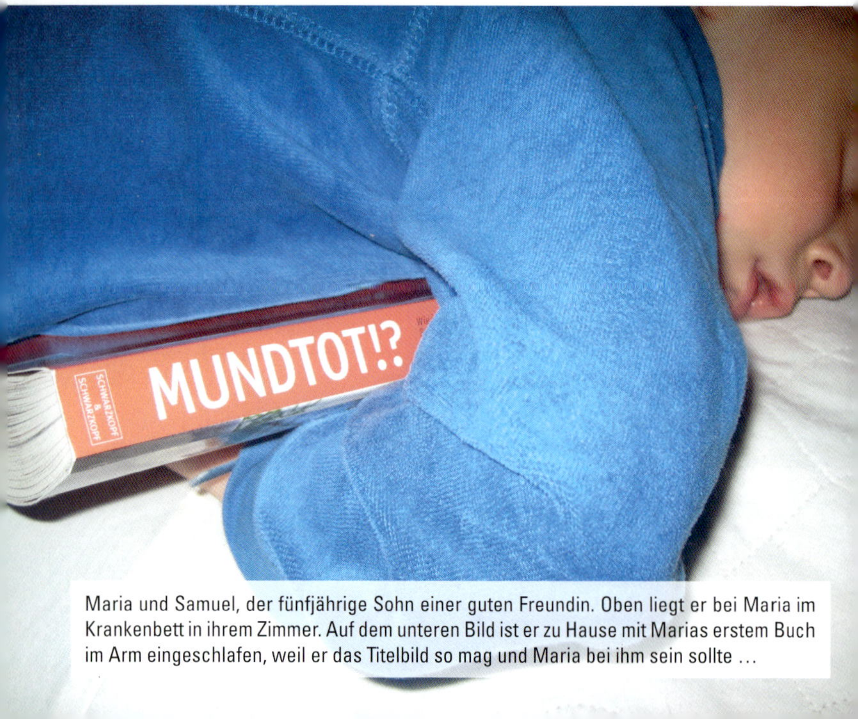

Maria und Samuel, der fünfjährige Sohn einer guten Freundin. Oben liegt er bei Maria im Krankenbett in ihrem Zimmer. Auf dem unteren Bild ist er zu Hause mit Marias erstem Buch im Arm eingeschlafen, weil er das Titelbild so mag und Maria bei ihm sein sollte …

Oliver: Erstaunt es Sie, wie fröhlich sie auch noch sein kann?
Vater: Ja.
Mutter: Bei ihr besonders.

Oliver: Wir haben während des Drehs geweint und gelacht, aber wir haben mindestens genauso viel gelacht.
Vater: Wir haben ja vorher schon mal drüber gesprochen, also ich weiß manchmal nicht, woher sie wirklich die Kraft nimmt.
Mutter: Und das jetzt hier, die Dokumentation: Gut, es macht ihr Spaß, es sind Leute da, also Unterhaltung hat sie …
Vater: Sie hat Ablenkung, das ist es auch noch …
Mutter: Denn ansonsten liegt sie ja nur im Bett, rund um die Uhr, das kann man sich gar nicht vorstellen. Also ich könnte es nicht, Tag und Nacht nur im Bett liegen.

Oliver: Ich verstehe, dass es schön für sie ist, Ablenkung zu haben, aber es ist ja auch eine ungeheure Energieleistung – das, was sie da abliefert, ist für manch einen schon …
Vater: Das ist für viele Gesunde zu viel, das muss man wirklich so sagen.

Oliver: Ist sie dadurch zäher geworden?
Vater: Ja.

Oliver: War sie vorher schüchterner?
Vater: Ja, schüchterner auf jeden Fall. Also sie, ich will nicht sagen, dass sie sich früher versteckt hat, aber ich sag jetzt mal, sie ist offener geworden. Sie sagt jetzt schon mal ihre Meinung, egal ob das einem passt oder nicht. Das hat sie früher nie gemacht. Sie hat früher kein böses Wort gesagt, das war nie der Fall. Im Gegenteil: Wenn einer etwas zu ihr gesagt hat, dann ist sie lieber einen Schritt zurückgegangen, und das hat sich bei ihr geändert durch die Krankheit, ja.
Mutter: Was sie durchsetzen wollte, hat sie auch schon durchgesetzt.

Vater: Ja, das hat sie auch damals schon geschafft.

Mutter: »Ich mach das noch fertig«, sagt sie dann.

Vater: Ja. Wie nach der Operation, der Skoliose-Operation, also die Versteifung der Wirbelsäule, da hat sie gesagt, sie wiederholt das Schuljahr nicht. Sie hatte ja fast ein komplettes Jahr Ausfall. Sie hat sich prüfen lassen, sie ist durchgekommen, sie brauchte das Jahr nicht zu wiederholen. Also diesen Ehrgeiz hat sie schon zu dieser Zeit entwickelt. Das macht uns auch stolz, ja, das macht uns stolz.

Oliver: Sie hat ihr Abitur geschafft und ihr Studium angefangen.

Vater: Eben.

Oliver: Sie haben miterlebt, wie sich Maria von ihrer Lebensplanung verabschieden musste, also vor einer Klasse zu stehen, zu unterrichten, ganz normal wie jeder andere auch. Wie haben Sie das erlebt? War es irgendwann selbstverständlich, dass das nicht mehr ging, oder war es …

Vater: Nee, das ist heut noch nicht selbstverständlich.

Mutter: Wir haben viel damit zu tun, jetzt auch noch.

Vater: Das ist heut noch nicht selbstverständlich, denk ich. Wenn man einen großen Traum hat, und man möchte unbedingt was in dieser Hinsicht erreichen, und ihr größter Wunsch war, an einer Schule zu unterrichten, und wenn der Traum einem genommen wird – also ich denke mal, da kommt man nie drüber weg. Und dann hat sie den Mut aufgebracht, das Buch zu schreiben und und und, da hat sie sich dermaßen reingekniet, das war ihr größter Wunsch danach, und das hat sie ja auch geschafft. Aber ich denke mal, wenn man sie heute fragt, also sie würde immer noch gern, gern zur Schule gehen und da unterrichten. Sie spricht ja auch immer von »meine Kids, meine Kids«, obwohl sie da bloß ein paar Wochen unterrichtet hat.

Oliver: Das Buch ist das nächste Stichwort. Sie haben mitgearbeitet …

Vater: Im Zweifingersystem …

Oliver: Als Maria mit der Idee kam: »Jetzt schreib ich ein Buch!«, haben Sie das zuerst für eine Schnapsidee gehalten?

Vater: Nee, bei ihr nicht. Das ist das, was wir eben schon mal gesagt haben, dass sie das, was sie machen wollte, was sie erreichen wollte, immer durchgesetzt hat. Das hat sie immer durchgesetzt. Nur, ich konnte mir das nicht vorstellen aufgrund ihrer Erkrankung, dass sie diese Kraft aufbringt, und erst recht nicht, als die Stimme hinterher weg war. Da habe ich gedacht, das wird nichts mehr … Deswegen, als sie mich dann gefragt hat: »Können wir das so und so machen?«, also ich bin kein Computerfreak, und wenn ich Schreibmaschine schreibe, dauert das himmellang. Und beim Computer ist das ja genauso … Und dann habe ich immer nach der Spätschicht getippt, also das wurde dann schon mal zwei, drei Uhr.

Oliver: Wie haben Sie die Notizen von Maria bekommen für das Buch?

Vater: Per SMS.

Mutter: Oder per Telefon.

Vater: Und dann, nachher, als die Stimme wieder da war, dann per Telefon. Und das dauert lang, und da waren die Kosten auch sehr hoch, die Telefonkosten.

Oliver: Das heißt Maria hat Sie angerufen?

Vater: Ja, sie hat mich angerufen.

Oliver: Und dann wurde, was sie bereits im Kopf hatte …

Vater: Genau, das hat sie mir dann weitergegeben, und dann in meinem Tempo, also das hat schon eine Weile gedauert.

Mutter: Aber es ist fertig geworden.

Vater: Ja.

Oliver: Und haben Sie sich zwischendurch auch gefragt: Für wen macht sie das eigentlich? Sie hat zu der Zeit noch gar nicht über einen Verlag nachgedacht, wie sie mir gesagt hat.

Vater: Nee. Das hat sie nicht. Das hat sie für sich getan. Ich denke mal, das ist vor allem auch Selbstbestätigung für sie, also »Ich kann das, ich schaff das!«, und wie gesagt: Alles, was sie sich in den Kopf setzt, und die Ziele, die sie hat, die erreicht sie auch meistens. Nur das eine Ziel nicht, Lehrerin, das wird sie nie erreichen, aber das weiß sie auch mittlerweile.

Oliver: Haben Sie das Buch nach dem Erscheinen noch mal gelesen?
Vater: Ja sicher. Das ist was anderes, ob Sie ein Buch lesen, oder ob Sie über Monate irgendwas in den Computer eingeben, und ich hab das in einem Rutsch durchgelesen an einem Abend. Weil das, was man da in einen Computer eingibt, und das, was da so komplett geschrieben vor einem steht, etwas ganz anderes ist, das kann man gar nicht miteinander vergleichen.
Mutter: Ich hab's immer wieder weggelegt. Ein paar Seiten, und dann musste ich es wieder weglegen, und dann habe ich weitergelesen.

Oliver: Man geht aus dem Buch anders raus, als man reingegangen ist.
Vater: Viele Arbeitskollegen von mir, die haben sich das Buch besorgt, und eine Vorarbeiterin von uns, die hat gesagt: »Holger, ich konnt das Buch nicht auf einmal lesen.« Das ist ihr so nah gegangen, dass sie's immer wieder weglegen musste, und dann wieder neu ansetzen.

Oliver: Das ging mir ganz genauso.
Mutter: Ich denk, vielen ging das so, auch gerade denen, die sie kennen, mehr oder weniger kennen ...
Vater: Nein, man kann einfach nicht verstehen, dass Menschen mit Menschen so umgehen können. Weil – wir sind so nicht erzogen. Und das kann man sich – ich sag mal so als »Normalo« – gar nicht vorstellen. Aber, wie gesagt, ich hab das selber auch in Gießen bei einem Arzt gesehen: Der kommt rein, Maria konnte sich nicht

artikulieren – das war, als ihre Stimme weg war –, der fragt mich gleich, was sie hat. Ich kann doch keine Auskunft geben, was Maria hat, was sie für Schmerzen hat. Ich sag: »Hier, Sie können sie selber fragen«, sag: »Sie ist nicht geistig behindert.« Dann hat sie versucht, sich per SMS mit ihm zu verständigen – er ging gar nicht darauf ein. Und dann hat er dreimal gesagt – wie hat er gesagt? –: »Ich verstehe Sie nicht. Ich verstehe Sie nicht.« Und da bin ich dann vom Stuhl aufgesprungen und habe gesagt: »Ich versteh Sie ja auch!« Und dann ist er rausgegangen. Also man kann sich das nicht vorstellen. Und wie verletzend das vor allem für Maria war, weil sie ja nicht dumm ist, sie konnte sich nur nicht artikulieren.

Oliver: Und das wird dann missverstanden.
Vater: Eben. Selbst die Schwester, die sie da ins Bett gebracht hat, die hat gesagt: »Ich weiß, dass sie nicht dumm ist.« Maria hatte da schon per SMS mit ihr kommuniziert … Aber das war ja bloß eine Schwester, das ist ja kein Arzt, ja.

Oliver: Sind Sie beide religiös und haben Sie Ihre Tochter religiös erzogen?
Vater: Nee, kann man so nicht sagen. Also ich empfinde mich nicht als religiös. Wir sind zwar mit den Kindern in die Kirche gegangen …

Oliver: Evangelisch oder katholisch?
Vater: Evangelisch.

Oliver: Ist die ganze Gegend hier evangelisch, oder ist das gemischt?
Vater: Nee. Also von meines Vaters Seite sind alle katholisch. Und meine Mutter ist evangelisch und die hat sich durchgesetzt, sodass wir dann alle evangelisch getauft wurden. Der Vater war damit einverstanden, also von daher … Aber wie gesagt, streng gläubig sind wir nicht.

Oliver *(zur Mutter)*: Und was sind Sie? Evangelisch oder katholisch?

Mutter: Evangelisch. Aber Maria wurde dann immer gläubiger, durch die Krankheit wurden ihr Glauben und ihre Gebete immer mehr.

Oliver: Darauf wollte ich nämlich hinaus: Wie haben Sie es erlebt, dass Maria gläubig geworden ist, gläubiger als sie zuvor war?

Vater: Ich denke mal, das war die Krankheit. Als ihr bewusst wurde, wie schwer krank sie ist, da hat sie angefangen … Dann hat sie sich ein Holzkreuz gewünscht und lauter solche Sachen. Das ist uns aufgefallen. Dann war öfter der Pfarrer bei ihr … Gut, wenn sie das so wollte. Das ist eigentlich ganz allein ihr Ding und wenn sie damit gut zurechtkommt …

Oliver: Sehen Sie das als eine praktische Lebenshilfe?

Vater: Ja, für sie schon. Wie gesagt, das ist der Glaube und der Glaube gibt ihr auch Kraft.

Oliver: Sie haben gesagt, dass die Krankheit Ihrer Tochter auch Ihre Lebensplanung massiv beeinflusst hat, dass Sie nicht in Urlaub fahren können und so weiter.

Vater: Wir könnten schon, aber man hat das immer im Hinterkopf, von daher könnten wir gar keinen Urlaub machen. Grade wenn man irgendwohin fährt und in dem Moment passiert was mit ihr – also Sie würden ihr Leben lang nicht froh. Das geht einfach nicht, ich meine, da kann sie jetzt nichts für, aber es beeinflusst uns alle.

Oliver: Gleichzeitig sagt sie aber, Sie sollen auch Ihr eigenes Leben leben.

Vater: Richtig. Es kann dann keiner mehr sein eigenes Leben leben. Also das sind – genauso wie der Sohn –, das sind unsere Kinder und das werden immer unsere Kinder bleiben, egal wie alt sie sind. Und da kann ich mich nicht irgendwo an den Strand legen oder sonst irgendwas. Das ginge gar nicht. Der Kopf würde da gar nicht mitspielen, weil es könnte ja zu jedem Zeitpunkt irgendwas passieren und Sie sind dann so weit entfernt – Sie kämen gar nicht schnell genug zu ihr. Man würde sich ein Leben lang Vorwürfe machen. Das ist einfach nicht machbar.

Oliver: Wohnen Sie 30 Kilometer von Gießen entfernt ungefähr?
Vater: Nee, 80 ungefähr. Ja, mit der Bahn ungefähr 80 Kilometer, mit dem Auto ist's ein bisschen mehr.

Oliver: Okay, also ungefähr 80 Kilometer von Gießen entfernt. Das heißt, Sie könnten ohne schlechtes Gewissen in der anderen Richtung von Gießen 80 Kilometer entfernt Urlaub machen?
Vater: Genau, das wäre machbar.

Oliver: An einem Baggersee.
Vater: In Frankfurt.

Oliver: In Frankfurt am Main.
Vater: Nein, der Sohn hatte uns das angeboten, der wollte uns eine Urlaubsreise schenken …
Mutter: In den Herbstferien.
Vater: Ja, in den Herbstferien, aber das haben wir abgelehnt, das … Wir wissen nicht, wie's Maria dann geht …
Mutter: Ich meine, sie würde nicht sagen: »Fahrt nicht!«, sie würde schon sagen: »Fahrt!« …
Vater: Wie gesagt, wenn da wirklich ein Krampfanfall kommt und der wird vielleicht eine Minute zu spät entdeckt, nur eine Minute, das reicht ja schon. Nee, nee, das Risiko gehen wir nicht ein.

Oliver: Denken Sie über den Tod von Maria nach?
Vater: Nein. Um ehrlich zu sein, nein. Das verdrängen wir. Das wollen wir nicht wahrhaben. Also da sind wir ehrlich, damit beschäftigen wir uns nicht. Das wollen wir nicht.

Oliver: Das können Sie nicht verstehen?

Vater: Im Unterbewusstsein wissen wir, dass sie unser Alter nie erreichen wird, aber ...

Oliver: Sie wollen es nicht wahrhaben?

Vater: Uns damit abfinden – nee!

Oliver: Was glauben Sie, diese Anstrengung, die sie jetzt leistet – das Buch zu schreiben, das Hörbuch selber zu lesen, die Lesung in Marburg, nach der sie dann tagelang erschöpft war –, ist das lebensverkürzend oder lebensverlängernd, weil es ihr Energie gibt?

Vater: Für sie würde ich eher sagen: lebensverlängernd. Also so wie sie sich die letzten Jahre entwickelt hat ... also – eher verlängernd. Der Meinung bin ich zumindest.

Mutter: Es ist zwar anstrengend für sie, aber trotzdem ...

Vater: In dem Moment, wenn sie etwas geschafft hat, ist sie richtig glücklich. Das merkt man ihr auch an, sie blüht dann auf, sie blüht wirklich auf, auch wenn sie noch so fertig ist, noch so kaputt ist ...

Oliver: Was wäre, wenn sie eine dieser Anstrengungen nicht überlebt? Das war unsere Horrorvorstellung, weshalb wir auch lange gegen die Lesung waren, weil wir als Nichtmediziner überhaupt nicht abschätzen konnten, was da hätte passieren können. Wie war das für Sie, als Sie davon gehört haben?

Vater: Also, ich war auch dagegen. Nur als Beispiel: Vor zwei Jahren, vor gut zwei Jahren, da war sie noch in einem anderen Pflegeheim. Damals hat sie eine Woche Urlaub hier gemacht, zu Hause, und dann wollte sie mit ihrem guten Freund Jens an die See fahren. Sie brauchte ihren Sauerstoff – wir haben bloß zwei mobile Geräte da, das heißt, es wäre maximal bis nach Hamburg gegangen. Und auf der Rückfahrt hätte sie keinen Sauerstoff gehabt. Das hab ich ihr verboten. Da war sie dermaßen sauer auf mich, wirklich dermaßen sauer, aber ich hab mich durchgesetzt. Das Risiko war mir einfach zu groß. *Ich* hätte mir hinterher die Vorwürfe gemacht. Und es war ihr Wunsch gewesen und ihr den Wunsch abzuschlagen, war schon schwer genug, aber wenn man sich das überlegt: Zwei mobile Geräte, jedes mobile Gerät, auch wenn's angeschlossen ist, verliert Sauerstoff. Also das heißt, wenn sie das eine Gerät drei, vier Stunden angeschlossen hat, dann hat sie bei dem nächsten Gerät eine Stunde weniger – so viel verliert das Gerät. Das hätte niemals funktioniert. Niemals.

Mutter: Aber sie ist dann mit ihrem Rolli nach Kassel gefahren durch die Geschäfte, das hat sie gemacht. Da hab ich auch gedacht: Oh Gott!

Vater: Gut, das war was anderes. Da reichen die mobilen Geräte, die reichen da, die Sauerstoffgeräte. Nach Kassel, das ist mit dem Auto maximal eine Stunde. Und dann, wenn ich mich da noch eine Stunde oder zwei Stunden in Kassel aufhalte und dann wieder heimfahre, da reichen die mobilen Geräte – dagegen hab ich ja nichts gehabt. Aber so eine Strecke über 600, 700 Kilometer, und das mit einem mobilen Gerät, das geht nicht, das kann man nicht zulassen. Aber sie wollte das. Sie wollte das machen. Da hat bei ihr der Verstand ausgesetzt. Wirklich. Da war bei ihr der Wunsch so stark und das wollte sie unbedingt: Einmal die See sehen und und und, aber …

Oliver: Die See will sie ja immer noch sehen.
Vater: Ja. Das hat sie uns auch schon gesagt.

Oliver: Aber noch einmal zurück zur Lesung. Die Lesung – da hat sie sich ja durchgesetzt. Haben Sie sich irgendwann geschlagen gegeben, als Sie gesehen haben, was sie alles in Bewegung gesetzt hat?
Vater: Wir wurden vor vollendete Tatsachen gestellt. Wir wurden da nicht gefragt. Wir haben bloß Bescheid bekommen: »Dann und dann ist die Lesung und ihr seid eingeladen.« Das war's.

Mutter: Ich glaub, ich hatte einen Blutdruck von 300, die ganze Zeit. Ich dachte: Hoffentlich passiert da nichts. Weiß man ja nicht.

Vater: Ja, zumal wir gesehen haben, wie die Beine schon gezuckt haben. Die Tür stand ja offen und wir konnten sie sehen von unserem Platz aus. Aber das ist dann auch wieder ihre Stärke, ihr Wille, so lange, bis das Ding rum ist, und so lange hält sie durch. Und was danach kommt, interessiert sie nicht.

Oliver: Sie hatte die Lesung ja hinterher vergessen.[*]

Vater: Ja. Gott sei Dank ist alles gut gegangen, aber wer weiß, was noch alles kommt.

Oliver: Würden Sie es denn akzeptieren können, wenn Maria so was noch mal macht, und das dann ihr letzter Auftritt ist?

Mutter: Das ist schwer zu sagen.

Vater: Wir können ihr ja nichts mehr sagen, sie ist alt genug. Von daher wäre es ihre Entscheidung. Nur sie kann entscheiden, was sie möchte, was sie will. Da haben wir gar keinen Einfluss drauf. Entweder sie hört auf uns oder sie lässt's bleiben.

Mutter: Ich meine, man gönnt ihr das, klar, aber …

Vater: … man muss die Risiken abwägen, und sie hat danach – sie hat ja wirklich eine Woche gebraucht, um wieder einigermaßen hochzukommen. Und ich denke mal, wenn sie noch mal so was vorhätte, dann wär's keine Woche – wenn's denn gut ginge – sondern da würde es wesentlich länger dauern. Sie hat am Samstag nach der Lesung angerufen hier, da hat sie's dermaßen auf den Bronchien gehabt. Ich sage: »Warum tust du dir das an …?« Aber wir haben da nichts zu sagen. Sie ist volljährig und sie kann alleine entscheiden. Also macht sie in dieser Hinsicht, was sie will.

*Im ersten Moment nach dem Krampf, den Maria auf der Heimfahrt von der Lesung hatte, konnte sie sich nicht erinnern, dass die Lesung wirklich stattgefunden hatte.*

Oliver: Und eine Vormundschaft wollen Sie nicht und die ist ja auch nicht nötig, denn sie kann ja für sich selber entscheiden.

Vater: Eben. In diesem Fall ist ja auch nur der Sohn zuständig.[*] Nur er, und er wird niemals irgendwas gegen seine Schwester sagen in dieser Hinsicht … Wenn sie etwas möchte, wird er nie was dagegen machen.

Oliver: Wir haben ihr als Verlag, und jetzt auch als Freunde, aber auch als Verlag, stern TV verboten und haben gesagt: »Da fährst du nicht hin, das Risiko ist zu groß …«

Vater: Richtig, richtig.

Oliver: » … und alles, was wir zu dir bringen können, das geht in Ordnung, weil du da nicht transportiert werden musst und medizinisches Personal da ist.« Und Marburg war für uns ein schwerer Grenzfall …

Vater: Das war auch unsere Sorge mit *stern* TV. Also ich war auch dagegen und meine Frau auch.

Mutter: Aber manche Sachen sieht sie nicht ein.

Vater: Ja, da ist sie wie ein kleines Kind, wirklich wie ein kleines Kind … Das hat sie sich in den Kopf gesetzt und das will sie unbedingt durchbringen.

Oliver: Nun ist das Buch ein riesiger Erfolg geworden, ein Erfolg, der in der Größe auch für Maria völlig überraschend kam, für uns auch, für jeden, weil's ein extrem ernstes Buch ist und eben nicht mal leichte Unterhaltungslektüre. Die Medien haben aber extrem breit berichtet und Maria war in vielen Sendungen, in vielen Zeitungen, in vielen Zeitschriften. Wie sehen Sie den Erfolg? Sind Sie stolz darauf, dass es so viele Leser gibt?

Vater: Auf der einen Seite sind wir stolz darauf, auf der andern Seite denke ich: Es sind auch sehr viele Behinderte, die das Buch

---

[*] *Falls es irgendwann notwendig sein wird, wird Marias Bruder für sie die rechtliche Betreuung übernehmen.*

gekauft haben. Ich denke mal, überwiegend behinderte Menschen. Und die haben sich das aus dem Grund gekauft, weil denen wahrscheinlich das Gleiche widerfahren ist. Und das macht einen dann wieder stutzig. Aber erfreut sind wir schon. Und damit hätten wir nie gerechnet.

Mutter: Ja, sie ist eigentlich eine Außenseiterin mit so einem Buch und findet einen Verlag und hat so einen Erfolg …

Vater: Ja, vor allen Dingen ist das Buch ja wirklich nur von ihr. Sie hat ja keinen Ghostwriter gehabt, also ich bezeichne mich nicht als Ghostwriter, ich hab da bloß so ein bisschen getippt, aber der ganze Inhalt kam wirklich nur von Maria. Deswegen also – bewundernswert, was sie für ein Gedächtnis hat. Das gibt's nicht noch mal. Also sicher sind wir stolz drauf. Ohne Wenn und Aber. Und dass das Buch wirklich so ein Erfolg wird, SPIEGEL-Bestseller und was nicht alles, also – damit hätten wir nie gerechnet.

Oliver: Gibt es Dinge in dem Buch, die Sie vorher selbst noch nicht wussten, obwohl Sie Maria schon immer begleitet haben?

Vater: Ja, wir wussten nicht alles, was ihr so widerfahren ist. Wir wussten wirklich nicht alles, was ihr widerfahren ist. Zum größten Teil schon, aber das mit dem Jungen, der den Stock geworfen hat …, das wussten wir nicht. Davon hat sie uns nichts erzählt, also jedenfalls mir nicht. Aber über viele andere Sachen wussten wir schon Bescheid. Man kann sagen, 90 Prozent davon wussten wir, also das mit der Bahn und mit den Ärzten usw. Und ich selber war mit ihr damals in der Klinik gewesen, da sind wir auch mit dem Zug gefahren – von Karlsruhe war das, und das war so ein kleines Dorf, zwei Gleise nur, und da hat mich jemand gefragt, ob er mit anfassen könnte, und ich sag: »Ach, ich komm da schon alleine mit ihr runter.« Spricht er: »Das glaube ich Ihnen gern, aber auf der anderen Seite müssen sie auch wieder hoch.« Die Leute gibt's auch. Ja, und der hat dann Gott sei Dank mit angefasst. Ich meine, ich hätt sie sonst aus dem Rolli rausnehmen müssen, hätt sie so hochgetragen, ja, aber so ging das halt wesentlich einfacher. Also diese Menschen gibt's auch. Und das sind Menschen, von denen man's vorher nicht geglaubt hätte, weil sie eben nicht im Anzug waren … Auch diese Erfahrung haben wir gemacht.

Oliver: Sie haben einen Sohn und eine Tochter. Der Sohn ist 6 Jahre älter.
Vater: Richtig.

Oliver: War Ihr Sohn eifersüchtig darauf, dass Maria im Mittelpunkt stand?
Vater: Nein.
Mutter: Eigentlich haben wir immer versucht, beide gleich zu behandeln.
Vater: Und er ist heute noch nicht eifersüchtig, auch nach ihrem Erfolg mit dem Buch nicht. Im Gegenteil: Das gönnt er ihr. Das gönnt er ihr von Herzen. Und er weiß selber, was er in seinem Beruf leistet, und alles andere interessiert ihn nicht. Also ich glaub, Neid zwischen den beiden – das gibt es nicht. Als sie jung waren, hieß es schon mal: »Ach, Maria bekommt das!«, oder: »Ach, der Peter bekommt das oder darf das!« usw. Aber das ist ganz normal. Aber dass da jetzt wirklich Neid aufkam zwischen den beiden, kann man nicht sagen. Wir haben denen auch gar keinen Anlass gegeben, so zu denken, glauben wir zumindest.

Oliver: Sind Sie als Familie durch die Krankheit enger zusammengerückt?
Vater: Glaube ich nicht. Also für mich zählte schon immer *nur* das Familienleben. Ich habe immer gesprochen: »Erst kommt die Familie, dann kommt die Familie, und dann kommt noch mal die Familie. Und dann kommen erst alle anderen.« Und so sehe ich das auch heute noch. So habe ich das immer gesehen und so sehe ich das auch heute noch. Deswegen würde ich auch niemals in Urlaub fahren, also von daher. Aber enger zusammengerückt sind wir dadurch nicht. Im Gegenteil. Der Sohn war ja der Initiator des Hauskaufs hier, als das – das muss man wirklich so sagen –, als

das dann mit Maria nicht mehr ging, als wir sie dann nicht mehr ständig in den 3. Stock hochbringen konnten mit dem Rolli, da hat er gesprochen: »Jetzt muss was passieren.« Und er ist ja derjenige, der der Hauptsponsor war. Also so muss man das wirklich sehen. Und er hat dafür gesorgt, dass Maria in ein Haus kam, wo sie sich auch frei bewegen konnte, wo sie auch von selber rauskam. Er war derjenige, der den Treppenlift angeschafft hat. Also von daher – wenn da Neid gewesen wäre oder was, dann hätte er niemals etwas in der Hinsicht gemacht. Der hat mit angepackt, als wir unten umgebaut haben, das Bad gemacht haben und und und … Also, und er ist wirklich kein Handwerker. Aber er hat viel gelernt in der Hinsicht, er hat sehr, sehr viel gelernt. Nein, also von daher würd ich sagen: Neid usw. – nie, nie. Und er hat sich die Häuser angeguckt und hat dann entschieden: Das ist das richtige Haus, weil wir da halt außen rum nicht so viel machen mussten.

Mutter: Breite Türen, bodengleich machen …

Vater: Ja, dass sie wirklich überall mit dem Rolli durchkam. Nee, er hat sich das Haus angeschaut und hat sich entschieden: »Das Haus kaufen wir.« Und so ist es geschehen. Und das war nicht, weil er jetzt unbedingt ein Haus haben wollte – er hätte sich auch ein anderes Haus kaufen können –, sondern er hat da wirklich überwiegend an seine Schwester gedacht.

Oliver: Dankeschön. Alle Fragen sind beantwortet. Nee, doch, eine noch, eine noch: Maria hat ja immer noch große Pläne. Das Hörbuch war's, das ist fertig. Sie denkt über ein zweites Buch nach.

Mutter: Ja, das hat sie schon erwähnt.

Oliver: Kann es sein, dass Ihre Tochter wirklich auch stur ist manchmal?

Vater: Nicht nur stur. Ich sag ja, sie ist teilweise bestimmend.

Oliver: Ich bewundere sie sehr dafür, was sie geleistet hat. Obwohl ich auch genau das erlebt habe, wenn ich nicht sofort das gemacht habe, was sie gesagt hat. Aber es überwiegt natürlich bei Weitem die Bewunderung für die Leistung, für ihre Energie.

Vater: Das ist richtig, auf der andern Seite: Ich denke da auch ein bisschen weiter – noch mal so eine Anstrengung …

Oliver: Das machen wir nicht mehr …

Vater: Nein, ich meine jetzt von Marias Seite – um Gottes willen, mich meine ich überhaupt nicht, ich meine wirklich Maria damit. Denn, wie gesagt, es baut sie unwahrscheinlich auf. Aber ich glaube, keiner von uns kann sich in ihre Lage versetzen, wie viel Kraft ihr das nimmt oder auch gibt, also ich persönlich glaube, mit jedem Ziel, das sie erreicht hat, wird sie auch ein bisschen stärker und zufriedener. Also den Eindruck habe ich. Ob das wirklich so ist, weiß ich nicht. Denn Maria lässt auch nicht jeden an sich heran … In dieser Hinsicht ist sie auch ziemlich stur. Da muss man schon sagen: »Hast du Schmerzen?« – »Ja.« Gut ging's ihr noch nie. Und da spricht sie mittlerweile auch drüber. Aber wenn's ihr richtig dreckig geht, dann spricht sie darüber auch nicht.

Oliver: Vielen, vielen herzlichen Dank!

Vater: Nichts zu danken. Wir haben zu danken.

# Sandra

**35 Jahre, gelernte Bankkauffrau,
jetzt im Einzelhandel tätig,
Cousine von Maria**

Sandra: Also ich bin die Sandra, ich bin 35 Jahre alt und die Cousine von der Maria. Ich bin die Tochter der Schwester von Marias Mama.

Frage: Aha, okay, also ganz die weibliche Linie.
Sandra: Ganz die weibliche Linie, genau.

Frage: Das heißt, du bist einer der ganz wenigen Menschen, die wir vor der Kamera haben, die Maria von klein auf kennen.
Sandra: Ja.

Frage: Und zwar so von klein auf, dass du dich bewusst erinnerst an sie?
Sandra: Ich erinnere mich sehr gut an Maria, auch als Kind. Aber ich muss sagen, wirklich engeren Kontakt habe ich erst zu ihr, seit sie so krank ist.

Frage: Wie oft habt ihr euch denn als Kinder gesehen, wie oft seid ihr euch über den Weg gelaufen, einmal im Jahr zu Omas Geburtstag, oder?
Sandra: Als Kinder haben wir uns eigentlich schon regelmäßig gesehen, dadurch, dass meine Eltern natürlich damals auch oft bei meiner Tante und meinem Onkel waren. Die Regelmäßigkeit kann ich jetzt gar nicht genau festlegen, aber es war schon regelmäßig.

Frage: Okay, ihr habt einen Altersunterschied von acht, neun Jahren?
Sandra: Neun.

Frage: Neun Jahre, Maria ist neun Jahre jünger, da kann man auch nicht so wahnsinnig viel miteinander anfangen, oder? Aber wenn du dich an Maria als Kind zurückerinnerst, was fällt dir als Erstes ein, was sind die typischen Attribute?

Sandra: Maria als Kind war eigentlich ein quirliges Kind, ein sehr hübsches Kind auch, damals schon an allem interessiert – so würd ich sie beschreiben, ja. Aber eben neun Jahre jünger als ich, deswegen war das nicht so, dass ich mich unbedingt immer mit ihr befassen musste, wollte, man war halt Kind. Sie war da, sie war süß, sie war nett anzuschauen, aber, ja – die Interessen gingen dann doch schon auseinander, wegen dieser neun Jahre eben auch.

Frage: Ab wann, kannst du dich erinnern, kam dann bei Maria ins Spiel, dass es offensichtlich gesundheitliche Probleme gibt?

Sandra: Die gesundheitlichen Probleme begannen eigentlich relativ frühzeitig schon, schon während der Pubertät. Man hat's am Anfang eigentlich immer so auf das Wachstum geschoben, weil sie auch sehr groß war und sehr schnell gewachsen ist. Es kamen Rückenschmerzen, sie hatte Asthma. Man hat das aber gar nicht so wahrgenommen oder man hätte jetzt nicht gedacht, dass es so ein

Ende nehmen würde. Man hat halt gedacht, das sind Wachstums-begleiterscheinungen. Man hat's teilweise auch gar nicht so ernst genommen … Also ich als Cousine hab's gar nicht so ernst genommen. Ich dachte: Ach, sie hat wieder mal ein Wehwehchen oder irgendwie so, und hab das abgetan.

Frage: Bis dann Diagnose um Diagnose schlimmer wurde?
Sandra: Genau.

Frage: Du hast vorhin gesagt, euer Verhältnis hat sich eigentlich erst intensiviert seit der Krankheit. Was heißt das, ab welchem Punkt, wo würdest du das festmachen?
Sandra: Intensiviert hat sich's, als sie damals in den Rollstuhl kam.

Frage: 2006?
Sandra: Genau, 2006, als sie in den Rollstuhl kam. Ein Stück weit auch immer durch eigene private Schicksalsschläge, die in über-haupt keinem Verhältnis zu ihrem Schicksalsschlag stehen. Aber da merkt man, dass die Familie dann auf einmal näher zusammen-rückt, wenn so was kommt.

Frage: Das ging erst mal über den familiären Zusammenhalt mit Maria?
Sandra: Genau.

Frage: Okay, und wie muss ich mir euren Kontakt heute vorstellen?
Sandra: Unser Kontakt heute ist … Mir ging's teilweise auch sehr schlecht eine ganze Weile, und da hat's mir gutgetan, in ihrer Nähe zu sein. Und trotzdem es ihr schlecht ging, hab ich mich bei ihr immer wohlgefühlt, geborgen gefühlt. Sie hat sich alles angehört, alle Sorgen, alle Nöte, hat immer ein offenes Ohr gehabt und mir schöne Tipps gegeben, hat versucht, mir zu helfen, trotz ihrer Situation, und da sind wir sehr nah zusammengerückt.

Frage: Okay, und seitdem ist es eigentlich nicht mehr nur ein verwandtschaftliches, sondern auch ein freundschaftliches Verhältnis?
Sandra: Und seit dieser Zeit ist aus dem verwandtschaftlichen Verhältnis ein freundschaftliches geworden, ja.

Frage: Ist das immer noch ein Geben und Nehmen? Kann ich mir das immer noch als, sag ich mal, gleichberechtigte Freundschaft vorstellen?
Sandra: Ich würde es so bezeichnen. Wie das die Maria sehen würde, das weiß ich nicht, aber es ist eigentlich ein Geben und Nehmen, ja. Sie hat immer noch ein offenes Ohr für mich, und auch ich bin da, wenn sie über ihre Sorgen sprechen möchte. Maria möchte immer stark sein für die Familie, und wenn sie was zu besprechen hat, hör ich ihr sehr gerne zu und versuche ihr dann auch aus meiner Position heraus zu helfen. Es ist halt schwierig, es gestaltet sich wirklich schwierig.

Frage: Weil sie sich so wenig öffnet, weil sie so viel mit sich allein abmachen möchte?
Sandra: Maria macht unheimlich viel mit sich alleine aus, ja. Und wenn sie sich mal öffnet, dann versucht man natürlich schon, mit Rat und Tat zur Seite zu stehen.

Frage: Meinst du, dass es daran liegt, dass du so nah an der Familie bist, dass sie euch schützt als Familie, oder weil sie das generell so macht?
Sandra: Ich denke, Maria versucht, uns gegenüber so stark zu sein, um uns eben zu schützen, vor diesen Verletzungen zu schützen – jeder weiß Bescheid, wie es sicherlich ausgehen wird, und sie weiß es auch, und sie möchte uns dann nicht noch zusätzlich mit Tränen oder Schmerz belasten. Ich find's eigentlich schade – man würde ihr gern mehr zurückgeben, denn sie gibt unheimlich viel.

Frage: Was, denkst du, sind Marias Stärken?

Sandra: Marias Stärken sind das Zuhören, das Aufbauenkönnen, in ihrer Situation überhaupt in der Lage zu sein, einem Menschen bei Sorgen und Nöten zur Seite zu stehen, und ihr Mut. Ich find sie unheimlich mutig, dieses Buch zu schreiben, sich mit ihrem Dasein auseinanderzusetzen, dazu zu stehen, dass sie anders ist, nicht aufzugeben – sie ist unheimlich ehrgeizig und wahnsinnig intelligent.

Frage: Hat sie irgend eine Schwäche, irgendwas, womit sie sich selbst im Weg steht?
Sandra: Das ist jetzt eine gute Frage. Ich kann im Moment kaum Schwächen erkennen an ihr, weil ich sie so bewundere. Also ich bewundere sie einfach – für das, was sie tut, wie sie es tut. Ich selber würde von mir behaupten, in dieser Situation ein Kotzbrocken zu sein, ich hätte nicht so viel Energie, ich hätte nicht so viel Ehrgeiz, ich hätte mich aufgegeben, und das tut sie nicht. Deswegen – eine Schwäche an Maria festzustellen fällt mir unheimlich schwer.

Frage: Ab wann hast du von dem Buchprojekt gewusst? Was hast du davon gehalten?
Sandra: Sie hat es mir relativ spät erzählt, als es eigentlich schon mehr oder weniger in trockenen Tüchern war. Von dem Wunsch, ein Buch zu schreiben, hat Maria aber schon längere Zeit berichtet. Aber dass es tatsächlich so weit kommt …, da muss ich gestehen, dass auch ich zweifelte, dass sie das schafft. Auch wenn sie's mir sehr übel nehmen wird, aber auch ich hab daran gezweifelt, ob sie das wirklich leisten kann.

Frage: Hast du ihr das jemals gesagt?
Sandra: Nein, das hab ich ihr nicht gesagt. Das hab ich mir gedacht. Ich hab ihr nicht gesagt, dass ich die Befürchtung habe, dass sie es einfach von der Kraft her nicht schafft, und sie hat mich ja auch wirklich eines Besseren belehrt. Sie hat eine unglaubliche Kraft und einen unglaublichen Willen.

Frage: Das heißt, das nächste Projekt traust du ihr zu?
Sandra: Das Hörbuch?

Frage: Was auch immer.
Sandra: Das nächste Projekt?

Frage: Was auch das nächste Projekt sein wird …
Sandra: Das nächste Projekt traue ich ihr definitiv zu. Das, was sie sich als Ziel setzt, das wird sie auch erreichen. Das hat sie mich gelehrt, ja.

Frage: Können wir uns eine Scheibe davon abschneiden?
Sandra: Ja.

Frage: Hast du versucht, sie zu unterstützen, trotz deines leisen Zweifels?
Sandra: Ich glaube, sie bedurfte überhaupt keiner Unterstützung. Sie hat das einfach nur erwähnt und hatte für sich selbst längst ausgemacht, dass sie diesen Weg gehen wird.

Frage: Meinst du mit ihrem »Weg« auch ihre Intention, wachzurütteln und eine Sensibilität mit dem Buch zu schaffen?
Sandra: Also ich würde mir sehr wünschen, dass dieses Buch genau das bewirkt, was ihr Ziel ist. Dass sie sensibilisiert, dass Menschen jeglicher Art, ob behindert oder anders, Respekt verdienen, dass man sie gleichwertig behandelt. Also das würde ich mir sehr wünschen. Mich haben ihre Erfahrungen sehr berührt. Gewisse Dinge hatten wir besprochen, bevor es im Buch niedergeschrieben war. Das fand ich schon grausam, aber im Umgang, im Alltäglichen sieht man ja schon, dass die Menschen untereinander … Es ist eine Ellenbogengesellschaft geworden. Ich hoffe, dass das Buch ein bisschen wachrüttelt, das wünscht sie sich ja auch, selbst wenn sie nur ein paar Menschen erreichen kann. Mich hat sie auf jeden Fall erreicht, ja.

Frage: Was, denkst du, was ist Marias größtes Problem mit ihrer Krankheit? Was hasst sie am meisten an ihrer Krankheit?

Sandra: Was hasst Maria am meisten an ihrer Krankheit? Dass sich ihr Zustand nicht verändern wird, nicht verbessern wird, und dass sie einfach an dieses Bett gefesselt ist. Dass sie so weit weg von der Familie ist, ich glaub, das hasst sie am meisten.

Frage: Meinst du, sie hat noch Hoffnung auf eine Heilung?

Sandra: Maria hat keine Hoffnung mehr auf Heilung. Ich glaub, da ist sie so abgeklärt. Diesen Gedanken hängt sie nicht mehr nach. Ich glaube, sie arrangiert sich mit der Situation, und sie gibt sich da auch keinen wilden Hoffnungen mehr hin.

Frage: Was, meinst du, sind die größten Stützen für Maria? Was stärkt sie am meisten?

Sandra: Ich denk, stärken tut sie auf jeden Fall ihr Glaube, der ja sehr gewachsen ist, seit sie krank ist, ihre Familie – definitiv, denn die steht immer hinter ihr, ist immer für sie da – und ihre Freunde. Und jetzt auch der viele Zuspruch auf ihr Buch, denn da ist sie unglaublich stolz drauf.

Frage: Welche Rolle spielt die Familie für Maria? Und welche Rolle spielt Maria in ihrer Familie?

Sandra: Ich glaub, Maria ist der Mittelpunkt der Familie. Also Maria, obwohl sie nicht anwesend ist, beschäftigt hier tagtäglich jeden – in Gedanken … Ja, Maria ist einfach Mittelpunkt dieses Familienlebens.

Frage: Was, glaubst du, ist ihre größte Sehnsucht … abgesehen von einer Heilung? Was ist ihr größter Wunsch?

Sandra: Ich glaub, Marias größter Wunsch ist, einfach noch mal nach Hause zu kommen zu ihrer Familie, und vielleicht auch noch mal an die See zu kommen, den Sand in ihrer Hand zu spüren. Das ist, glaube ich, Marias größter Wunsch.

**Frage:** Und was würdest du ihr wünschen?

**Sandra:** Wenn ich jetzt sagen müsste, was ich ihr wünschen würde, wäre das Gesundheit, aber das ist utopisch. Ich würde dann so weit gehen zu sagen, dass sie wenigstens wieder in den Rollstuhl sitzen könnte, dass sie am Familienleben teilhaben könnte, dass sie einfach in der Nähe wär. Das ist so unschön, wenn man sieht, da sind Familienfeiern, da sind Geburtstage, und sie kann nicht da sein, nur über dieses iPad. Das find ich ganz, ganz, ganz schlimm. Wir sind alle da, wir sehen sie alle auf dem Bildschirm, aber es wär schön, sie dabeizuhaben.

# Katharina

**25 Jahre, Verwaltungsfachangestellte,**
**Freundin des Bruders**

Katharina: Ich bin Katharina. Ich bin die Freundin von Marias Bruder. Dadurch habe ich sie auch kennengelernt, an ihrem Geburtstag vorletztes Jahr habe ich sie zum ersten Mal gesehen, am 3. Oktober 2011, und es war wie Liebe auf den ersten Blick. Wir haben uns echt von Anfang an super verstanden. Ja, ich hab sie einfach total lieb gewonnen an dem Tag schon.

Frage: Das heißt, ihr kennt euch jetzt ungefähr ein Jahr?
Katharina: Ja.

Frage: Das heißt, du hast sie kennengelernt, als sie schon bettlägerig war.
Katharina: Ja.

Frage: Du hattest wahrscheinlich schon eine Menge vorher von ihr gehört?
Katharina: Etwas. Ja, also ich hab's immer nur grob angeschnitten bekommen, weil keiner so richtig drüber reden möchte.

Frage: Das heißt, du durftest dir also ganz alleine dein Bild machen. Hattest du vorher schon mal Kontakt mit Leuten, mit Menschen, die solch starke gesundheitliche Einschränkungen haben?
Katharina: In dieser Form hatte ich das auf keinen Fall bisher, diese Berührung mit behinderten Menschen. Klar, in der Familie gab es auch mal hier und da eine Krankheit, aber das war auf keinen Fall so schlimm. Und vor allem nicht in dem Alter, das kommt ja dann auch noch dazu.

Frage: Hattest du Angst davor?

Katharina: Ja, ich hatte wahnsinnige Angst, da hinzufahren.

Frage: Hattest du Zeit, auf sie zuzugehen? Wie schnell ging das dann, wie schnell war deine Angst verflogen?

Katharina: Also, natürlich war die Begrüßung erst mal ganz kurz, weil die ganze Familie auch noch da war an diesem Tag, aber sie hat sich danach nur für mich Zeit genommen, weil sie mich an diesem Tag ja auch unbedingt kennenlernen wollte, sie war ja schon total gespannt. Und sie hat mich auch gar nicht mehr aus den Augen gelassen und ich durfte die ganze Zeit nur an ihrem Bett sitzen und ihr meine ganze Lebensgeschichte erzählen, quasi. Sie hat sich schon sehr viel Zeit genommen, doch.

Frage: Und danach hattest du keine Berührungsängste mehr?

Katharina: Na, Berührungsängste jetzt nicht, aber es hat mich tief bewegt, sag ich mal so. Es hat mich auch noch tagelang danach auf jeden Fall beschäftigt.

Frage: Wie kann ich mir eure Freundschaft heute vorstellen? Wie viel Kontakt habt ihr, in welcher Form?

Katharina: Der Kontakt läuft hauptsächlich über Handy, meistens FaceTime, iPhone – unregelmäßig, je nachdem was gerade anliegt, aber mit dem Buch jetzt hat sie mich auch immer auf dem Laufenden gehalten. Ja, alle paar Wochen, würd ich jetzt mal sagen, so alle zwei, drei Wochen ungefähr.

Frage: Okay. Fährst du manchmal hin?

Katharina: Mhm, ja, mit der Familie, natürlich, ab und zu muss man sich ja auch mal sehen.

Frage: Und wie ist das zwischen euch, ist das eine Freundschaft? Hast du das Gefühl, sie steht im Mittelpunkt und du gibst und tröstest, oder beredet ihr auch ganz alltäglich banale Frauensachen und lacht viel?

Katharina: Das ist eigentlich wie eine normale Frauenfreundschaft. Man redet über Gott und die Welt. Natürlich ist auch die Krankheit ein Thema und man tröstet auch mal, aber sie tröstet mich genauso, wenn ich mal meine Problemchen hab, also das ist ein Geben und Nehmen.

Frage: Das hast du schön gesagt.

Katharina: Ja.

Frage: Was denkst du, aus deiner Sicht, wo liegen Marias Stärken?

Katharina: Oh, sie ist auf jeden Fall sehr hartnäckig und hat eine unglaubliche Kraft und einen Willen, Sachen durchzusetzen, die sie sich in den Kopf setzt. Und das bewundere ich halt einfach an ihr, das ist so ihre herausragende Eigenschaft, würde ich jetzt sagen.

Frage: Und was denkst du, auf der anderen Seite, was ist eine Schwäche von ihr? Schwäche gar nicht als Kritik …

Katharina: Ich würd's jetzt mal als Macke bezeichnen, dass sie alles sofort durchgesetzt haben möchte. Also wenn sie sich was in den Kopf setzt, dann will sie das auch sofort, und sie sorgt auch dafür und wenn einer mal nicht so nach ihrer Nase tanzt, wie sie das möchte, dann kann sie auch mal ein bisschen bissig werden.

Frage: Das ist ihre Stärke und ihre Schwäche.
Katharina: Genau, ja.

Frage: Was denkst du, was für ein Verhältnis hat Maria zu ihrer Krankheit, zu ihrem Körper? Was ist dein Eindruck?
Katharina: Also zu ihrer Krankheit … Sie hat sich auf jeden Fall damit abgefunden, was ich auch zutiefst bewundere, weil welcher Mensch kann das schon, gerade in diesem Alter? So mit 25 zu wissen, dass man nicht mehr allzu lange hat. Von daher würde ich schon irgendwie sagen, sie ist mit sich im Einklang, sie ist bereit. Das sagt sie auch des Öfteren und das ist auch noch so eine unglaubliche Stärke von ihr, dass sie so damit zurechtkommt.

Frage: Meinst du, sie hat noch Hoffnung auf Heilung?
Katharina: Klar, welcher Mensch hat das nicht? Ich meine, hoffen muss man ja, ansonsten kann man ja die Tage gar nicht überstehen. Irgend einen Lichtblick muss man ja haben.

Frage: Welche Rolle spielt Familie für sie in diesem Kreis?
Katharina: Oh, die Familie spielt eine Riesenrolle, weil sie gibt ihr ja unglaublich viel Rückhalt, ist immer für sie da, macht alles für sie und tröstet und liebt und gibt. Ja, eine unglaublich große Rolle.

Frage: Und umgekehrt: Welche Rolle spielt Maria in ihrer Familie?
Katharina: Das ist eine sehr schwierige Frage, ja.

Frage: Aber sie ist wahrscheinlich schon auch Teil, ist auch der Lebensmittelpunkt, oder?

Katharina: Ja, ja, das stimmt, also es geht hauptsächlich um sie. Grad jetzt bei den Eltern, ja.

Frage: Kommen wir zu etwas Einfacherem: Hast du das Buch gelesen?

Katharina: Ja, natürlich.

Frage: Glaubst du, dass sie diese Intention, die sie hatte, ein paar Leuten mal zu zeigen »So geht's nicht!«, vermitteln konnte? Bewegt sie da was?

Katharina: Ich denke, dass sie auf jeden Fall was bewegen wird, ja. Ich habe ja auch viele Rezensionen über das Buch gelesen und ihr schreiben ja auch so viele Leute, dass sie ihnen dadurch unglaublich Kraft gegeben hat, und dass sie ihnen auch teilweise die Augen geöffnet hat, wie schrecklich die Menschen heutzutage sind, dass keiner auf Behinderte zugehen kann und … Ich weiß nicht, ob die Menschen aus Angst oder wirklich aus Hass gegenüber Behinderten so reagieren. Also ich denke, sie öffnet schon so einige Augen.

Frage: Hat sich bei dir was verändert durch den Kontakt zu ihr?

Katharina: Mhm, auf jeden Fall. Ich weiß mein Leben mehr zu schätzen, seit ich sie kenne, weil man auch sieht, wie schnell es vorbei sein kann.

Frage: Und in deinem Umgang mit Behinderten oder mit eingeschränkten Personen?

Katharina: Da hat sich wohl auch etwas verändert. Also ich war noch nie unfreundlich zu solchen Menschen, aber ich achte mehr drauf. Wenn ich wirklich mal jemanden in der Stadt mit einem Rollstuhl sehe, dann versuche ich auch, ihn möglichst freundlich anzugucken, dass er sich irgendwie geborgen fühlt, wie auch immer, dass ihn nicht jeder schräg von der Seite anguckt … Ja, so in der Art hat sie mich verändert, ja.

Frage: Was, denkst du, was stört Maria am meisten an ihrer Krankheit, was ist das Schlimmste an ihrer Krankheit?

Katharina: Das Schlimmste an der Krankheit ist auf jeden Fall, dass sie nicht kann, wie sie will. Sie kann nicht in die Schule gehen, das ist das Allerschlimmste für sie. Sie möchte so gerne Lehrerin sein und generell ein normales Leben führen, einen normalen Alltag: arbeiten, nach Hause kommen in die Familie, essen – alles, sie kann ja nichts Gewöhnliches mehr machen.

Frage: Was ist ihr größter Wunsch, was denkst du, abgesehen natürlich von dem Wunder einer Heilung?

Katharina: Ihr größter Wunsch wird es wohl sein, noch mal zu unterrichten, auf jeden Fall, noch einmal vor der Klasse stehen, liegen zu können, wie auch immer, den Kindern was beizubringen.

Frage: Was würdest du ihr wünschen, was wünschst du dir für sie, was wünschst du ihr?

Katharina: Mal abgesehen von der Heilung … Ja, was wünsch ich ihr? Das ist auch nicht so einfach. Am meisten würd ich ihr jetzt einfach wünschen, dass die Krankheit so unkompliziert wie möglich weiterverläuft, da ja keine Chance auf Heilung besteht, dass sie halt so wenig Schmerzen wie möglich hat, so lange wie möglich … So was in der Art, ja.

# Stefan

**25 Jahre, Sprachwissenschaftler (Romanist),**
**Marias bester Freund**

Stefan: Ja, ich heiße Stefan, bin 25 Jahre alt und bin, darf ich stolz sagen, der beste Freund von Maria, ja.

Frage: Wie lange kennt ihr euch denn schon?
Stefan: Das ist eine gute Frage, schwere Frage … Äh, wie lange kennen wir uns? Seit circa sechs Jahren … Also es war zu der Zeit, als sie noch im Rollstuhl war, da haben wir uns kennengelernt.

Frage: Wie habt ihr euch kennengelernt?
Stefan: Maria und ich haben uns übers Internetportal studiVZ kennengelernt, damals, da wir den gleichen Studiengang hatten. Ich hab dann später gewechselt, aber das ist ja nicht relevant. Und dort haben wir quasi gemeinsame Interessen gehabt und auch gemeinsame Gruppen, in die man eintreten konnte, und dann sind wir in Kontakt gekommen.

Frage: Wusstest du von Anfang an, dass sie im Rollstuhl sitzt?
Stefan: Ich wusste, glaube ich, schon von Anfang an, dass sie im Rollstuhl sitzt. Gut, als wir uns dann schon ein bisschen angefreundet hatten, hat sie mir dann, ich sag mal, ein paar Details erzählt, und das war ja dann auch noch vor dem ersten Pflegeheim. Damals war Marburg aktuell, dass sie da wohnt, das wusste ich schon, und als ich sie dann das erste Mal gesehen hab, als sie im Rollstuhl an mir vorbeigefahren ist, dachte ich: Moment, das könnte jetzt Maria gewesen sein. Vorher hatten wir nur über das Internetportal Kontakt und ich kannte sie nur von Fotos.

Frage: Die Krankheit, die sie damals hatte, hatte das irgendeine Bedeutung für eure Freundschaft oder für euer Kennenlernen?
Stefan: Die Krankheit hatte gar keine Bedeutung für unser Kennenlernen. Also ich wusste natürlich auch nicht alles im Detail, sie erzählt ja auch nicht jedem direkt jedes Geheimnis sozusagen. Aber dass sie im Rollstuhl saß, war irrelevant ...

Frage: ... und unübersehbar?
Stefan: Ja gut, das auch.

Frage: Ihr kennt euch jetzt ungefähr sechs Jahre. Hat Maria sich verändert in dieser Zeit?
Stefan: Maria als Person hat sich so nicht verändert. Sie ist immer noch sehr engagiert, also was sie sich in den Kopf setzt, das zieht sie auch durch. Ansonsten, als Person an sich, würde ich sagen, hat sie sich nicht verändert.

Frage: Was ist die Basis eurer Freundschaft, wie muss ich mir das vorstellen? Redet ihr viel, lacht ihr viel? Was ist das für eine Freundschaft, wie würdest du das beschreiben?

Stefan: Also die Basis der Freundschaft ist auf jeden Fall einfach Vertrauen und Normalität, ich fahr sie ja nicht besuchen und sag irgendwie: »Ich fahr jetzt eine pflegebedürftige Freundin besuchen«, sondern »Ich fahr eine Freundin besuchen.« Punkt. Ja, eigentlich eher »Normalität«, also wir lachen ganz viel, wir erzählen uns ganz viel, und ich erzähl ihr, wie's zu Hause ist und so weiter. Eigentlich ganz normale Dinge, natürlich aber, sagen wir mal, örtlich beschränkt. Wir hören auch mal Musik zusammen oder erzählen oder … Ich sitze dann neben ihr und wir dösen auch manchmal einfach, weil wir beide müde sind.

Frage: Du würdest eure Freundschaft schon als gleichberechtigt bezeichnen? Du hast nicht das Gefühl, das ist eine Freundschaft zwischen einer Kranken und einem Gesunden?
Stefan: Nö, natürlich ist die Freundschaft ein bisschen anders, weil ich nicht sagen kann: »Heute kommst du einmal zu mir.« Aber das ist jetzt nichts, was den Wert einer Freundschaft ausmacht, das sind ja so äußere Umstände, oder wie man es nennen möchte.

Frage: Was, denkst du, sind Marias Stärken?
Stefan: Also Marias Stärken sind natürlich, einmal auf ihr Studium gemünzt, dass sie sehr intelligent ist, sie hat schon ein gutes Abitur gemacht, und bringt auch im Studium immer beste Leistungen, und wenn sie sich in was reinkniet, dann zieht sie das auch durch. Sie hat ja auch noch Prüfungen abgelegt, obwohl sie schon im Pflegeheim war. Ansonsten ist sie sehr herzlich, also sie würde nie jemandem schroff gegenübertreten, wenn sie ihn nicht kennt. Erst mal ist sie immer freundlich und sehr herzlich. Und, na ja, sie hat sehr viel Elan und was sie sich in den Kopf gesetzt hat, das zieht sie auch durch. Ich hab zwar manchmal Bedenken, aber da ist sie so resolut, dass sie dann das Ziel auch erreicht.

Frage: Die Bedenken, die geleiten mich zu meiner nächsten Frage. Was siehst du als ihre Schwächen?

Stefan: Als sogenannte »Schwäche« würde ich auf jeden Fall sagen, dass sie nicht Nein sagen kann, also: Sagen wir mal, es geht um das Buch und da ist wieder irgendwas und es ist ganz klar – das ist viel zu anstrengend. Sie zieht's durch, auch wenn ich gesagt hätte: »Hier ist erst mal Schluss und dann machen wir das drei Tage später.«, doch das geht bei ihr nicht. Natürlich kann ich es auf der anderen Seite auch verstehen, dass sie sagt: »Ich möchte das, ich möchte das durchziehen. Ich weiß auch nicht, wie's weitergeht. Vielleicht kann ich's in drei Tagen erst recht nicht.« Aber ich find, das ist zu viel. Sie hat ja einen Terminkalender, der sprengt meinen, und ich denke, ich bin kaputt, wenn ich irgendwie drei Sachen am Tag hab. Und sie macht da irgendwas acht Stunden und bei ihr zählt halt immer alles zehnfach sozusagen hinsichtlich der Anstrengung. Das wär jetzt eindeutig eine Schwäche. Da sollte sie sagen: »Ne, sorry, aber heute kann ich jetzt nicht mehr.«

Frage: Du hast ja auch die Geburt der Buch-Idee miterlebt. Wie hast du dazu gestanden, wie fandest du die Idee?

Stefan: Die Buch-Idee hab ich nicht ganz von Anfang an mitbekommen, die entstand, da war sie noch im ersten Pflegeheim. Sie konnte damals ja noch ein bisschen tippen, und hatte dann das Sprachprogramm. Wirklich ganz am Anfang war ich also nicht groß involviert. Ich wusste auch nicht genau, worum's geht, und als ich es dann mit der Zeit erfahren habe, da fand ich das ganz toll. Ich finde gut, dass sie aufmerksam machen will, weil, wie sie ja schon gesagt hat, Ausländerfeindlichkeit immer ein Thema ist, was ja auch ganz wichtig ist, aber Behindertenfeindlichkeit viel zu wenig. Und ich meine, wir haben Politiker, die im Rollstuhl sitzen, aber irgendwie kommt trotzdem nichts … Und – Wahnsinn, überhaupt ein Buch zu schreiben! … Sind ja doch einige Seiten.

Frage: Also ganz unabhängig davon, dass es ein riesiger Aufwand für sie war, das zu schreiben, sondern allein die Tatsache, ein Buch zu schreiben …?

Stefan: Ja. Würd mir auch nie in den Sinn kommen …

Frage: Hattest du vorher irgendwie Kontakt mit dem Thema »Behinderten-feindlichkeit« oder ist dir das erst durch Maria bewusst geworden?

Stefan: Also mit Behindertenfeindlichkeit hab ich vorher kaum Kontakt gehabt. Ursprünglich komm ich aus einem kleinen Dorf, da ist das eh gar nicht so allgemein bekannt, ich sag jetzt mal grob das Wissen über Behinderungen. Ich wüsste da auf Anhieb eigentlich keinen, der im Rollstuhl sitzt zum Beispiel. In Marburg war es dann anders, da sind viele Blinde vor allen Dingen, sehbehinderte Menschen. Feindseligkeit hab ich da aber auch nicht erlebt. Deswegen war ich sehr erschrocken, als sie mir erzählt hat, was sie erlebt hat, und als ich dann natürlich auch die Passagen im Buch gelesen hab, wo man denkt, als normaler Mensch kann man das eigentlich nicht verstehen. Ja, aber das gibt's. Und dann hab ich auch schon mal mit ihr eine Situation erlebt, es war nicht direkt Behindertenfeindlichkeit, aber wo ich gedacht habe, also das grenzt an – ja, wie nennt man das – Gleichgültigkeit, »unterlassene Hilfe-leistung«. Wenn zum Beispiel in ihrem jetzigen Zustand jemand zu ihr sagt, sei es in einem Krankenhaus, einem Pflegeheim, wo auch immer: »Ja, dann richten Sie sich mal auf, setzen Sie sich mal hin«, oder: »Ja, ob wir ein elektrisches Bett haben, keine Ahnung, wissen wir nicht, ob wir Ihnen das geben können.« Dass das für den Be-treffenden lebensnotwendig ist, war der Person wahrscheinlich in dem Moment gar nicht bewusst.

Frage: Wie fühlt sich das an, wenn eine Freundin, also jemand, der einem nahesteht, an solch »gleichgültige Grenzen« oder auch »feindliche Grenzen« gerät, und man dabei ist? Wie hast du dich gefühlt?

Stefan: Also wenn man dabei ist und so was erlebt, fühlt man …
Also, ich glaube, das Erste ist Fassungslosigkeit, und man ist wie
gelähmt, man kann da so gar nichts machen. Im nächsten Moment
ist ganz wichtig, dass man was macht, also den Mund aufmacht
vor allen Dingen. Ich erinnere mich an diese Situation aus dem
Buch, wo Maria mit ihrer Mutter unterwegs war im Bus, bzw. in den
Bus einsteigen wollte, und wo die Leute sich von ihr gestört gefühlt
haben. Da war es wichtig, weil Maria in dem Moment geschockt
war, dass die Mutter was gesagt hat. Das find ich wichtig, dass die,
die dabei sind, auch irgendwas unternehmen.

Frage: Aber du sagst selber, man muss erst mal über so eine Lähmung und
Fassungslosigkeit hinweg?
Stefan: Ja, weil man das ja auch gar nicht erwartet von anderen
Menschen. Also man denkt: Die Menschen denken ähnlich, wie ich
vielleicht … die Erziehung ist eine ähnliche. Und deswegen glaubt
man, dass diese Feindlichkeit oder Ignoranz eigentlich gar nicht
existiert. Man muss dann erst mal realisieren: Ist das jetzt wirklich
so passiert, dieses … was weiß ich … dieser Kommentar? Und dann
muss man reagieren. Manchmal ist es natürlich auch so, dass man
hinterher denkt: Hätt ich mal …

Frage: Ist sie dankbar, wenn du reagierst?
Stefan: Ich denk schon, dass sie dankbar ist. Jetzt ist natürlich alles
ein bisschen anders, wir sind jetzt nicht mehr zusammen in der
Stadt unterwegs. Aber in solchen Situationen warte ich erst mal ab
und frage sie dann, ob ich was machen soll, oder ich gebe direkt
einen Kommentar … Ja, ich denk schon, dass sie dankbar ist.
Schlimm findet sie es jedenfalls nicht, und wenn, dann würde sie
es mir sagen.

Frage: Was war das für ein Gefühl, wenn du mit ihr zusammen unterwegs
warst? Hast du dich angeschaut gefühlt?

Stefan: Ja, also wenn man zusammen unterwegs ist, ist es schon so, dass man ein bisschen die Aufmerksamkeit anzieht.

Frage: Glaubst du, dass sie durch das Buch was verändert, dass sie was bewegen kann?
Stefan: Das Buch, denk ich, bewirkt auf jeden Fall was, weil es ja auch so viele Leute erreicht. Ich hab schon von Leuten gehört, die durchs Pflegeheim gelaufen sind: »Ja, wir sind aus der Schweiz und haben den Bericht gesehen und das Buch gelesen«, und dann merkt man erst so im Nachhinein: Ach guck, wissen die auch davon? Man hat ja oft gar keine Vorstellung davon, wie die Verbreitung eines Buches eigentlich funktioniert. Wenn man nie in einem Verlag gearbeitet hat, dann denkt man sich vielleicht: Ja, das Buch erscheint jetzt, ja, es ist von meiner besten Freundin, das wird ja jetzt wahrscheinlich nur in unserer Gegend sein. Aber nein, das erscheint überall und teilweise auch international. Das ist schon Wahnsinn und ich denk schon, dass das viel bewegt hat. Man sieht das auch an den Kommentaren, Leserbriefen etc., dass die Leute sehr bewegt sind und auch reagieren und sagen: »Ja, ich hab auch eine behinderte Schwester«, oder: »Ich sitze seit einem Unfall im Rollstuhl«, und: »Sie haben recht«, oder so was, oder: »Sie haben mir sehr geholfen und Mut gemacht.«

Frage: In Marias Buch geht es ja vor allem auch um die Leute, die eben gleichgültig oder feindlich eingestellt sind. Meinst du, da passiert was?
Stefan: Ja, es wär schön, wenn mit den Leuten, die feindlich eingestellt sind, auch etwas passiert. Das ist schwer zu sagen. Ich denke aber schon, dass es den einen oder anderen gibt, der einfach mal – ist keine Entschuldigung! – an dem Tag einen schlechten Tag hatte und dann einen blöden Kommentar abgelassen hat, und der dann das Buch liest und sagt: »Oh Gott, ja ich war schrecklich«, oder so. Das denk ich schon. Aber dann gibt's natürlich auch die schweren Fälle, bei denen irgendein Teil der Erziehung versagt hat und die

von Haus aus so sind – also denen ist das wahrscheinlich egal. Wenn einer ganz dagegen ist und etwas sagt wie »Behinderung ist eine Krankheit«, mein ich. Diese Menschen sind so verquer, ich glaub, denen kann man sozusagen nicht mehr helfen.

Frage: Wie oft seht ihr euch ungefähr? Wie viel Kontakt habt ihr?
Stefan: Wir sehen uns mindestens einmal die Woche, manchmal zweimal, und dazwischen liegen dann immer einige Telefonate.

Frage: Redet ihr auch über so was wie Ängste, Tod – ist das Thema?
Stefan: Also wir thematisieren Ängste schon in Gesprächen, den Tod aber nicht. Der ist zwar mal angeklungen, wenn's auch darum geht: Was ist, wenn … sie hat ja immer wieder Atemaussetzer … Aber ansonsten hat sie dann eher ein Pater oder Pfarrer als Anlaufstelle, oder auch die Psychologen. Wir thematisieren das so nicht. Ängste schon, klar. Wenn sie in die Klinik muss zum Beispiel, dann hat sie immer Angst, und dann müssen wir das natürlich besprechen.

Frage: Was denkst du: Was stört sie an ihrer Krankheit am meisten? Was ist das Schlimmste an ihrer Krankheit für sie?
Stefan: Das Schlimmste an ihrer Krankheit, denke ich, ist für sie, dass die komplette Normalität weg ist. Also im Rollstuhl zu sitzen, das wär überhaupt kein Problem, das hat sie akzeptiert, da hat sie auch gekämpft, aber hat's akzeptiert. Und wenn sie jetzt wieder »normal« leben könnte, nur im Rollstuhl, wär ihr Leben wieder perfekt. Einfach, ja, diese Normalität: rausgehen an die Luft, Kaffee trinken in der Stadt, Kino, mit Freunden bummeln – das geht auch im Rollstuhl. Und sagen zu können: »Wir fahren heut mal hierhin«, ja also, das ist, glaube ich, das Schlimmste, einfach dieses aus der – »normal« ist immer so ein Wort –, aber aus der »normalen« Welt, dem Alltag so komplett rausgerissen zu sein, plus natürlich noch, dass sie nicht mehr an der Uni sein kann, das belastet sie auch.

Wär sie im Rollstuhl – gar kein Problem, aber dieses Nichts-mehr-machen-Können, so doof sich das manchmal anhört, also »nichts« im Sinne von »ich unternehme jetzt mal was« und »ich fahr jetzt mal da hin und treffe mich mit dem und dem«.

Frage: Hat sie noch die Hoffnung, dass sie in diese Normalität zurück-kommen kann?

Stefan: Das ist eine spezielle Frage, die hab ich schon mal gestellt be-kommen und hinterher hab ich die Antwort bereut. Ich weiß nicht, ob sie noch glaubt, dass sie in die Normalität zurückkommt. Ich glaub halt auf der einen Seite, dass sie, ja also realistisch ist und sagt: »Ja, irgendwie wird das ja nichts mehr.« Auf der andern Seite stirbt die Hoffnung wahrscheinlich zuletzt. Ja, aber ich weiß nicht. Wenn man dann immer so mitkriegt, dass sie wieder eine Diagnose und wieder eine Diagnose bekommt … Und es ist ja ganz ehrlich nie so, dass mal irgendwas Positives kommt. Wenn irgend eine Nachricht kommt, ist es immer Mist.

Frage: Fragst du sie noch, wie es ihr geht, wenn ihr euch seht? Gibt's diese Frage noch: »Wie geht's dir?«

Stefan: Ja, die Frage »Wie geht's dir?« gibt's. Man muss natürlich auch sagen, dass sie dann eher darauf bezogen ist: »Wie ist es gerade in diesem Moment?«, und: »Ist dir nicht übel?«, und ja: »Ist es heute besonders schlimm wegen deiner Medikation?«, oder irgendwie so was.

Frage: Du warst bestimmt schon mal bei einem epileptischen Anfall dabei oder bei einem Schock. Wie war das? Hast du dich daran gewöhnt?

Stefan: Ja, war ich, aber ganz gewöhnt man sich an diese Anfälle, glaub ich, nie. Also ich bin, ehrlich gesagt, ständig dabei, un-gewollt … Das ist die ersten Male natürlich komplett schlimm und man weiß gar nicht, was man machen soll – klingelt, rennt auf den Flur und schreit. Mittlerweile kenn ich das schon – ich bin dann bei der ganzen medizinischen Versorgung dabei, helf den Pflegern und bleib bei ihr, bis sie wieder zu Bewusstsein kommt. Und dann helf ich ihr und … ja. Also das ist nichts Besonderes mehr.

Frage: Was, denkst du, ist ihr größter Wunsch, ihre größte Sehnsucht?
Stefan: Die größte Sehnsucht von Maria, das ist auch wieder so eine Frage. Ich könnte mir vorstellen, diesen Alltag, also das normale Leben – in Klammern meinetwegen: im Rollstuhl – wiederzuhaben. Also dass es wieder so weit geht, dass sie einfach ein normales Leben leben kann, dass sie sagen kann: »Ich hab jetzt nicht nur noch Schmerzen und alles Mögliche ist kaputt, sondern irgendwas ist zwar defekt, aber das ist jetzt nicht so lebensnotwendig und ich habe wieder ein normales Leben.«

Frage: Was würdest du ihr wünschen, was wünschst du ihr, was wünschst du dir für sie?
Stefan: Ja, was wünsch ich mir für sie? Dass sie jetzt gleich aufsteht und hier aus dem Heim rausgeht und sagt: »Ich komme nie wieder.«

Frage: Und ihr zusammen ein Bier trinken geht!
Stefan: Ja, genau! Und erst mal gehen wir was essen, damit sie mal was Gescheites isst. Und, na ja, aber, natürlich wünsch ich ihr, dass es so kommt, dass man zumindest sagen kann, es wird nicht mehr schlechter, sondern es auf ein Level bringen kann, dass sie gut leben kann. Ja, also wirklich dieses Level, dass man sagt: »Okay, wir kriegen das nicht wieder alles hin, aber sie kann so weit selbst-ständig, sagen wir mal, wieder in einem speziellen Rollstuhl oder so sitzen und … ja, raus und alles Mögliche.« Das wünsche ich ihr und dann, dass sie wieder an die Uni kann und dann gründet sie eine Familie usw. Ja, das ist natürlich klar, dass ich das wünsche, dass einfach so die Normalität wieder reinkommt. Also dieses »Raus hier«, nicht immer im Zimmer, und mal wieder was erleben, sag ich mal – so ganz banale Dinge einfach.

# Dorothee

**44 Jahre, Gymnasiallehrerin,**
**Marias Freundin**

Dorothee: Ich heiße Dorothee und bin Lehrerin in Treysa am Schwalmgymnasium, an dem Maria 2006 ihr Abitur gemacht hat, und ich kenn auch ganz viele Kollegen, die Maria auch im Unterricht hatte. Marias Mutter kenne ich schon sehr lange, ich bin seit 2005 an der Schule und habe dann auch über sie über Marias Krankheit erfahren. Der Kontakt hat sich dann im Grunde dadurch ergeben, weil der Schulleiter den Wunsch äußerte, dass ein Kontakt hergestellt wird. Ich habe im Moment einen Kurs in Religion in der Oberstufe, die sollen ein Sozialpraktikum machen. Da lag's auch nahe, einfach das Buch und Marias Erfahrungen und ihre Krankheit und den Werdegang und die Entwicklung da mit einzubeziehen. Von daher wurde dann auch der Auftrag an mich übergeben. Ich wusste nicht so richtig, wie ich das anfangen sollte, und dann rief Maria mich an. Dann haben wir im ersten Gespräch im Grunde schon zwei Stunden lang miteinander gesprochen und da war dann ganz schnell eine Ebene da, dass wir gemerkt haben, dass das ganz gut ist und auch weit mehr als dieser »geschäftliche« Kontakt. Dann hat sie mich auch spontan eingeladen zu der Lesung in Marburg an der Uni. Da bin ich dann hingefahren und hab sie da auch das erste Mal gesehen. Wobei diese Lesung sehr, sehr beeindruckend war. Das fand ich ganz spannend und unglaublich, wie jemand, der so krank ist, so etwas leistet. Die Situation nach der Lesung vor dem Hörsaal, das war ganz schlimm, das hat mich emotional sehr mitgenommen, weil eine Kommilitonin dann auch unglaublich angefangen hat zu weinen. Ich saß danach noch eine ganze Weile im Auto und habe über das Erlebte nachgedacht. Seitdem hören wir uns regelmäßig und ich besuch sie hier auch, wenn nicht jede Woche, aber doch relativ regelmäßig.

Frage: Also aus einem eigentlich beruflichen Kontakt ist ganz deutlich ein privater geworden?

Dorothee: Das kann man so sagen, ja. Ich denke auch, weil das von Marias Seite so ist. Wir haben ganz bald gemerkt, dass wir uns eigentlich sehr gut verstehen und dass da eine ganz vertrauensvolle Ebene da ist, sodass sie auch sagt: »Gut, ich fühl mich so, als ob wir uns schon ganz lange kennen.« Das kann ich eigentlich auch so bestätigen, von daher kann man da jetzt nicht mehr sagen: Ich nehm jetzt Kontakt mit ihr auf, weil sie das Buch geschrieben hat oder weil ich jetzt Lehrerin bin, sondern weil ich einfach an ihr als Person interessiert bin. Ich denk auch, wenn das Buch jetzt nicht geschrieben worden wäre, dann wär der Kontakt genauso. Das finde ich auch eine ganz, ganz spannende Sache, so: Wie geht man damit um jetzt? Hat man Interesse, weil sie eben jetzt bekannt ist oder Bestsellerautorin oder in aller Munde oder im Fernsehen, oder ist das der Mensch? Das kann ich auf jeden Fall sagen, dass Maria da absolut im Vordergrund steht und dass mir das im Grunde egal ist,

ob sie das Buch jetzt geschrieben hat, wobei ich das auch als eine Riesenleistung wahrnehme. Aber ich denke, es ist ganz wichtig, dass man sie als Mensch wahrnimmt und auch in ihrer Lage und auch in ihrer Situation, weil sie sehr krank ist, dass man ihr da auch beisteht.

Frage: Wie viel Platz nimmt die Krankheit in eurer Freundschaft ein oder welchen Einfluss hat die Krankheit darauf? Spielt das eine Rolle, dass sie krank ist?
Dorothee: Ob das eine Rolle spielt, dass sie krank ist, kann ich jetzt für unseren Kontakt ganz schlecht sagen. Ich merke, dass es mich oft mitnimmt, dass ich denke, sie ist sehr krank, und ich auch oft drüber nachdenke, wie viel Zeit da eigentlich noch bleibt, und ich mir manchmal wünsche, dass ich sie viel früher hätte kennenlernen können. Das stimmt schon, also von daher sind wir uns doch sehr nah. Maria sagte irgendwann mal: »Es ist nicht die Krankheit oder mein Körper, den ich hasse, weil er nicht mehr funktioniert, sondern die Zeit, die so gegen mich arbeitet«, und das kann ich ganz gut nachvollziehen. Da überlegt man auch oft: Ja, was bleibt einem noch und wie kann man die Zeit dann auch sinnvoll füllen?

Frage: Ist es schwierig, dass du eigentlich ihren Traumberuf ausübst? Ist das Thema bei euch?
Dorothee: Ich bin auch Lehrerin geworden, weil ich das unbedingt wollte … na, nicht von klein auf, sieben war ich da nicht, wie das bei ihr war, sie sagte ja, sie hat mit sieben schon den Wunsch gehabt. Ich bin auch sehr, sehr gerne in die Schule gegangen und da gibt's schon auch Parallelen. Ich habe das nie als Belastung empfunden und hab früher schon ganz gerne auch mit Kindern und Jugendlichen zusammengearbeitet. Ich denke, die Frage ist ganz berechtigt, ob das auch so ein Stückchen zwischen uns steht, wobei sie mich das nicht merken lässt. Sie könnte ja auch ganz, ganz eifersüchtig sein und denken: Die macht genau das, was ich eigentlich gerne machen würde. Aber das habe ich so noch nicht wahrgenommen, das ist

jetzt auch nicht schwierig, weil ich denke, dass sie auch auf der Ebene mit mir gute Austauschmöglichkeiten hat und wir auch viel drüber sprechen können.

Frage: Das heißt, es ist aber auch Thema?
Dorothee: Es ist auch Thema, ja, wir reden auch über die Schule. Allein deswegen, weil auch meine Schüler zum Teil schon durch sie unterrichtet wurden und da einfach auch ein Bekanntheitsgrad da ist. Das ist schon Thema, auch in der Schule. Auch wenn ich dann Eltern treffe oder die Schüler treffe – dann sprechen wir auch über Maria.

Frage: Wahnsinn, was für einen Radius sie eingenommen hat, vor allem in der kurzen Zeit, auch doch in deinem Leben jetzt?
Dorothee: Sie hat schon relativ schnell einen ziemlich, doch, ziemlich großen Platz eingenommen, aber auch einen wichtigen Platz. Und ich bin immer sehr froh, dass meine Familie das auch mitträgt, dass mein Mann Interesse zeigt, dass meine Kinder Interesse zeigen, dass mein kleiner Sohn ein Bild malt, das ich mitnehme, das jetzt in Marias Zimmer hängt. Das stützt mich auch und ich denke, das ist auch für sie ganz wichtig, dass sie wahrnimmt, dass sie mich da nicht beansprucht und andere leiden, sondern dass andere das mittragen und unterstützen.

Frage: Wie muss ich mir eure Freundschaft vorstellen, ist das wirklich ein Geben und Nehmen oder steht sie mehr im Mittelpunkt? Gibst du mehr? Ist das eine gleichberechtigte, ausgewogene Freundschaft?
Dorothee: Ob die Freundschaft ausgewogen ist, lässt sich schwer sagen. Ich denke, es ist manchmal auch so, dass das schlechte Gewissen überwiegt, dass ich dann denke, es geht ihr schlecht und es ist zeitlich begrenzt, die Möglichkeiten, die wir noch haben, und ich mich öfters dann dabei ertappe, wenn ich Sport mache oder wenn ich mit meinen Kindern was mache oder wenn ich einfach zu

Hause bin, dass ich denke: Diese Zeit gebe ich ihr jetzt nicht. Das ist schon schwierig und da denke ich auch oft drüber nach: Was bin ich bereit, an Zeit zu investieren? Mach ich das jetzt oder sag ich ihr auch mal ab? Das nimmt mich in Anspruch und ich merke auch, dass das Thema ist, dass ich drüber nachdenke, wie ich das regele. Allerdings hab ich zwei Kinder, die mich brauchen, beide schulpflichtig, und da liegen einfach manchmal auch ganz marginale Sachen an wie die Vorbereitung auf eine Lateinarbeit oder sich um die Wäsche zu kümmern. Das nimmt ja auch Zeit in Anspruch und ich denke dann auch manchmal, das ist jetzt auch mal wichtig und Ausruhen ist auch mal wichtig. Also von daher ist es schon so, dass ich versuche, ihr da möglichst viel entgegenzukommen, aber oftmals auch denke, es reicht eigentlich nicht.

Frage: Könnt ihr darüber reden? Kannst du das thematisieren?
Dorothee: Es ist manchmal sehr schwer, wenn ich mit ihr telefoniere … Ich sag dann oft: »Jetzt schlaf mal ein und ruh dich mal aus« und »Ich geh jetzt noch mal zu den Jungs«. Oder manchmal sitzen wir auch am Abend beim Abendessen und das Telefon klingelt und ich denke dann manchmal auch: Gut, das ist jetzt wichtig – aber das ist jetzt auch wichtig. Und dann ist es auch manchmal so, dass meine Familie fertig gegessen hat und ich immer noch am Telefon sitze, wo ich dann auch denke: Na gut, das hatte jetzt Vorrang. Aber sie trägt's manchmal nicht leicht. Manchmal sagt sie dann: »Bitte leg jetzt noch nicht auf«, und: »Bitte bleib noch zehn Minuten oder eine Viertelstunde.« Und ich merk dann auch, dass ihr das dann ganz, ganz wichtig ist und sie das dann auch braucht. Und ich glaube auch, je schlechter der Zustand ist, desto mehr fordert sie sich das vielleicht auch ein Stück weit ein.

Frage: Was sind Marias Stärken aus deiner Sicht?
Dorothee: Ich habe Maria als ganz, ganz, ganz starke und ganz ehrgeizige junge Frau kennengelernt, selbst in der kurzen Zeit, die

wir uns jetzt kennen, wobei ich manchmal auch denke, dass ihr das selbst ein bisschen im Weg steht. Sie kann auch nicht nachgeben und sie hat so ihre festen Ziele. Da erkenne ich mich aber auch wieder, wenn sie sagt: »Ich hab das Buch jetzt angefangen, das mach ich fertig und da gibt's überhaupt kein Vertun.« Ich bin auch jemand, der nie irgendwas unfertig liegen gelassen hätte oder das Studium abgebrochen hätte oder so, das wär überhaupt nicht infrage gekommen und da seh ich schon ihre Stärken drin, dass sie auch am Ball bleibt und sich nicht in die Knie zwingen lässt. Und ich seh eine ganz große Stärke darin, dass sie sich selbst nicht so in den Mittelpunkt stellt, dass sie sagt: »Dass es den anderen gut geht, das ist mir viel, viel wichtiger, als dass es mir selbst gut geht«, dass sie für andere da ist, sehr viel an andere denkt. Und dass sie sehr empathiefähig ist, das nehm ich auch wahr. Ich hätte das größte Verständnis dafür, dass jemand, der so krank ist, im Grunde sagt: »Andere, die können noch alles machen, ich kann nur noch hier liegen, ich möchte jetzt, dass ihr euch um mich kümmert«. Und dass sie trotzdem sagt: »Ich möchte, dass meine Familie ihr Leben auch weiterlebt«, dass sie sich in die anderen reindenkt und auch versucht, sich da nicht in den Vordergrund zu drängen, das find ich eine beachtliche Leistung in der Situation, in der sie jetzt ist.

Frage: Jeder Mensch hat seine Schwächen, das soll gar keine Kritik sein, wodurch er sich so ein bisschen im Wege steht. Wo siehst du die bei ihr?
Dorothee: Ja, ich seh ihre Schwächen schon auch darin, dass sie sehr verbissen ist. Dass sie nicht nachgeben kann, so ein Stück weit vielleicht, oder dass sie vielleicht noch mehr auf ihren Körper hören und sich dann auch zugestehen sollte: Ich bin jetzt ganz müde, ich bin jetzt fertig, und das war jetzt ganz viel Arbeit und ich muss mich einfach auch mal ausruhen. Das macht mir manchmal ein bisschen Angst, wo ich dann denke, es ginge ihr besser, wenn sie das für sich einsehen könnte. Allerdings denke ich auch, dass es dann wieder ein Stück weit gefährlich für sie wäre, wenn sie sagt:

»Ich lass da jetzt nach«, weil sie zugleich so unter Zeitdruck steht. Ich glaub, dass es ihr ganz, ganz wichtig ist, dass die Dinge, die sie angefangen hat, fertig werden und dass ihr da die Zeit im Nacken sitzt und sie einfach nicht möchte, dass Dinge unerledigt bleiben, weil sie sie nachher vielleicht nicht mehr machen kann. Ich glaub, auch darin liegt der Grund, dass sie so unheimlich die Zügel anzieht und sagt: »Da muss ich jetzt durch«, und sich selbst so unter Druck setzt. Obwohl ich denke, es wär manchmal leichter, wenn sie sagen würde: »Gut, ich geb jetzt auch mal ein bisschen nach.«

Frage: Redet ihr über so was wie Ängste, Tod – sind das Themen?
Dorothee: Wir haben mal über den Tod oder ihre Angst vorm Sterben gesprochen. Sie sagte, sie hätte schon auch manchmal Angst, aber ich glaub nicht unbedingt vor dem Sterben an sich, sondern vor dem, was vorher noch alles kommt. Ich spreche auch mit meiner Mutter öfter darüber, die im Dezember 82 wird und noch eine ganz fitte Frau ist und noch ganz viel kann und auch noch Auto fährt und noch ganz viel selbst erledigt und im Grunde so das absolute Gegenbeispiel ist. Meine Mutter sagt dann auch immer, dass das ja völlig nachvollziehbar sei, dass sie Angst hat und auch gerade, wenn sich ihre Situation verschlechtert. Ich kann dann auch viel bei meiner Mutter loswerden, in Gesprächen mit ihr. Aber ich glaube schon, dass Maria auch davor Angst hat, dass noch so viel auf sie zukommt.

Frage: Welche Rolle spielt ihre Religion dabei? Also nicht bei der Angst natürlich, sondern bei der Bewältigung der Ängste. Hast du das Gefühl, sie gibt ihr Halt?
Dorothee: Ich denk schon, dass sie ihr Halt gibt. Ich hab den Eindruck, dass sie absolut dran festhält, dass es ein Leben nach dem Tod gibt, dass sie das als Hoffnung sieht, dass sie sagt: »Gut, mein Leben hier ist begrenzt, ich kann daran nichts ändern. Das ist einfach meine Geschichte oder mein Schicksal, das ist eben jetzt so.«

Und dass die Hoffnung auf ein Leben nach dem Tod für sie eine Stütze ist, in dem Sinne, dass sie sagen kann: »Gut, wenn das hier zu Ende geht, dann geht's aber woanders weiter. Dann ist da kein Schlusspunkt und kein Loch, sondern da ist was Neues.« Ich glaub schon, dass das für sie eine enorme Orientierung ist und sie stützt. Ich weiß nicht, ob ich mich da übernehme, aber ich seh es irgendwie auch als meine Aufgabe an, sie weiter zu begleiten, so weit, wie ich mich dazu imstande fühle. Ich hab in zwei Kursen in der Schule mal jemanden zu Besuch gehabt, der eine Hospizgruppe in Treysa leitet. Er war unglaublich beeindruckend und hat auch so auf die Schüler gewirkt, weil er eine ganz tolle Persönlichkeit ist und einen unheimlich unterstützen kann. Und ich glaube, es ist ganz wichtig, einfach da zu sein und das nicht mehr von Leistungen oder von Fähigkeiten abhängig zu machen, sondern einfach eine Begleitung zu sein und zu sagen: »Gut, das ist jetzt das Letzte, was ich demjenigen geben kann.« Da denke ich öfter drüber nach und wenn es so weit ist, dann würde ich das auch versuchen.

Frage: Da kann Maria sich sehr glücklich schätzen, dich gefunden zu haben.
Dorothee: Irgendwie war's ja auch so, als ob sie mich gefunden oder ... ja, auch ausgesucht hat. Ich konnte zu dem Zeitpunkt auch irgendwie nicht mehr sagen: »Ich mach das jetzt nicht.« Und es war schon eine unglaubliche Erfahrung für mich, als sie plötzlich am Telefon war und mein Mann rief: »Da ist die Maria Langstroff am Telefon.« Das war der Anfang.

Frage: Und prompt war sie da.
Dorothee: Genau.

Frage: Und man kann schwer glauben, dass das eine so kranke junge Frau ist am anderen Ende der Leitung, oder? Denn wenn man mit ihr redet, vergisst man ja ihre Krankheit erstaunlicherweise ...

Dorothee: Mein Mann sagte das auch. Er sagte: »Eine glockenklare Stimme, man kann sich mit der Frau völlig normal unterhalten. Sie gibt Antwort, sie ist völlig geistesgegenwärtig.« Für ihn war das am Anfang irgendwie unglaublich, dass sie so krank ist, und mir ging es ähnlich. Ich hab dann aber auch andere Situationen mit ihr erlebt. Ich habe Anfälle miterlebt und auch einmal, dass die Stimme wegging. Das hat mich schon ziemlich mitgenommen, auch, als ich das erste Mal in dieses absolut dunkle Zimmer gekommen bin. Als ich das erste Mal im Heim bei Maria war, schlief sie und brauchte eine ganze Weile, bis sie wahrnahm, dass ich da war, und dann sagte sie: »Warum bist du denn so weit weg?« Und ich musste dann für mich auch erst mal meinen Platz finden und erst mal sehen, wie ich mit dem Ganzen umgehe. Ich fühlte mich eigentlich wie ein Maulwurf am Tageslicht. Ich brauchte eine ganze Weile, bis ich mich ein bisschen orientieren konnte. Das war aber dann nachher in Ordnung. Das ging dann das zweite und dritte Mal viel besser, weil ich schon wusste, was mich erwartet. Aber das war von Anfang an auch eine ganz, ganz intensive Verbindung.

Frage: Marias Buch – das ist eine großartige Leistung, allein das Erstellen … In deiner Schule arbeitest du mit den Schülern ja richtig dazu. Hast du das Gefühl, dass sie damit wirklich was verändern kann?
Dorothee: Ob sie damit etwas verändern kann, ist eine ganz spannende Frage. Ich hab folgende Erfahrung gemacht: Ich hatte eine Unterrichtsstunde in Religion in der Klasse 8 und wir haben momentan das Thema »Vorbilder«. Die Schüler sollten in der Gruppenarbeit ein Plakat erstellen, was für sie Vorbilder sind. Und dann tauchte der Name Maria Langstroff auf einem Plakat auf und dann hab ich mit den Schülern drüber gesprochen und dann sagten sie: »Es ist ganz vorbildlich für uns, wie Maria mit ihrer Krankheit umgeht.« Und so war für mich schnell klar: Da ist Interesse da, wir können darüber reden. Und es war dann auch so, dass ich Beispiele aus dem Buch erzählt hab, und die Schüler, Klasse 8, un-

glaublich echauffiert darüber waren, was Maria für Erfahrungen machen musste, wie mit Maria umgegangen worden ist. Ich hab dann auch die Sequenz erzählt, in der Jugendliche Schneebälle auf sie geworfen haben, sodass sie gestürzt ist, oder auch über ihren Unfall an diesem Bürgersteig, wo sie von einem Autofahrer massiv beschimpft wurde. Die Jugendlichen waren derart erbost darüber, wie man mit ihr umgesprungen ist, dass ich schon glaube, dass da eine Wahrnehmung da ist oder auch ein Empfinden dafür, dass man das nicht macht, ja. Dass man mit Menschen, die eh schon zu leiden haben, oder eh schon nicht mehr so beweglich, so mobil sind, wie sie gerne sein würden, nicht so umgehen darf. Also ich hab schon den Eindruck, dass da was bewegt wird. Und ich glaube auch, dass das ganz im Kleinen anfangen muss, dass da viele einzelne Schritte notwendig sind. Sicher kann man nicht mit einem Mal die ganze Welt verändern, aber man kann die Welt verändern, indem man erste kleine Schritte macht, indem man bei sich selbst anfängt, indem man beginnt, nachzudenken und irgendwann vielleicht sagt: Gut, ich geh jetzt nicht vorbei, sondern frag, ob ich helfen kann.

Und dieser Religionskurs mit Sozialpraktikum ist auch so ein Versuch meinerseits, in diese Richtung zu wirken und zu sagen: »Gut, ich kann nicht immer nur drüber reden. Wenn ich über Diakonie rede, dann ist das eine Sache, aber wenn ich diakonisch tätig bin, dann ist es eine ganz andere.« Und sich in Situationen wiederzufinden, in denen man Menschen begegnet, die auf Hilfe angewiesen sind, ist für den Lebenslauf oder für die Entwicklung eines jungen Menschen ganz, ganz wichtig und bringt einen weiter. Und wenn ich jemandem helfe, weil er's alleine nicht kann, dann kommt, denke ich, auch ganz viel wieder zurück.

Frage: Was denkst du, was ist Marias größte Sehnsucht, ihr größter Wunsch?
Dorothee: Sie sprach in der letzten Zeit häufig davon, dass sie gerne nach Hause möchte. Dass sie unglaubliches Heimweh hat und ein-

fach die Familie um sich haben will. Ich glaub, das ist einer ihrer ganz großen Wünsche, über den ich auch schon mit ihrer Mutter gesprochen habe, der sich aber eigentlich kaum realisieren lässt aufgrund der Schwere ihrer Krankheit, aufgrund der Notwendigkeit, dass sie unter anderem permanent mit Sauerstoff versorgt werden muss, dass zu Hause Situationen entstehen könnten, die massiv lebensbedrohlich wären, und die Eltern das gar nicht stemmen könnten, was da auf sie zukäme. Ein anderer großer Wunsch ist auch ihr Beruf, also die Möglichkeit zu haben, wirklich zu lehren, Lehrerin zu sein, wobei sie ja versucht, das auch noch von hier aus zu schultern – über Skype und indem sie Schüler im Heim empfängt – und das wirklich ganz hervorragend macht. Das merk ich schon, dass das so ein Bereich ist, der ihr ganz, ganz wichtig ist. Und sie sagte mir auch mal, dass das das Einschneidendste war, als sie die Diagnose bekommen hat. Nicht, dass sie jetzt krank ist, sondern dass sie im Grunde genommen ihren Beruf nicht mehr richtig ausüben kann.

Frage: Was, meinst du, nervt sie am meisten an ihrer Krankheit, was ist das Schlimmste für sie an ihrer Krankheit?

Dorothee: Als gravierend sehe ich diese Diskrepanz zwischen nicht mehr vorhandener Mobilität und extremer geistiger Wachheit an, meistens zumindest. Ich nehm sie so wahr, dass sie sehr gleichmütig ist, dass sie sagt: »Gut, das ist jetzt so. Ich kann mich eben kaum noch bewegen.« Wobei ich denke, dass sie sich auch ganz, ganz oft in den Rollstuhl, den sie erst so sehr verteufelt hat, zurücksehnt, um einfach noch mobiler zu sein, um auch noch Dingen, Tätigkeiten nachgehen zu können, die ihr jetzt einfach versagt bleiben. Und ich bewundere das unheimlich, wie jemand das so hinnimmt, dass man nur noch da liegt, ja, dass man 24 Stunden in einem dunklen Zimmer liegt und davon vielleicht auch nur ein Minimum schläft, ohne jetzt permanent Wutausbrüche zu bekommen. Oder dass sich der Tag-Nacht-Rhythmus verändert, dass man nicht mehr wahrnimmt »Was haben wir jetzt für Wetter?« und sich eigentlich viel wohler fühlt, wenn's draußen regnet, weil dann die Kopfschmerzen nicht so schlimm sind. Dass man an der Natur keine Freude mehr haben kann, weil man nicht mehr raus kann. Ja, also ... Ich bin ja auch so ein Kind gewesen, das immer ganz viel draußen war, ich bin in einem 1000-Seelen-Dorf groß geworden und ich bin auch jetzt ganz gerne draußen, mache draußen Sport. Maria muss auf so vieles verzichten, was für uns selbstverständlich ist, und beschwert sich nicht. Das finde ich schon grandios, wie man diese Situation hinnehmen kann, ohne dass man sie jetzt permanent hinterfragt und sagt: »Ich will das alles nicht und hätt's viel lieber ganz anders.«

Frage: Was wäre dein Wunsch für sie? Was wünschst du ihr, was wünschst du dir für sie?
Dorothee: Also ich muss schon sagen, ich ... Mich nimmt das im Moment ziemlich mit, dass eine Hiobsbotschaft nach der anderen kommt und ich würd mir eigentlich wirklich ehrlich wünschen, dass sie doch einfach einschläft. *(Weint.)*

# Ariane

**26 Jahre, Gesundheits- und Krankenpflegerin / Studentin,
Marias Pflegerin**

Ariane: Ich bin Ariane, 26 Jahre alt, gelernte Krankenschwester, hab 2010 mein Examen gemacht und dann ein Jahr auf einer Stroke Unit gearbeitet in Limburg. Stroke Unit bedeutet Schlaganfall-Akut-Station. Das heißt, da kommen die Patienten hin, die akut einen Schlaganfall gehabt haben, und die sind dann dort zur Monitor-Überwachung, weil in den folgenden drei Tagen nach dem Akut-Ereignis immer noch mal Schlimmeres folgen kann, also kommen die dann zu uns zur Überwachung. Ja, und Maria und ich – eigentlich war's bisher ein Patienten-Pfleger-Verhältnis, aber mittlerweile verstehen wir uns auch privat sehr, sehr gut. Das heißt, ich besuch sie auch ab und zu mal, wenn es die Zeit zulässt zwischen Fußball und Uni und allem Weiteren. Und, ja, mittlerweile hat sich dann schon auch eine Freundschaft entwickelt, würd ich sagen.

Frage: Das heißt, ihr kennt euch jetzt wie lange genau?
Ariane: Also wir kennen uns seit November 2011 ungefähr, November, Dezember, da hab ich hospitiert hier und im Januar 2012 hab ich dann angefangen, hier zu arbeiten. Und seitdem kennen wir uns und haben regelmäßig Kontakt.

Frage: Was denkst du, warum gibt es mit ihr mehr als ein Pflegerinnen-Patienten-Verhältnis?
Ariane: Also ich denke, zum einen ist es so, weil man sich mit ihr unterhalten, mit ihr kommunizieren kann, was mit anderen Patienten hier sehr, sehr schwierig ist, allein bedingt durch das Krankheitsbild, und zum anderen denke ich auch, weil wir ein Alter

sind. Also wir sind ein halbes Jahr auseinander, oder zehn Monate, und ich glaube, man hat einfach ein ganz anderes Verhältnis zu Gleichaltrigen.

Frage: Ist es für dich schwieriger, einen Patienten mit so einer schweren Krankheit in deinem Alter zu haben?

Ariane: Ja, mit Sicherheit. Weil man sich selber dann natürlich auch stärker in diese Lage versetzt, als man das bei älteren Patienten machen würde.

Frage: Das heißt, du nimmst auch ein bisschen mehr Arbeit mit nach Hause? Muss man dann eine andere Position dazu finden?

Ariane: Also ich kann das schon ganz gut irgendwie, aber ich kann es natürlich nicht ganz von mir wegschieben. Deshalb hab ich auch ihr Buch gelesen, um das einfach ein bisschen besser verarbeiten zu können, ein bisschen besser damit umgehen zu können. Das Buch hat mir unglaublich geholfen, muss ich sagen, um da einen gewissen Abstand zu kriegen. Also für mich ist es schon noch irgendwie Arbeit, deswegen nehm ich auch nicht so viel mit nach Hause, und außerdem hab ich einen guten Freundes- und Familienkreis, wo ich dann auch so was besprechen und erzählen kann. Meine Mutter ist

Krankenschwester und mit ihr rede ich ganz viel über so was. Und auch meine Schwester ist gelernte Kinderkrankenschwester, und dadurch ist es einfacher, damit umzugehen und es zu verarbeiten. Trotz allem, muss ich sagen, darf ich das nicht zu sehr an mich ranlassen, und deswegen komm ich auch nicht, sagen wir, dreimal die Woche vorbei, weil dann wär es, glaube ich, ein ungesundes Verhältnis, würde ich sagen, ein ungesundes Patienten-Pfleger-Verhältnis, was es ja hauptsächlich noch ist.

Frage: Was sind Marias Stärken aus deiner Sicht?
Ariane: Marias Stärken? Ihr Ehrgeiz auf jeden Fall. Ohne den hätte sie das überhaupt nicht geschafft, also das Buch zu schreiben und auch noch das Hörbuch aufzunehmen, was sehr, sehr anstrengend war für sie, denk ich. Das ist auf jeden Fall eine ihrer Stärken. Ihr Durchsetzungsvermögen – sie schreibt ja auch in ihrem Buch, dass sich das erst entwickelt hat mit der Zeit durch ihre Krankheit. Das hilft ihr, glaub ich, ganz, ganz viel. Und ihr starker Wille, dass sie ein Ziel hat und das dann durch ihren Ehrgeiz und durch ihren Willen erreichen möchte. Außerdem finde ich, ist sie ein sehr, sehr herzlicher Mensch, auch wenn sie's manchmal nicht so gerne zeigen möchte, aber ich glaube, sie ist sehr, sehr herzlich und ein sehr sensibler Mensch, und das sind ihre Stärken.

Frage: Was denkst du über ihre Schwächen, mit denen sie sich vielleicht auch manchmal selber ein Bein stellt?
Ariane: Ihre Schwäche, denke ich, ist vielleicht manchmal, wie sie etwas rüberbringt, also wie sie ihren Willen äußert. Ich glaube, das ist aber auch krankheitsbedingt. Sie musste ganz viel erklären, um sich durchzusetzen. Und ich glaub, sie ist nicht der geduldigste Mensch, aber das ist auch nicht weiter schlimm, also von daher …
Ich würde es zu den Schwächen zählen, aber jetzt nicht unbedingt so sehen, dass das ihr ein Bein stellt.

Wie muss man sich euren Umgang vorstellen? Einmal als Pflegerinnen-Patienten-Verhältnis und einmal als freundschaftliches Verhältnis?

Ariane: Also unser Umgang miteinander, wenn man das Pflegerinnen-Patienten-Verhältnis betrachtet, ist ein bisschen tagesformabhängig. Er ist abhängig davon, ob ich hier auf Station einen sehr stressigen Tag habe oder ob ich die Nacht vielleicht gut oder schlecht geschlafen habe. Es kommt auch drauf an, wie viel Zeit ich habe und mir nehmen kann. Aber im Großen und Ganzen kann man sagen, dass es sehr fröhlich ist, also wir scherzen auch schon mal miteinander oder kaspern miteinander rum. Trotzdem muss ich natürlich meine Arbeit erledigen, sodass wir die ernsthaften Gespräche oder auch die Gespräche, die, sage ich mal, ein bisschen intimer werden, dann eher privat führen, weil hier im Stationsalltag einfach keine Zeit dafür ist. Das ist schade und es tut mir auch immer sehr leid, dass ich dann manchmal zu ihr sagen muss: »Du, ich hab jetzt einfach keine Zeit, ich muss weiter, ich muss mich noch um andere kümmern.« Das fällt ihr manchmal auch ziemlich schwer, das zu verstehen, aber sie akzeptiert es.

Frage: Und im privaten Umgang, bist du da diejenige, die tröstet, die sich engagiert oder ist das wirklich ein Geben und Nehmen?

Ariane: Nö, das ist schon ein Geben und Nehmen, würde ich sagen. Also das Verhältnis ist nicht irgendwie einseitig, das würde ich auf gar keinen Fall behaupten. Nö, gar nicht. Also wenn ich sie besuche, dann bringe ich ihr auch schon mal was mit aus der Stadt, wenn jetzt grade sonst keiner da ist, der ihr was mitbringen kann. Aber wenn wir uns unterhalten, gibt es mir auch ganz, ganz viel, weil sie einfach eine ganz andere Sicht der Dinge oder der Welt hat. Also es ist schon ein Geben und Nehmen, auf jeden Fall.

Frage: Du hast das Buch gelesen. Kannst du Marias Erfahrungen bestätigen? Du hast ja durch deinen Beruf auch viel Umgang mit eingeschränkten unbd behinderten Menschen.

Ariane: Ich finde es erst mal sehr mutig von ihr, ein solches Buch zu schreiben, weil dort auch viele Dinge und Sachverhalte aufgegriffen worden sind, die in Deutschland einfach tabu sind – oder noch tabu sind, das sagt sie ja auch –, der Umgang mit gehandicapten Menschen. Das wird in Deutschland immer noch, ich will nicht sagen, totgeschwiegen, aber man spricht nicht gerne darüber. Ich kann aus meiner Sicht als Pflegekraft sagen, dass es schon manche Kollegen gibt, die einfach überfordert sind, die gestresst sind, die vielleicht schon dreißig, vierzig Jahre in diesem Beruf arbeiten und dann auch mal so einen Spruch loslassen, wie's in ihrem Buch steht: »Ja, was habt ihr uns da denn jetzt gebracht?« Das muss man ganz klar sagen, da hat sie recht, das gibt es. Nicht alle Pflegekräfte sind so, es gibt auch viele Pflegekräfte, die sehr, sehr herzlich sind, die ihren Beruf lieben, die ihn gern machen, auch wenn sie schon zehn, zwanzig Jahre in dem Beruf arbeiten. Aber ich glaube, dass diese schlechten Erfahrungen und Erlebnisse einfach eher im Kopf bleiben, auch bei ihr, weil sie persönlich davon betroffen ist. Trotz allem denke ich aber, dass es sehr mutig und sehr schön ist, dass sie's geschrieben hat, weil es die Leute darauf aufmerksam macht, wie man mit Menschen, die Behinderungen haben, umgeht. Und mir hat's persönlich auch im Pflegealltag geholfen, weil ich manchmal einfach ans Buch zurückgedacht habe und mir sagte: »Mensch, die können nichts dafür, dass du schlecht geschlafen hast, oder dass du vielleicht schlecht drauf bist.« Dann versuche ich, das irgendwie anders zu kompensieren oder zu Hause beim Sport abzureagieren. Weil – die Menschen hier sind auf uns angewiesen und ich denke, das macht das Buch bewusst.

Frage: Was meinst du mit mutig? Was ist mutig daran, das anzusprechen?
Ariane: Es ist mutig, dass sie viel über sich spricht und so viel von sich preisgibt. Das meine ich damit. Weil es ja doch sehr intim ist teilweise, was sie dort erzählt. Und das find ich einfach mutig – das macht nicht jeder, viele Menschen fressen das einfach in sich

hinein, sag ich mal, und versuchen, so damit umzugehen, und sie hat eine offensive Art und Weise gefunden, mit ihren Erfahrungen umzugehen, und das finde ich sehr, sehr mutig.

Frage: Was denkst du: Mutet sie sich zu viel zu, so mit Hörbuch und Doku und ihrem Ehrgeiz?
Ariane: Sie persönlich würde sich vermutlich noch viel, viel mehr zumuten, und das glaube ich, wäre dann zu viel. Deshalb ist es ganz gut, dass sie Menschen um sich herum hat, die dann auch mal ein Veto einlegen und sagen: »Nee, heute drehen wir nicht weiter«, oder »Heute nehmen wir das Hörbuch nicht weiter auf, sondern machen mal einen Cut und an einem anderen Tag weiter.« Das ist sehr, sehr gut, dass sie solche Menschen um sich rum hat, die darauf achten. Ansonsten würde sie sich selber noch viel, viel mehr zumuten.

Frage: Was denkst du, was ist ihr größter Wunsch, ihre größte Sehnsucht?
Ariane: Also ich weiß, ihr größter Wunsch ist eigentlich, ein Auslandssemester zu machen, also weiterzustudieren und ein Semester im Ausland zu verbringen. Das ist einer ihrer größten Wünsche, und ich glaube, sie möchte gerne noch einmal ans Meer. Ja, das möchte sie auch, da bin ich mir sicher.

Frage: Was würdest du ihr gerne geben wollen? Was wünschst du ihr?
Ariane: Also ich wünsche ihr, dass sie ihr Leben weiter so gestalten kann, wie sie das möchte. Es wäre utopisch, ihr zu wünschen, dass sie wieder gesund wird. Dafür bin ich einfach zu professionell, zu sehr Pflegekraft, als dass ich das anders einschätzen würde. Und ich wünsche ihr, dass ihre Freunde und Familie weiterhin für sie da sind und dass sie das Leben noch so genießt und auch weiterhin Hoffnung in ihrem Glauben findet. Das wünsch ich ihr.

# Jens

35 Jahre, selbstständiger Veranstaltungstechniker,
guter Freund von Maria

Jens: Mein Name ist Jens. Ich bin 35 Jahre alt, und bin ein guter Freund von Maria.

Frage: Seit wann bist du mit ihr befreundet?
Jens: Seit ungefähr vier bis fünf Jahren. Eine Freundin von mir war eine Freundin von ihr, und so kam das zustande.

Frage: Und dann habt ihr euch wieder verabredet und ...
Jens: Ja, wir haben uns dann öfter zu dritt getroffen, und so kam es, dass wir uns immer besser verstanden haben und sehr gute Freunde geworden sind.

Frage: In welcher Phase ihrer Krankheit war Maria zu diesem Zeitpunkt?
Jens: Zu dieser Zeit war Maria hauptsächlich im Rollstuhl, konnte aber mit dem Rollator noch ein paar Meter gehen. Also, wenn's sein muss, sich auch mal aus dem Rollstuhl auf eine Treppe setzen und dann mit Hilfe die Treppe hochgehen, also sich hochdrücken Stufe für Stufe, das ging auch noch. Aber es war natürlich anstrengend.

Frage: Das heißt; du hast eine große Etappe ihrer Krankheit miterlebt. Wie hat sich Maria seither verändert?
Jens: Verändert, würde ich eigentlich sagen, hat sie sich gar nicht, also sie ist immer sie geblieben in der Zeit.

Frage: Und dass sie in einem Rollstuhl sitzt, das war für dich, für die Freundschaft völlig unerheblich?
Jens: Für die Freundschaft an sich war das völlig unerheblich, ja.

Frage: Was magst du an ihr, was sind Marias Stärken?
Jens: Ihre Stärken sind ihre Intelligenz und natürlich auch, wie sie das alles schafft. Ich denke, mir würde es schwerer gefallen, das so lange durchzuhalten und ihr Durchhaltevermögen wäre dann auch noch mal eine Stärke von ihr ...

Frage: Was ist die Grundlage eurer Freundschaft?
Jens: Das ist einfach eine Sympathiesache. Also ich kann das gar nicht sagen, woran das liegt, dass sich Leute sympathisch finden oder nicht. Aber in ihrem Falle war's halt so.

Frage: Du hast auch die Geburt der Buch-Idee miterlebt?
Jens: Ja.

Frage: In ihrer Situation war's ja auch schwierig und kräftezehrend.

Jens: Ja, kräftezehrend war's mit Sicherheit. Es wurde ja immer schwieriger für sie zu schreiben. Dann hat sie diktiert, also mit Software, und selbst das ging ja irgendwann nicht mehr richtig gut und ich war trotzdem immer wieder erstaunt, wenn sie gesagt hat: »Ich bin schon wieder ein Stück weiter, jetzt ist wieder ein Kapitel fertig.«

Frage: Telefoniert ihr auch oder schreibt ihr euch E-Mails?

Jens: Ja, wir telefonieren oder schreiben SMS. E-Mails sind ja für sie selbst mittlerweile etwas schwierig zu schreiben. Die müssen ja immer von anderen verfasst werden. Ich hab das auch schon ein paar Mal für sie gemacht, da hat sie mir am Telefon erzählt, was ich schreiben soll, und dann habe ich das abgesendet.

Frage: Hast du das Gefühl, du kannst sie unterstützen beim Umgang mit ihrer Krankheit?

Jens: Ich kann im Prinzip nur versuchen, sie zu motivieren oder zu trösten, denn es ist auch für mich schwierig, das immer mit anzusehen, also wenn's wieder schlimmer wird und sie erzählt: »Jetzt ist das noch passiert und das und ich hatte diese Ansteckung noch und ich kann jetzt die Beine gar nicht mehr bewegen.« Das ist auch für mich sehr anstrengend, aber es wäre nicht meine Art, dann zu sagen: »Ich kann das nicht mehr und komme einfach nicht mehr.« Ansonsten, ja … Das Einzige, was ich tun kann, ist zu fragen, was sie möchte, und es ihr möglichst zu erfüllen.

Frage: Wie würdest du eure Freundschaft beschreiben? Ist das eher so, dass du derjenige bist, der sie tröstet und aufbaut, oder lacht ihr viel zusammen? Ist sie dir auch eine Gesprächspartnerin, hast du auch das Gefühl, mit bestimmten Problemen ganz klar zu ihr gehen zu wollen?

Jens: Ich sag es mal so: Ich habe einige Probleme mit ihr besprochen, aber mit den einfacheren Sachen des Lebens lass ich sie dann doch in Ruhe. Ich denke, da hat sie einfach selbst genug zu tun … Damit muss ich sie nicht noch belästigen.

Frage: Mit ihr besprichst du nur die wichtigen Sachen?
Jens: Ja, die schwierigen Sachen.

Frage: Stehst du genauso im Mittelpunkt eurer Freundschaft wie sie? Das würdest du schon so sagen?
Jens: Ich denke schon, ja. Wer gibt und wer nimmt, ist mir dabei ziemlich egal, also wenn sie grad wieder eine schwierige Zeit hat, dann ist es für mich kein Problem, dass sie nicht geben kann, das ist für mich selbstverständlich. Andersrum versuche ich natürlich, nicht so viel von ihr zu nehmen, generell.

Frage: Interessant finde ich auch, dass du sagst, sie hat sich nicht verändert in den fünf Jahren. Das find ich fast unvorstellbar, dass jemand mit einer Horrornachricht nach der anderen konfrontiert wird und immer noch derselbe ist, dieselbe ist?
Jens: Ich würde mal sagen nicht ganz dieselbe. Sie ist eher, sagen wir mal, stärker geworden, also sie traut sich auf jeden Fall eher, was zu sagen, wenn ihr was nicht passt. Das war am Anfang nicht ganz so, da hat sie doch einiges einfach weggesteckt. Aber in Bezug auf mein Verhältnis zu ihr hat sich da halt nichts groß verändert.

Frage: Meinst du, sie ist durch die Krankheit selbstbewusster geworden?
Jens: Ich denke schon, ja. Also vielleicht nicht durch die Krankheit, sondern das ist vielleicht einer der Umstände der Krankheit. Ich glaube kaum, dass es an der Krankheit selbst liegt.

Frage: Sprichst du mit Maria über ihren Tod?
Jens: Gelegentlich sagt sie, dass sie … Sie sagt mir schon: »Ich werde sterben, irgendwann.« Und sie hat auch schon oft gesagt: »Die Ärzte haben gesagt, das und das werde ich nicht mehr sehen.«

Frage: Maria feiert ja immer noch richtig groß Geburtstag, auch hier. Was schenkst du ihr zu ihrem nächsten Geburtstag?

Jens: Ich frage sie immer, was sie möchte. Ich bin ganz schlecht im Geschenke-Aussuchen.

Frage: Wie muss man sich so eine Party vorstellen, wenn Maria Geburtstag feiert?

Jens: Ja, es sind natürlich relativ wenig Leute, weil sie's auch schlecht verkraften kann, wenn zehn Leute um sie rum sind, das ist schon zu viel. Also ich glaube, maximal fünf Leute sind so auf einmal da, aber das wird dann halt verteilt. Dann kommt an einem Tag der enge Freundeskreis sozusagen und am nächsten Tag oder ein paar Tage später kommen wieder andere. Ich war zum Beispiel allein da, weil ich an den Tagen, wo sie eigentlich feiern wollte, nicht konnte.

Frage: Gibt's Dinge, die Maria dir anvertraut hat, aber nicht mit ihren Eltern besprechen würde, um sie zu schützen?

Jens: Ihre Eltern wissen mit Sicherheit, dass Maria einige Dinge nicht mit ihnen bespricht, aber es ist natürlich was anderes, wenn man weiß, dass es so ist und warum es so ist. Also man nimmt das vielleicht gar nicht so bewusst wahr oder man will's nicht wahrhaben, bis es dann halt gesagt wird. Da wäre ich auch vorsichtig.

Frage: War es für dich auch etwas anderes, das Buch zu lesen, weil du sie kennst, und dir vielleicht die eine oder andere Demütigung, die sie erfahren hat, besonders nahegeht?

Jens: Vermutlich, ja. Die Sachen, die ihr passiert sind, während ich dabei war, zu denen habe ich dann gleich vor Ort schon meine Worte gesagt. Da fühlt man sich dann hinterher doch etwas besser, wenn man ein bisschen auf sie aufpassen konnte.

Frage: Glaubst du, dass das Buch etwas verändern kann?

Jens: Ja, ich hoffe es.

**Frage:** Was, denkst du, ist Marias größter Wunsch, ihre größte Sehnsucht?
**Jens:** Ja, wie soll man sagen, ihre größte Sehnsucht … Ja, ich würde schon sagen, das ist natürlich das Offensichtlichste. Tja, gesund zu sein. Das wäre wahrscheinlich …

**Frage:** Hat sie noch die Hoffnung, gesund zu werden?
**Jens:** Das glaub ich nicht. Da müsste ein Wunder geschehen … Es ist eine unbekannte Krankheit. Da müsste schon ein riesiges Ärzteteam sich hinsetzen, um die Sache in Ordnung zu bringen und zwar noch innerhalb einer Zeit, wo sie auch noch in Ordnung zu bringen ist. Und das weiß sie auch ganz genau. Natürlich, den Wunsch hat sie wahrscheinlich genauso wie ich, aber es ist unrealistisch.

**Frage:** Was wünschst du ihr für die Zukunft, also jetzt mal von einem Wunder abgesehen?
**Jens:** Was würde ich ihr wünschen? Dass sie noch lange lebt und möglichst schmerzfrei. Also mehr kann ich mir, glaube ich, nicht wünschen – abgesehen vom Wunder.

**Frage:** Was meinst du, was stört sie an ihrer Krankheit am meisten?
**Jens:** Was sie wirklich am meisten stört, dürfte sein, dass sie ans Bett gefesselt ist. Sie würde wirklich gern wieder zur Uni, sie würde wirklich gern, wenn ich Geburtstag feiere, auf meinen Geburtstag kommen. Sie würde wirklich gern wieder mit Freunden unterwegs sein wie früher – da bin ich mir ganz sicher.

# Franziska

26 Jahre, Mitarbeiterin Presse und Öffentlichkeitsarbeit,
Marias Schulfreundin

Franziska: Ich bin Franziska, ich bin 26 und ich kenn Maria seit der 1. Klasse der Grundschule. Wir haben es geschafft, von der 1. bis zur 13., also die komplette Schulzeit in einer Klasse zusammen zu sein und wir sind seit der 1. Klasse befreundet.

Frage: Wie würdest du Maria als Kind beschreiben? Du warst ja selber Kind, aber dein kindlicher Blick auf sie?
Franziska: Einfach fröhlich, nett, aufgeschlossen. Wir haben zusammen gespielt. Wir haben nicht weit voneinander weg gewohnt und wir waren zusammen auf dem Spielplatz – ein ganz normales, liebes, nettes, fröhliches Mädchen. Immer schon gut in der Schule, schon als Kind, immer schon ehrgeizig, aber nicht übertrieben – ein ganz normales fröhliches Kind. Und sportlich – sportlich war sie immer.

Frage: Wann hast du mitbekommen, dass es gesundheitliche Probleme gibt?
Franziska: Das ging schon zu Schulzeiten los. Maria hat schon zu Schulzeiten gesundheitliche Probleme gehabt, sie hat immer mal ein paar Wochen in der Schule gefehlt, weil's ihr nicht gut ging. Eine Klasse, da war sie, glaube ich, sogar nur acht Wochen im ganzen Schuljahr da und hat es trotzdem geschafft, die Versetzung zur nächsten Klasse zu schaffen – was an sich Wahnsinn ist. Also in der Schulzeit ging das mit den gesundheitlichen Problemen schon los.

Frage: Hat das irgendwas verändert? Hattest du das Gefühl, dass sich Maria dadurch verändert?

Franziska: Sie ist definitiv ernsthafter geworden dadurch. Sie hat sich viele Gedanken gemacht, wie sie alles schafft. Ich glaube, sie hat auch daheim noch ein irrsinniges Lernpensum bewältigt, um den Anschluss nicht zu verlieren, weil ihr das extrem wichtig war. Sie wollte auf keinen Fall irgendwie zurückgesetzt werden wegen ihrer gesundheitlichen Probleme. Und was auffällig war: Sie war in der Oberstufe auch in meinem Sportkurs, und musste vom, ich sag mal Ministerium, dran teilnehmen, obwohl sie natürlich keinen Sport mitmachen konnte ... und so was, dass sie halt an der Seite saß, das war schon auffällig. Und auch auf Klassenfahrten konnte sie nicht alles, was sie wollte, mitmachen.

Frage: Ab wann wurden denn die Einschränkungen so massiv, dass sie eigentlich nicht mehr normal teilnehmen konnte?

Franziska: Ich meine, normal teilnehmen an der Schule konnte sie ja, bis auf das Jahr, in dem sie kaum da war, und auch in der Oberstufe hat sie im Regelfall normal teilgenommen. Sie hatte halt den Sitzball, der ihr von Klasse zu Klasse hinterhergetragen wurde, weil sie da ja schon Rückenoperationen hatte und nicht mehr auf den harten Stühlen sitzen konnte, da hatte sie halt so einen Gymnastikball zum Sitzen.

Frage: Sie ist noch gelaufen?

Franziska: Ja, gelaufen ist sie, auf jeden Fall, und wenn wir in einem anderen Klassenraum Unterricht hatten, dann haben wir eben ihren Gymnastikball mitgenommen.

Frage: Okay, wie haben die anderen Mitschüler darauf reagiert?

Franziska: Sehr verständnisvoll. Ein Beispiel: Als Abschlussfahrt zum Abitur standen Rom, Toskana und Prag zur Wahl. Und Maria hatte damals schon solche Rückenprobleme, dass sie gesagt hat, sie kann nicht 24 Stunden im Bus sitzen, um zum Beispiel in die Toskana oder nach Rom zu fahren. Und da hat sich der ganze Kurs dafür entschieden: Maria kann nur nach Prag – wir fahren nach Prag!

Frage: Hattet ihr auch nach der Schule, als sich die Krankheit verschlimmerte, noch Kontakt?

Franziska: Ja, wir hatten auch noch nach der Schule Kontakt. Sie lag ja dann – ich glaube, fast zwei Jahre waren's – in Marburg in der Klinik und das war nicht weit von meiner Uni weg. Da habe ich sie das erste Mal im Rollstuhl gesehen. Wir hatten auf dem Abi-Ball, das war im Juni 2006, noch zusammen getanzt. Und im Herbst 2006 saß sie dann im Rollstuhl. Und da ging's ihr auch teilweise richtig schlecht, weil sie stark dosierte Schmerzmittel hatte. Sie hat dann, glaub ich, auch mal aufgrund von Schmerzmitteln 21 Kilo zugenommen und dann aber auch ganz schnell wieder ab. Und sie lag halt auch auf einer Station, wo, ich sag mal, das Durchschnittsalter so um die siebzig war. Und das ging ihr, glaub ich, ganz schön an die Nieren.

Frage: Hat sie in der Zeit Unterstützung von außen erhalten, so dass man vielleicht im Freundeskreis gesagt hat: Okay, wir wissen, alle, die da liegen, sind fast siebzig, wir müssen unbedingt da hin und sie abwechselnd besuchen. Wie seid ihr als Freunde damit umgegangen?

Franziska: Also ich hab sie regelmäßig besucht, aber ich weiß auch, dass nicht alle das gemacht haben. Für mich war's halt einfach, ich hab ja sowieso in Marburg studiert, und da bin ich halt öfter mal hin und hab sie besucht. Aber es gab auch Freunde, mit denen sie vorher viel engeren Kontakt hatte als mit mir, die das vernachlässigt haben.

Frage: Hat sich eure Freundschaft verändert, hat sich da irgendwas verlagert? Ist Maria mehr in den Mittelpunkt gerutscht oder ist es ernster oder schwerer oder trauriger geworden?

Franziska: Sie ist natürlich ernster geworden, aber immer, wenn ich mit Maria spreche, versuche ich, das Krankheitsmäßige eigentlich völlig auszublenden. Ich behandele sie wie jede andere Freundin auch, weil ich denke, sie hat genug Probleme und ich muss sie nicht ständig fragen, wie's ihr geht. Wenn irgendwas ist, dann erzählt sie mir's sicher und meldet sich. Ansonsten fragt sie mich immer, was es Neues gibt, sie möchte eigentlich mehr über die anderen Leute erfahren und wenn ich oder jemand im Umkreis ein Problem hat, dann ist sie da total – ich sag mal – mitfühlend, auch andern gegenüber, obwohl's ihr selbst so schlecht geht.

Frage: Okay. Also es gibt auch noch so die richtigen Mädchengespräche?

Franziska: Die gibt es, ja.

Frage: Hast du mit ihr mal über Themen wie Tod, Angst vorm Tod und so etwas geredet?

Franziska: Nein, über solche Themen haben wir nie gesprochen.

Frage: Weil du sie nicht gefragt hast, weil du sie schützen willst? Diese Frage liegt ja eigentlich nahe …

Franziska: Ich hab sie noch nie danach gefragt. Ich hab in ihrem Buch einiges erfahren, was ich vorher noch nicht wusste. Also dass sie zum Glauben gefunden hat, das war in Schulzeiten natürlich noch nicht so. Wir hatten auch zusammen Reli, wir saßen nebeneinander und das war alles mehr so locker. Ich denke, der Glaube hat ihr geholfen. Ich hab durch ihr Buch noch einiges erfahren.

Frage: Hast du sie nach der Lektüre ihres Buches dann auf bestimmte Sachen angesprochen?

Franziska: Ich hab sie auf ein paar Personen angesprochen, nachdem ich das Buch gelesen hab, weil sie ja die Namen verfremdet hat und ich mir aber denken konnte, wer gemeint ist.

Frage: Hast du sie noch auf andere Themen des Buches angesprochen, die für dich neu waren?

Franziska: Über Themen wie Diskriminierung beispielsweise hatten wir schon mal gesprochen. Ich hab sie einmal in Marburg im Krankenhaus besucht gemeinsam mit meiner Zwillingsschwester und wir haben sie dann im Rollstuhl mit in die Stadt genommen, weil wir Eis essen gehen wollten. Und da ist schon aufgefallen, wie sie angeguckt wird und was für Probleme es mit diesem Rollstuhl gibt, von ihrer Klinik bis zur Eisdiele zu kommen. Und da ist mir dann so richtig bewusst geworden, wie schwer das eigentlich ist.

Frage: Wie findest du es, dass sie jetzt ein Buch geschrieben hat?

Franziska: Stark natürlich. Aber sie war nie der Typ, der sich hat unterkriegen lassen. Wenn sie in der Schule krank war, hat sie trotzdem immer alles noch geschafft. Sie ist sehr ehrgeizig und zielstrebig und wenn sich Maria etwas in den Kopf gesetzt hat, dann hält sie so schnell auch nichts davon ab – auch wenn's ihr gar nicht gut geht, zieht sie das durch, solang es irgendwie geht.

Frage: Das bringt uns zur nächsten Frage: Du kennst Maria jetzt so lange. Was hältst du für ihre größte Stärken?

Franziska: Maria hat einen unglaublichen Willen, etwas zu schaffen, und was sie sich vorgenommen hat, das schafft sie im Regelfall auch. Ich mein, gut, das Lehramtsstudium … Ich hab sie noch in die Uni begleitet an ihrem ersten Tag, weil ich ja schon zwei Jahre dort studierte und auch wusste, wie sie mit dem Rollstuhl irgendwo hochkam. Und ich hab auch wirklich gedacht, dass sie das durchziehen kann. Wenn's nicht schlimmer geworden wäre, hätte sie's auch durchgezogen, sie ist ja immer noch eingeschrieben, und am

Lernen. Also ihr Wille ist, glaub ich, ihre größte Stärke. Wenn sie etwas will und sich in den Kopf gesetzt hat, dann schafft sie das auch.

Frage: Und was würdest du als eine Schwäche von Maria sehen?
Franziska: Es gibt eine Schwäche, die ich, glaube ich, erst sehe, seit sie krank geworden ist. Wenn's ihr nicht gut geht, versucht sie, das alles runterzuspielen. Maria sagt nie: »Mir geht's wirklich schlecht.« Maria sagt: »Das geht schon.« Ihr geht's zwar wirklich schlecht, aber sie will das halt nicht wirklich wahrhaben und hört dann vielleicht manchmal nicht so auf ihren Körper, wie sie das sollte in dem Moment. Sie denkt dann: Das ist zwar mein Körper und dem geht's grad nicht gut, aber ich will grade das und deswegen muss der Körper jetzt mal zurückstehen.
Frage: Und das ist für dich eine Schwäche, weil …
Franziska: Es ist auch keine richtige Schwäche. Es ist halt einfach eine Sache, bei der ich sagen würde, da steht ihr Wille vielleicht ein bisschen gegen den Körper.

Frage: Was meinst du, glaubt sie noch an eine Heilung, hat sie Hoffnung?
Franziska: Nein, ich glaub nicht, dass sie das glaubt. Sie hat zwar immer Hoffnung, aber an eine komplette Heilung, da glaubt sie nicht dran.

Frage: Was meinst du, was hasst sie an ihrer Krankheit am meisten?
Franziska: Dass sie kein normales Leben führen kann. Ich glaub, das Leben im Rollstuhl, damit hätte sie sich abgefunden, das wär einigermaßen normal gewesen. Sie hätte noch rausgehen können, hätte ihr Leben weiterleben können. Ich glaube, sie hasst wirklich, dass sie ihre Träume nicht verfolgen kann. Sie kann nicht nach Australien reisen, sie kann nicht Lehrerin werden, sie kann keine Familie gründen – das hasst sie, glaub ich, gewaltig. Und dass sie halt unglücklich in diesem Zimmer eingesperrt ist, was Folge dieser

Krankheit ist. Es fängt morgens damit an, dass sie nicht alleine auf-stehen kann. Ich glaub, das fängt direkt nach dem Aufwachen an.

Frage: Was denkst du, was wäre ihr größter Wunsch, abgesehen von der Heilung natürlich?

Franziska: Ihr innigster Wunsch … abgesehen von einer Heilung: Ich glaube, das wären Australien und ihr Lehramt. Ich glaub, das ist beides … Ich glaub, sie hätte wahnsinnig gern ihr Studium ab-geschlossen. Das hat sie sehr gewurmt, dass sie das nicht fertig machen konnte. Oder nicht fertig machen kann. Da hat sie immer sehr gekämpft, dass das noch irgendwie geht. Sie hat auch wahn-sinnig gekämpft, als sie in der Uni war, weil es natürlich auch Barrieren für Rollstuhlfahrer gibt, und das hat sie sehr gewurmt.

Frage: Meinst du, sie verändert was mit ihrem Buch?

Franziska: Also bei denen, die's lesen, verändert sich auf jeden Fall was, und das sind ja Gott sei Dank schon sehr, sehr viele Menschen. Also jeder, der so was liest, –zum Beispiel die Stelle, wo sie von den Jungs mit Schneebällen beworfen wird – und nicht mal darüber nachdenkt, bei dem läuft was falsch. Also ich denk schon, dass sich mit dem Buch was verändert. Zumindest bei den Menschen, die es lesen. Es gibt immer noch Menschen, die Leute im Rollstuhl so behandeln, wie es Maria passiert ist. Aber jeder, der das gelesen hat, wird sich hoffentlich mal Gedanken machen und dann eingreifen.

Frage: Gibt es außer dir noch mehr Menschen, die sie so lange kennen, dass der Kontakt sozusagen so einen großen Bogen schlägt?

Franziska: Meine Zwillingsschwester kennt sie genauso lange wie ich, sie lebt in München, und deswegen wäre das für das Interview natürlich schwierig gewesen. Ich bin vor Ort und ansonsten hat Maria schon noch einige Schulfreundinnen, die sie, ich sag mal, schon seit der fünften Klasse kennt, mit denen sie noch Kontakt hat.

**Frage:** Was denkst du, was sind ihre größten Stützen auf diesem Weg, der beständig schwieriger wird?

**Franziska:** Auf jeden Fall ihre Familie und ihr Freund Fabian. Das sind die größten Stützen, die sie hat. Und dass sie sich nicht unterkriegen lässt. Es gibt Menschen, die haben dieses Schicksal und bleiben dann im Bett liegen und warten quasi ab, bis es zu Ende geht, und sie will trotzdem immer noch das Beste rausholen. Das Maximum, das geht, möchte sie rausholen – das ist bewundernswert. Andere hätten sich wahrscheinlich schon längst irgendwie ins Schneckenhaus zurückgezogen.

**Frage:** Was wünschst du ihr, was wäre … Was würdest du ihr wünschen, du dir für sie?

**Franziska:** Ich würde mir für sie wünschen, dass ihr weiteres Leben so verläuft, wie sie es sich wünscht, dass alles genauso passiert, wie sie es sich wünscht – dass ihre Krankheit nicht noch schlimmer wird, dass sie nicht mehr durch Schmerzen gequält wird. Ihr Leben soll jetzt so verlaufen, wie sie das gern möchte. Das würde ich mir wünschen. Und ich würde mir vor allem auch für sie wünschen, dass das mit ihren Augen – auch wenn's unwahrscheinlich ist – noch mal besser werden würde. Das, glaube ich, würde viel erleichtern.

# Marita

### 24 Jahre, Studentin,
### Marias Kommilitonin und enge Freundin

Marita: Ich heiße Marita und ich studiere mit Maria zusammen, jetzt schon seit fast vier Jahren, in Marburg Deutsch und Englisch. Und ich hab sie kennengelernt durch unser erstes Schulpraktikum, das wir machen mussten, und da sind wir der gleichen Schule zugeteilt worden und weil wir dieselben Fächer haben, auch der gleichen Klasse. Und dann hab ich mich angeboten, weil es doch relativ schwierig ist, mit Rollstuhl hin und her zu manövrieren, in dieser Schule, die wirklich sehr viele Treppen hatte, dass ich mit ihr zusammen dann wirklich immer in alle Klassen gehe, um ihr helfen zu können, was auch den Rollstuhl angeht und Tragen und so …
Ich hab ihr dann dabei geholfen, sie wirklich von A nach B und über die verschiedensten Etagen zu bekommen, weil das gar nicht so einfach ist, weil die Treppen auch schmal waren. Und ich hab dann den Rollstuhl getragen und Maria hat sich dann die Treppen hochgezogen, selber also – das muss man auch mal gesehen haben. Und seitdem, weil wir, ich glaube, fünf Wochen zusammen verbracht haben, seitdem sind wir eigentlich befreundet, und man entwickelt auch so einen bestimmten Beschützerinstinkt *(Lacht.)* – hab ich auch gemerkt. Und dann war ich dann mal bei ihr zum Geburtstag, und seitdem … Wir verstehen uns ganz gut. Wir haben uns dann immer so ein bisschen gegenseitig geholfen, sie mir mehr als ich ihr, *(Lacht.)* was das Studium so anging, ja, ja, und so haben wir uns dann kennengelernt.

Frage: Das heißt, du kanntest sie aus der Uni schon oder hast du sie wirklich erst in diesem Schulpraktikum kennengelernt?

Marita: Man kann sich das nicht so einfach vorstellen … Also an der Uni kannte man Maria, weil Maria zu dem Zeitpunkt, ich glaube, eine von zwei Studentinnen im Rollstuhl war, dort bei uns zumindest in den Fachbereichen. Ich wusste nicht, wer sie ist. Aber jeder kannte sie, wenn sie dann einfach mal so quer durch die Gänge rollte mit ihrem Rollstuhl – jeder konnte mit ihr etwas anfangen. Ich wusste auch, was sie studiert. Ich hatte aber persönlich nichts mit ihr zu tun. Ja, also, da war jetzt kein Kontakt oder so was da. Ich hatte auch mit ihr keine Kurse zusammen, das kam dann erst durch unser erstes Schulpraktikum.

Frage: Hattest du vorher schon mal Berührung mit Menschen, die ein Handicap haben oder im Rollstuhl sitzen?

Marita: Ich hab mein Orientierungspraktikum, das die Voraussetzung für unser Studium ist, in einem integrativen Kindergarten gemacht, das heißt, es sind Gruppen von behinderten und nichtbehinderten Kindern, die zusammen praktisch betreut werden jeden Tag. Das waren sowohl körperlich als auch geistig behinderte

Kinder und nichtbehinderte Kinder zusammen in einer Gruppe. Und das war eigentlich das erste Mal, dass ich mit Menschen mit Behinderungen in Berührung gekommen bin, aber speziell Menschen im Rollstuhl gab es dort nicht. Es gibt ja Menschen, denen man's ansieht, und es gibt Menschen, denen man's nicht ansieht. Deswegen war ich auch unheimlich vorsichtig, da am Anfang. Man weiß einfach nicht, wie man sich verhalten soll, aber das kriegt man schon ganz schön schnell mit.

Frage: Hast du mit Maria über deine Unsicherheit geredet? Hast du gesagt: »Maria, ich weiß jetzt grad nicht wie?« Und hat sie dir geholfen? Wie kann ich mir das vorstellen?
Marita: Ja, also auf jeden Fall, was so dieses Kennenlernen von Behinderungen, insbesondere der Behinderung von Maria, angeht, da war es natürlich so, dass ich nicht wusste, wie ich mich am Anfang verhalten sollte und ganz viel fragen musste: »Kannst du das jetzt?«, »Kriegst du die Tür alleine auf?«, »Soll ich sie dir aufhalten?«, »Geht das so, dass du da stehen bleiben kannst, oder ist das zu windig?«, »Wird das zu anstrengend für dich – soll ich dich nicht lieber den Berg hochschieben?« Also in der Schule war so ein kleiner Schotterberg, den ist sie nicht alleine hochgekommen – es war entweder der Berg oder die Treppen –, und da hab ich sie dann rückwärts den Berg hochgeschoben. Das muss man aber auch erst mal lernen. Also das ist ein bisschen schwierig, diesen Rollstuhl zu handeln. Man muss die Grenzen aufgezeigt bekommen von demjenigen, der ihn einfach schon länger bedient, der dann auch weiß: Okay, das geht, das geht nicht, Vorsicht – er kippt gleich um. Aber das ist überhaupt kein Problem gewesen. Also Maria war da auch total, also ich will nicht sagen, darauf eingestellt. Aber sie war superoffen und hat gesagt: »Hier, Vorsicht, das funktioniert vielleicht nicht, probier's mal andersrum.« Und das ist eigentlich … Ja, das ist dann kein Problem.

Frage: Als was für einen Menschen hast du Maria kennengelernt? Was war dein erster Eindruck von ihr?

Marita: Sie ist unheimlich fröhlich, supersuperoffen, andern Menschen gegenüber, das ist echt … Ich find's immer wieder beeindruckend. Also es scheint auch so, als ob man gar nicht anders kann, als sie zu mögen, irgendwie. Ich weiß nicht, wie ich das anders beschreiben soll. Es ist wirklich so, dass sie … Ja, also sie scheint so wie ein Magnet zu sein. Irgendwie alle möglichen Menschen anzuziehen … Und das hat auch nichts mit ihrer Behinderung zu tun, oder dass sie halt im Rollstuhl saß oder so, sondern man hat sich einfach so mit ihr unterhalten, wenn man sie in der Uni getroffen hat oder dann halt bei uns in den Seminaren, die zu dem Praktikum gehörten. Es war unheimlich einfach, mit ihr zurechtzukommen, gleich von Anfang an. Es gab keine Barrieren, was jetzt so den Rollstuhl vielleicht anging. Klar, man ist am Anfang so ein bisschen schüchtern, weil man nicht genau weiß, wie man sich verhalten soll. Aber sobald man das abgelegt hat, also … Sie ist einfach eine unheimlich lebensfrohe Person. Sie hat halt auch immer ein Lächeln auf den Lippen und sie ist freundlich zu allen Menschen. Und das ist wirklich … Das trifft man nicht oft. Also das gibt's wirklich nicht oft heute.

Frage: Hat sie sich das bewahrt über die Phase, in der sich ihre Krankheit verschlimmert hat? Ist das heute auch noch so?

Marita: Ich meine, es fällt ihr natürlich schwerer jetzt, Kontakte zu knüpfen. Ja, das ist jetzt natürlich schwieriger möglich dadurch, dass sie hier lebt, aber ich denke, jetzt vor allem durch den Verlag und durch dieses Ganze, was drumrum passiert, alles, was mit Fernsehen und ihrem Buch zu tun hat – sie ist immer noch sehr, sehr bemüht, das so zu machen. Ich denke aber, dass es ihr ein bisschen schwerfällt, das immer noch so durchzuhalten, so konsequent. Aber sie ist natürlich immer noch sehr offen anderen Menschen gegenüber und wenn man ein Problem hat, dann kann man immer noch sagen: »Hier, kannst du nicht mal zuhören?« Auch wenn ich denke, dass es eigentlich nicht ganz fair ist, sie mit so was zu belasten.

Frage: Würdest du eure Freundschaft als eine gleichberechtigte Freundschaft sehen, oder hast du das Gefühl: Ich gebe mehr, ich unterstütze sie, ich tröste sie?

Marita: Ich geh schon davon aus, dass wir eine gleichberechtigte Freundschaft führen, um das mal so auszudrücken, also allein diese ganzen Telefonate … Ich kann sie leider nicht so oft besuchen, das geht leider nicht, aber was unsere Gespräche am Telefon angeht, also wenn das einer hören würde, der würde auch sagen: »Typisch Mädchen!« *(Lacht.)* Also es ist wirklich nicht so, dass ich jetzt irgendwie am Telefon liegen würde und sagen würde: »Och, du tust mir so leid.« Das will sie erstens nicht hören, und zweitens, braucht sie das nicht. Also sie weiß, in was für einer Situation sie ist, aber das bedeutet nicht, dass sie nicht noch am Leben teilhaben möchte. Auch wenn ich das manchmal nur ein bisschen widerstrebend mache, ist es schon so, dass ich dann sage: »Ja, also ich war jetzt im Kino und hier und hier, ne, ich würde gerne … Wenn du magst, kann ich dir auch noch was vorlesen.« Oder so. Also es beruht schon auf Gegenseitigkeit. Es ist nicht so, dass ich nur am Telefon hänge: »Ach, du armes Mädchen« – auf gar keinen Fall, das überhaupt nicht. Dafür ist sie auch viel zu stolz, vor allem auf ihre Leistung, also auf das, was sie bis jetzt geschafft hat, sie studiert ja immer noch. Da kann man eigentlich nur den Hut vor ziehen, da können sich Menschen, die keine Behinderung haben, die's nicht so getroffen haben wie sie, die sollten sich da echt mal eine Scheibe abschneiden. Was man so für Wehwehchen hat, da denke ich dann auch noch mal drüber nach: »Ja, ich weiß jetzt nicht, ob ich dir das jetzt unbedingt erzählen soll, aber ich mach's mal trotzdem, da kann ich mir das von der Seele reden, weil du kennst mich nämlich gut.«* Und das geht ihr mit mir genauso. Und deswegen beruht das total auf Gegenseitigkeit. Also ich denke schon, dass das ziemlich ausgeglichen ist.

Frage: Redet ihr auch mal über ernste Themen, also so über Angst vorm Tod, oder überhaupt das Sterben, das ist ja auch ein Thema für sie …
Marita: Ich muss sagen, inzwischen reden wir da nicht mehr drüber, also was vor allem das Sterben von ihr angeht. Das ist ja ein Prozess, der schon länger läuft, es ist ja nicht so, dass das von heute auf morgen passieren wird, sondern sie wird ja einfach immer schwächer werden irgendwann. Ich hab sie da früher mal gefragt. Ich wusste einfach nicht: Wie spricht man so etwas einem Menschen gegenüber an, der ganz genau weiß, dass er nur noch eine sehr, sehr begrenzte Zeit zu leben hat, und der weiß, dass bestimmte Ziele einfach nicht mehr erreichbar sind. Bei ihr sind das vor allem die Familie und wahrscheinlich der Studienabschluss. Und da habe ich mir schon Sorgen gemacht, wie ich das überhaupt ansprechen sollte. Ich bin dann aber auch immer sehr direkt, obwohl ich mir das sehr gut überlegt habe, sodass ich einfach gefragt habe: »Hör mal, wie ist das eigentlich?« Und sie hat mir das erzählt, und das macht wirklich keinen Spaß, jemanden so offen darüber reden zu hören, weil man merkt, sie ist sich darüber im Klaren, sie ist sich unheimlich darüber bewusst, was eigentlich mit ihr passieren wird. Und das ist echt schockierend, aber ich glaube, es ist auch in gewisser Hinsicht irgendwie gut, dass sie das so genau weiß. Sie weiß, was kommen wird.

Frage: Meinst du, sie hat noch Hoffnung auf Heilung?

* *Es geht darum, dass Marita Maria auch von ihren Problemen und Sorgen erzählen kann, auch wenn sie im Vergleich zu Marias Situation wirklich klein wirken, aber Maria hört zu und schon das hilft.*

Marita: Heilung? Was ich bis jetzt miterlebt habe, da müssten mehrere Wunder geschehen, muss ich ehrlich sagen, eins würde da nicht reichen. Und klar, man macht sich immer so ein bisschen Hoffnung, in der Art: Ach, heute geht's ihr besser, wenn man wieder mit ihr telefoniert, aber das ist keine Verbesserung mehr, das sind entweder die Medikamente oder sie hat einfach mal einen guten Tag erwischt.

Frage: Glaubt sie selber noch dran?

Marita: Also irgendwie glaube ich das nicht so ganz. Ich habe die Reaktionen auf das Buch mitbekommen, von Lesern, und von Maria auch selber erzählt bekommen, was sich so für Leute gemeldet haben bei ihr, und sie hat gesagt, es sei echt nicht in Ordnung, wenn sich manche Menschen melden und versuchten, ihr falsche Hoffnungen zu machen. Ich denke, sie ist sich sehr darüber im Klaren, dass es nicht wirklich … Also sie hat's ja selber gesagt: Es gibt keine Behandlungsmöglichkeiten für das, was sie hat.

Frage: Was sind ihre momentan wichtigsten Stützen?

Marita: Auf jeden Fall der Erfolg ihres Buches, das ist wirklich so unheimlich … Ich habe ja die Anfänge mitbekommen, als sie angefangen hat, ich habe es teilweise damals noch vorgelesen gekriegt, und bin damals schon in Tränen ausgebrochen. Ich habe mir geschworen, es nie zu lesen, und habe es dann doch getan. Also es ist auf jeden Fall das Buch, denn das gibt ihr ein Ziel, auf das sie noch hinarbeiten kann. Sie hat ja Pläne, sie will ja unbedingt noch bestimmte Sachen verwirklicht sehen. Das ist so das eine. Und das andere, denke ich, sind ihre Familie und ihre Freunde, die einfach voll hinter ihr stehen und sagen: »Klar, wenn du das kannst, dann mach das auch!« Manchmal denken wir uns auch selber: Wie geht das eigentlich? Aber natürlich: Wenn man sie unterstützen kann, dann macht man das auch.

Frage: Wie hast du denn auf die Buch-Idee damals reagiert, du warst ja sehr nah dran in dieser Zeit, du hast das ja sicherlich sehr früh mitgekriegt. Was hast du darüber gedacht?

Marita: Ja, also am Anfang war ich eher skeptisch, das muss ich ganz ehrlich sagen, denn gerade am Anfang gings mir eher so, dass ich dachte: Ist ja schön, dass du so etwas machst, du hast dir eine Aufgabe gesucht in diesem wirklich sehr eintönigen Pflegeheimleben, was es ja wirklich ist. Aber ich hab nicht damit gerechnet, dass es wirklich so eine massive Resonanz erzeugen würde, weil … Es war ja ganz, ganz lange der Fall, dass sie sich total Gedanken darüber gemacht hat, wer das überhaupt verlegen würde. Und bis dann erst mal die Initiative kam mit dem Fernsehsender – ich habe wirklich dagesessen und gedacht: Das kann einfach nicht sein! Das ist Wahnsinn, was dabei rauskam. Und vor allem in der Anfangszeit war's wirklich so, dass es für sie auch eher eine Verarbeitungssache war, dieser ganzen Erfahrungen, also dieser erschreckenden Sachen, die in dem Buch drinstehen und die ich zum Teil auch mitbekommen habe. Das war erst einmal für sie selbst wichtig, dass sie annehmen konnte, was überhaupt passiert ist, und ich glaube erst danach hat sie noch mal so richtig die Initiative ergriffen, vor allem mit dem Brief an Sat.1, wo ich mir dann dachte: Ja, okay, jetzt geht's richtig los! Hätte ich jetzt nicht erwartet. Am Anfang war's wirklich so: Sie musste erst mal selber damit fertig werden.


Frage: Warst du mal dabei, als sie so eine Art Diskriminierung erfahren hat? Was ist das für ein Gefühl, so was zu erfahren?

Marita: Also ich muss sagen, ich hab weniger die negativen, sondern eher die positiven Seiten mitgekriegt. Was ja nichts mit Diskriminierung zu tun hat, sondern … Vor allem an der Praktikumsschule, an der wir waren, gab es einen Schüler im Rollstuhl, einen einzigen, und dadurch waren die Schüler auch schon so ein bisschen sensibilisiert. Wir waren, ich glaube, in einer 8. Klasse, die wir wirklich immer begleitet haben, und die waren so unglaublich hilfsbereit, die haben auch nicht mehr geguckt irgendwann. Das war dann so eine Woche, wo feststand: Okay, das sind die Praktikanten, die gehen ins Lehrerzimmer, die dürfen da hin, und dann gehörten wir sozusagen zum »Stadtbild« dazu. Ich hab jetzt diese negativen Sachen nicht großartig mitbekommen. Ich hab dann immer bloß so Reaktionen gehört, wenn manche Leute so sagen: »Hm, das geht jetzt aber nicht.« Was ich einmal wirklich erlebt habe, war dann mit der Deutschen Bahn, wo sie wirklich einfach am Bahnhof stehen gelassen wurde. Das war die Situation, wo ich dann gesagt habe: »Das kann einfach nicht sein.« Im November, irgendwo an einem zugigen Bahnhof von einem unfreundlichen Zugbegleiter stehen gelassen werden mit den Worten: »Wir laden Sie jetzt nicht ein!« Das war das Einzige, und das war wirklich … Ich konnte den ja nicht anzeigen, das hätte Maria machen müssen. Aber das war wirklich so …

Frage: Du warst wütend …
Marita: Ich war … Es war unfassbar, also vor allem, weil ich sie ja kannte, weil ich genau wusste: Sie würde sich nie anderen Menschen gegenüber so verhalten, wie ihr gerade gegenübergetreten wird, mit was für einer Unfreundlichkeit eigentlich! Das war eigentlich wirklich das einzig Krasse, was ich miterlebt habe. Die Menschen, mit denen ich und Maria zusammen waren, waren immer sehr hilfsbereit und freundlich zu ihr.

Frage: Ist Maria eine gute Lehrerin, wäre sie eine gute Lehrerin geworden, war sie eine gute Lehrerin?
Marita: Ach ja, Maria und die Pädagogik! Da kann man eigentlich nur neidisch werden … Also wenn man ihr beim Unterrichten zuguckt, was ich ja dann auch gemacht habe damals, dann … Wie die Schüler auf sie reagieren, das ist unglaublich. Das ist wirklich richtig, richtig toll, weil sie schafft es, also sie gewinnt die innerhalb von zehn Minuten für sich. Ich weiß nicht, wie sie das macht,

ich hab keine Ahnung, aber es funktioniert. Und was mir noch so richtig im Gedächtnis blieb, war: Sie hat angefangen, und es gab mal dieses Ritual, dass die Schüler aufstehen, am Anfang, dass man sich begrüßt, und dass sie sich dann erst hinsetzen. Und die Klasse war total unruhig. Und Maria ist aufgestanden, sie hat sich aus dem Rollstuhl hochgedrückt, hat sich auf dem Tisch abgestützt, und es war Totenstille in der Klasse. Ich fand das so toll, weil die alle gedacht haben: Um Gottes willen, was macht die da, was macht die da? Und Maria stand da einfach mit ihren 1,90, das ist natürlich auch schon sehr beeindruckend. Und dann war eine Totenstille … Und dann hat sie angefangen. Sie hat hat einfach nur gesagt: »Ja, schönen guten Morgen, wir setzen uns jetzt hin und machen jetzt weiter.« Und das ging wie ein Lauffeuer durch diese Schule. Wir haben ja hauptsächlich nachmittags unterrichtet. Und die Schüler machen wirklich alles für sie, also so etwas habe ich auch noch nicht erlebt, dass sie dann sagen: »Also wenn ich die Hausaufgaben jetzt mache, können Sie uns dann noch was anderes …?« Also ich habe noch nie erlebt, dass Schüler freiwillig zusätzlich noch etwas machen möchten. Ich weiß nicht, wie sie das hinkriegt, aber wirklich: Total toll, super Lehrerin, also auch was die Methoden angeht, da kann man einfach nur daneben sitzen und total weiter schwärmen! Okay, das ging mir zumindest so. Ich hab wirklich manchmal gesagt: »Auf die Idee wäre ich nie im Leben gekommen. Wie hast du das nur hingekriegt?« Sie hat auch unheimlich viel investiert, mit Postern, und die Vorbereitungen, die sie da reingesteckt hat, die waren natürlich auch sehr langwierig.

Frage: Das ist ein guter Übergang zu meiner nächsten Frage: Was hältst du für Marias Stärken?
Marita: Ich denke, ihre Zielstrebigkeit ist eine, die sie wirklich bis hierher gebracht hat, das ist wahrscheinlich auch ihre größte Stärke. Ja, gut, ihr Perfektionsdrang – da kann man sich drüber streiten, das geht mir nämlich genauso, weil das nämlich auch ganz schön

nach hinten losgehen kann. Sie will aber alles so gut wie möglich machen. Und da steht sie auch voll dahinter, und sie tut wirklich alles dafür. Und dann … Also, ich weiß nicht, ob das eine Stärke von ihr ist oder eher von ihrer Familie, also dieser unheimliche Zusammenhalt, den sie haben, und diese Rückendeckung, die sie kriegt. Das ist auch noch so was, was sie, denke ich, einfach in ihren Stärken noch weiter unterstützt.

Frage: Jeder Mensch hat neben seinen Stärken ja auch Schwächen. Wo siehst du die bei Maria?

Marita: Das mit den Schwächen ist ein bisschen schwierig zu beantworten, weil Maria das nicht zeigt. Das ist unheimlich schwierig, da muss man sie wirklich gut kennen, um herauszufinden: Okay, das war jetzt nicht in Ordnung, oder das ist jetzt sehr, sehr schwer für sie, und sie beißt sich da aber gerade trotzdem durch. Und ich denke, diese Schwäche ist halt auch etwas, was eine Stärke von ihr ist, dieser Perfektionsdrang, der nimmt manchmal ein bisschen überhand. Und sie kann, denke ich, manchmal nicht Nein sagen, obwohl sie aber eigentlich ganz genau weiß, dass das für sie ungesund werden könnte oder einfach, dass es sie noch weiter schwächt. Aber wenn sie was will, dann ist sie stur ohne Ende. Und das, denke ich, ist vielleicht so eine Sache, die man da dazuzählen könnte. Aber ansonsten … Es ist unheimlich schwierig, da muss man sie wirklich, wirklich gut kennen. Das sind aber dann allerdings wirklich nur einzelne Situationen, wo das so ist.

Frage: Was denkst du, was ärgert sie, was hasst sie am meisten an ihrer Krankheit?

Marita: Dass sie total handlungsunfähig ist. Sie ist an ein Bett gefesselt in einem dunklen Raum. Und das ist das, was sie … Also sie hat … Das ist ja keine Lebensqualität mehr, sie nimmt ja nicht mehr am Leben teil. Deswegen überlege ich mir manchmal, wenn wir am Telefon miteinander sprechen, dann überlege ich mir wirklich sehr gut: Erzähle ich ihr das jetzt, oder erzähle ich ihr das jetzt nicht, weil eigentlich möchte ich sie nicht noch mit der Nase drauf stoßen, dass sie nicht mehr zur Uni gehen kann. Also das ist das, was ihr unheimlich – meiner Meinung nach – unheimlich, unheimlich weh tut und ihr auch sehr, sehr fehlt. Dass sie einfach nicht mehr an diesem alltäglichen Leben, was für uns vielleicht manchmal so unvorstellbar langweilig sein kann, dass sie daran nicht mehr teilnehmen kann. Und ich denke auch, das ist was, worauf sie unheimlich wütend ist. Und sie hasst ihre Krankheit an sich eigentlich auch. Also es ist einfach diese Verdammung zu dieser Handlungsunfähigkeit, was sie unheimlich traurig macht.

Frage: Wenn du ihr was wünschen dürftest, was würdest du dir für sie wünschen?
Marita: Jetzt noch, oder?

Frage: Ja, abgesehen von einer Verbesserung des Gesundheitszustandes?
Marita: Dass sie wirklich von Menschen umgeben ist, die es gut mit ihr meinen. Das ist, glaube ich, das, was ihren jetzigen Zustand noch einigermaßen erträglich für sie machen könnte.

# Dr. Daniel Ahrens

**48 Jahre, Dozent an der Philipps-Universität in Marburg,
Marias Dozent**

Dr. Ahrens: Mein Name ist Daniel Ahrens, ich bin Dozent an der Philipps-Universität in Marburg, am Institut für Schulpädagogik. Dort bin ich beteiligt an der Ausbildung von jungen Lehrerinnen und Lehrern fürs Gymnasium. Ich hab vor über 20 Jahren in Marburg selber schon studiert, Lehramt Physik und Religion, und bin dann, weil man damals auch für Fächer wie Physik, wo man ja heute überall Stellen kriegt, in Hessen nichts bekam, und schon gar nicht in Marburg, nach Nordrhein-Westfalen. Ich bin sehr ungern aus Marburg weg, war dann 15, 17 Jahre Lehrer in Nordrhein-Westfalen an einem Gymnasium, und bin jetzt durch die Möglichkeit, an die Uni zu wechseln, endlich wieder in Marburg angekommen. In diesem Zusammenhang habe ich Maria kennengelernt, in einem Anfängerseminar für junge Lehramtsstudierende aller Fächer. Da ist also egal, ob man Deutsch oder Biologie studiert als angehende Lehrerin oder als Lehrer, wo unterschiedliche Methoden entwickelt, bedacht oder auch ausprobiert werden. Und da habe ich Maria kennengelernt als eine junge, schwungvolle Studierende, Studentin, also die mit ihrem Rollstuhl unterwegs war, und sich, außer dass sie im Rollstuhl saß, eigentlich durch nichts von anderen unterschied.

Frage: Wie muss ich das zeitlich einordnen, wann war das ungefähr?
Dr. Ahrens: Das wird drei, vier Jahre her sein, denke ich. Das war im Winter, im Herbst, ich nehme mal an, eher vor vier als vor drei Jahren.

Frage: Also so 2009?

Dr. Ahrens: Ja, ich werde Maria dann wahrscheinlich 2008 kennengelernt haben.

Frage: Und sie war, wie Sie gerade gesagt haben, eine Studierende eigentlich von vielen?

Dr. Ahrens: Genau. Das ist ein großes Seminar. Ich glaub, ich hab damals 40 oder 50 Studierende im Seminar gehabt. Das ist eine große Zahl, das ist auch ein bisschen unbefriedigend für alle Beteiligten. In der Schule sind wir ja bei Klassengrößen von 30, was schon viel ist, aber die Uni, die toppt das noch mal. Und deswegen ist Maria im besten Fall durch ihren Rollstuhl aufgefallen, mehr geht eigentlich nicht in solchen Seminaren. Und sie war auch gar nicht lange da, wenn ich das kurz erzählen darf, sondern war nach drei oder vier Wochen leider schon wieder verschwunden, und ein Kommilitone meldete mir per Mail, dass sie schwer, ich glaube, schwer an einer Lungenembolie erkrankt ist und womöglich das ganze Semester nicht mehr auftauchen würde.

Frage: Wieso haben Sie jetzt noch Kontakt zu ihr?

Dr. Ahrens: Ja, wieso habe ich noch Kontakt zu ihr? Also sie konnte auch nicht schreiben in der Zeit, und ein Kommilitone schrieb mir im Namen von Maria Langstroff, sie könne jetzt eine Weile nicht teilnehmen, aber sie will wahnsinnig gerne natürlich den Schein an der Universität erwerben, wie es so schön heißt, und was sie denn tun könne oder müsse, um diesen Schein zu kriegen. Und das war sozusagen auch der Anfang der Begeisterung, die mich dann irgendwann für Maria gepackt hat, nämlich dieser unbedingte Wille, dieses Studium zu machen, und zwar um jeden Preis. Ihr gesundheitlicher Zustand spielte da für sie offensichtlich keine Rolle. Das fing ja relativ harmlos an mit ihren Schwierigkeiten und kulminierte dann darin, dass fast nichts mehr ging, außer ihr rechter Daumen. Und trotzdem, auch in diesem Zustand war für Maria klar: Dieses Studium mache ich, und das ist etwas, was man als Lehrender an der Schule oder an der Uni so oft nicht erlebt, dass jemand wirklich sagt: Ich will was von euch!

Frage: Das stimmt. Das stimmt. Und dann auch noch so jung …

Dr. Ahrens: Und dann auch noch so jung, und dann auch noch unter diesen erschwerten Bedingungen. Am Anfang war es so, dass sie ständig husten musste, und liegen musste, aber alles funktionierte im Grunde noch, außer dass sie halt nicht wirklich laufen konnte. Und da haben wir einen relativ regelmäßigen E-Mail-Kontakt gehabt und wir haben immer wieder überlegt, was können wir machen? »Im Augenblick geht Schreiben nicht, haben Sie eine andere Idee?« Ja, ich muss dazu auch sagen, Maria hat mich, wahrscheinlich wie kein anderer Student, keine andere Studentin, in den letzten drei Jahren auch gefordert. Das ist eine, die kommt und sagt: »Ich will! Ich kann zwar nicht das und das kann ich auch nicht, aber ich will! Denken Sie sich bitte was aus, wie machen wir das? Wie können Sie mich prüfen, was soll ich tun?«

Frage: Und Sie waren wirklich bereit, ihr entgegenzukommen und sich andere Modelle auszudenken? Sie hätten ja auch sagen können: Wenn Sie keine Klausur schreiben können, können Sie keine Prüfung machen.«
Dr. Ahrens: Ich hätte sagen können: »Wenn du nicht schreiben kannst, geht die Prüfung nicht.« Keine Frage. Aber ich finde, das geht als Lehrer schon mal gar nicht. Und in diesen Tagen, im Augenblick, wo Inklusion in aller Munde ist, wo wir natürlich auch gefordert sind vom Gesetzgeber alle mit einzubinden, schon überhaupt nicht. Das Wort »Inklusion« dürfte ich nie wieder in den Mund nehmen, wenn ich mir an einer solchen Stelle, wo ich nun wirklich gefragt bin, nicht auch Gedanken machen würde.

Frage: Wie muss man sich das vorstellen, wie konnte Maria noch Prüfungen ablegen, Scheine machen?
Dr. Ahrens: Ja, das ist ein bisschen eine Gratwanderung für den, der lehrt, weil er zum einen natürlich gerne auf der einen Seite so jemand wie Maria alle Chancen dieser Welt geben will, zum anderen aber auch noch 39 andere im Seminar hat, die sich jetzt nicht ungerecht behandelt fühlen wollen, wenn ich sage: Wir plaudern mal fünf Minuten, und dann kriegst du deinen Schein dafür. Das geht auch nicht. Also muss man eine Gratwanderung hinkriegen aus Anspruch, und trotzdem Zuspruch, also eine Mischung aus »Ich gehe auf dich ein, erwarte aber trotzdem, dass irgendwas passiert«. Und da hatte ich durchaus verschiedene Ideen. Eine war, dass ich mitunter Studierenden-Gruppen dann zu ihr ins Pflegeheim geschickt habe und gesagt habe: »Ihr interviewt diese junge Dame mal zu bestimmten Fragen, zu denen sie durch ihre körperliche Situation womöglich eine ganz dezidierte und spannende Einstellung hat. Kriegt das mal raus von ihr!« Dafür haben die Studierenden, die das gemacht und dokumentiert haben, dann einen Schein gekriegt. Und Maria hat den Schein gekriegt dafür, dass sie sich im Vorfeld viele Gedanken dazu gemacht hat und eben in diesem Interview auch entsprechende Antworten gegeben hat. Da hatte ich dann

das Gefühl, da haben alle Seiten sogar etwas davon, eben nicht nur Maria, sondern eben auch Studierende, die oft tief beeindruckt von diesen Gesprächen zurückkamen, die häufig noch keinen Kontakt zu wirklich Schwerstbehinderten hatten und auf diesem Wege dann gemerkt haben, dass der Zusammenhang zwischen Behinderung und Lebenswillen gar nicht so eng ist, wie sie womöglich dachten. Die Berührungsängste, die vielleicht am Anfang da waren, waren sehr schnell weg, weil Maria ja einfach ein herzlicher Typ ist. Das waren die Anfänge, sozusagen die vergleichsweise einfachen Anfänge, dann wurde es schwieriger, weil Maria auch zunehmend schlechter sprechen konnte, und auch schlechter sehen konnte, und – vielleicht lassen wir die Zwischenstadien weg – aber das Ganze kulminierte dann an der Stelle, in einer Prüfung, die auch für mich einmalig war und wohl bleiben wird, wo ich nämlich in diesem abgedunkelten Zimmer saß mit ihr zusammen. Ich hatte im Vorfeld dafür gesorgt, dass sie Materialien bekommt. Das habe ich dann in einem Seminar so gemacht: Da bin ich vielleicht vier-, fünfmal hierher gefahren und habe ihr sozusagen Seminarinhalte erzählt. Die zweite Variante war dann, dass ich versucht habe, geeignete Filme zu finden oder Tondokumente, die sie sich selbst hier ansehen, anhören konnte. Das war in der Zeit, als sie noch relativ gut sehen konnte, und ich dann zu ihr kam, um mich dann mit ihr über diese Dokumente zu unterhalten, nachzufragen, Transferleistungen, persönliche Stellungnahmen, all diese Dinge. Aber wie gesagt, das Ganze kulminierte dann eigentlich in der Prüfung, wo sie eben auch nicht mehr sprechen konnte, sondern wo sie im Vorfeld Filme geschaut hat und auf meine Fragen dann die Antworten mit dem einzig funktionierenden Finger der rechten Hand, so schien mir, in dieses Handy eingetippt hat, und wir bestimmt zwei Stunden in diesem überhitzten, völlig abgedunkelten Zimmer saßen und ich dann meine Fragen stellte, und Maria dann fünf Minuten lang wie wahnsinnig auf diesem Handy rumtippte. Am Anfang wusste ich noch gar nicht: Sendet sie mir das jetzt auf meins, aber dann habe ich kapiert: Nein, natürlich nicht, sie braucht es mir ja nur zu geben. Sie sendete gar nicht, sie tippte das nur ein. Ich habe dann die Antwort gelesen, entsprechend noch mal nachgefragt, nachgehakt, und dann wieder fünf Minuten gewartet. Also eine sehr »meditative« Form der Prüfung, aber auch irgendwie schräg und spannend, einmalig irgendwie. Also ich kann da nicht wirklich etwas darüber sagen, ob Maria jetzt eine Bombenlehrerin ist. Ich hab sie nie als Lehrerin erlebt, ich hab sie eigentlich nur als Lernende erlebt, aber was ich weiß, was mich von Anfang an so beeindruckt hat, ist dieser unbedingte Wille, Lehrerin zu werden, und das ist ja schon was ganz Großes. Wir haben im Augenblick eher zu viel junge Leute, die Lehrerinnen und Lehrer werden wollen, und haben das Problem herauszufinden: Wer ist eigentlich geeignet und wer nicht? Viele wollen das eigentlich nur halbherzig. Maria ist auf alle Fälle eine, die das mit ganzem Herzen will und einfach jeden Weg in Kauf nimmt. Das wird für mich noch mal deutlich in dieser Prüfung, wo wir eben mit einer Riesenkraftanstrengung zwei Stunden lang dieses Im-dunklen-Zimmer-Handy-Tippen hinter uns gebracht haben.

Frage: Meinen Sie, dass dieser unbändige Wille, Lehrerin zu werden, oder auch etwas zu schaffen – hat das mit ihrer Krankheit zu tun, hat das einen Zusammenhang? Was denken Sie?
Dr. Ahrens: Ja, hat dieser unbändige Wille mit Krankheit zu tun? Ich kenne sie nur krank. Von daher kann ich das für sie als Person nicht genau sagen. Aber ich denke schon, dass das was miteinander zu tun hat. Den Wert des Lebens lernt man ja in der Regel dann schätzen, wenn er zumindest infrage steht.

Frage: Wie haben Sie den Umgang der Mitstudenten mit Maria erlebt? Es waren ja nur drei, vier Wochen, die Sie sie wirklich erlebt haben – hat sie da eine Sonderstellung gehabt, oder?

Dr. Ahrens: Nein. Maria hat in meinem Seminar, in dem Sinne, wie ich sie kennengelernt habe, keine Sonderstellung gehabt. Sie kam mit dem Rolli an, den fuhr sie aber auch selber, da musste keiner hinten stehen, der sie eben durch die Gegend fuhr. Und Marburg ist eigentlich auch bekannt dafür, dass mit Behinderten, mit Menschen mit Behinderungen, sinnvoll umgegangen wird. Also, wir haben sehr viele blinde Studierende, und da fällt jemand im Rollstuhl nicht ganz groß auf. Also, da ist mir nichts Besonderes aufgefallen. Aber aufgefallen ist mir dann, in dem Moment, als ich ihre Kommilitonen zu ihr ins Pflegeheim geschickt habe, also erst einmal: Studierende gucken einen schon mal ganz groß an, wenn man diesen Vorschlag macht. Ich hab das immer ein bisschen ausgeführt, also: »Es gibt jetzt die Möglichkeit, dass zwei, drei von euch, oder: zwei Dreiergruppen, vielleicht sechs, sieben insgesamt, von euch einfach mal zu ihr hinfahren und mit ihr sprechen.« Und das Ganze auch noch als Leistungsnachweis in einem wissenschaftlichen Hochschulseminar! Also das fanden viele erst mal verblüffend, merkwürdig. Vielleicht dachten auch die einen oder anderen: Da gibt's hier jetzt was zu herabgesetzten Preisen oder so. Die merkten ganz schnell: Das stimmt nicht. Also der eine oder andere hat womöglich versucht, sich in so eine spezielle Gruppe reinzumogeln, hat aber schnell gemerkt: Das ist nicht das dünnste Brett, das man bohren kann. Und ich glaube, er oder sie ist dran gewachsen. Also, da konnte man wirklich lernen von Maria.

Frage: Schön. Wann haben Sie von dieser Buch-Idee erfahren?
Dr. Ahrens: Von der Buch-Idee Marias habe ich relativ früh erfahren, weil sie das immer erwähnt hat, um mir zu erklären, warum der eine Text, den sie so gerne für mich schreiben wollte, einfach nicht ankommt. Also hatte ich ihr von Anfang an vorgeschlagen: Schreiben Sie doch mal … Nein. Ich habe am Anfang einen ganz doofen Vorschlag gemacht. Da habe ich mich sehr geschämt dann dafür. Ich habe gesagt: »Schreiben Sie doch mal einen Text über

die Körpersprache von Lehrerinnen und Lehrern.« Und als ich's schon weggeschickt hatte, fiel mir ein: Oh Gott, wie kann man einen Rollstuhlfahrer nach der Körpersprache von Lehrerinnen und Lehrern fragen? Im zweiten Nachdenken merkte ich: Vielleicht grade, wusste aber jetzt nicht genau, was Maria, die ich jetzt gerade sechs oder acht Wochen kannte, dazu sagen würde. Aber sie war ganz angetan, fand aber meine zweite Idee eigentlich noch besser, also mal zu überlegen: Wie ist das eigentlich mit der Rechtschreibung, mit der Sprache? Dadurch fällt sie nämlich auch auf. Sie ist eine von den Studierenden, die der deutschen Sprache in einer Weise mächtig sind, die man so oft nicht antrifft. Also sie macht zum einen keine Rechtschreibfehler, aber sie kann eben einfach mit Sprache auch jonglieren. Das trifft man unter angehenden Lehrerinnen und Lehrern so häufig nicht an. Und da haben wir uns mal ein bisschen drüber unterhalten, ich glaube, als sie noch im Seminar war, und ich hatte gesagt: »Ich hätte ganz gern mal so einen Essay, wo einer sich mal Gedanken darüber macht, warum auch für die Sport- oder die Erdkunde- oder Bio-Lehrerinnen oder -Lehrer es eigentlich wichtig ist, dass man seine Sprache so einigermaßen wenigstens beherrscht.« Da sagte sie: Oh ja, das fände sie ein tolles Thema – »Mach ich!« Und da musste sie so alle vier bis sechs Wochen immer wieder sagen: Ja, ich krieg's noch nicht so richtig hin, und irgendwann tauchte dann auch diese Vision des Buches auf. Und irgendwann war auch klar: Das Buch hat Vorfahrt. Sie war ja lange der Überzeugung, vielleicht schafft sie's gar nicht, dieses Buch noch zu schreiben, und hat gesagt: »Dies ist mein echter Lebenstraum, dieses Buch muss ich fertig machen, und vorher kann ich auch kein Essay zur Frage ›Wie wichtig ist die Rechtschreibung im Sportunterricht?‹ schreiben.« Deswegen wusste ich relativ früh, glaube ich, von diesem Buch, und in dem Moment, wo wir dann auch Prüfungen per Handy abgenommen haben und miteinander verbracht haben, da sagte sie, sie könne noch viel schneller, also, wenn sie ganze Kapitel mit dem Handy schreibt, …

Frage: Wie fanden Sie denn diese Buch-Idee?

Dr. Ahrens: Ich fand diese Buch-Idee interessant. Ich wusste am Anfang, das war in einer Phase, wo sie berichtet hat, wo sie eher wortkarg war und nicht so viel erzählt hat, nicht so recht: Was will sie mit dem Buch eigentlich? Was ich nicht so recht kapiert habe, … Also ich muss einfach auch sagen, ich hatte keine Ahnung, was mit behinderten Menschen auch in diesem Land so alles passiert. Ich hätte nicht gedacht, dass man so viel erzählen kann über irrwitzige Erlebnisse, von denen ich einfach denke: Das kann ja eigentlich gar nicht sein. Ich dachte: Darüber muss man ja kein Buch schreiben, klar hat jeder mal so eine kleine Episode, aber dass ich darüber jetzt ein Buch schreibe … Ich dachte, es geht mehr so um ihre persönliche Auseinandersetzung mit der Krankheit, das ist sicherlich in dem Buch auch drin, aber ein großer Schwerpunkt ist ja schon der Umgang der Gesellschaft mit diesen Menschen. Ich hätte im Vorfeld nicht erwartet, dass man darüber echt ein dickes Buch schreiben kann.

Frage: Das heißt, es hat Sie auch erstaunt. Ihre Intention ist ja natürlich auch in erster Linie, Leuten eine Stimme zu geben, die keine mehr haben, und Leuten mal einen Spiegel vorzuhalten. Meinen Sie, diese Intention erfüllt sich in dem Buch? Kommt sie da ran, funktioniert das?

Dr. Ahrens: Ich glaube schon. Menschen haben ja unterschiedliche Sprachen, und sie hat eine Schriftsprache, die sehr nahe, sehr authentisch ist, sodass zumindest Menschen, die sie kennen, so wie ich, das Gefühl haben, sie sitzt neben einem und erzählt. Der Mensch ist einem relativ nahe. Ich weiß nicht, ob das anderen auch so geht, die sie nicht kennen. Ich könnte mir das aber vorstellen. Und damit trifft sie schon ein bisschen den Menschen im Kern, und ich glaube schon, dass sie mit diesem Buch auch Großes leistet. Ich merk's ja an mir selber, der ich jetzt einer bin, der nicht im Dorf geboren und die nächsten 40 Jahre da gelebt hat, sondern schon wirklich rumgekommen ist, dass sich in diesem Buch für mich eine

Welt neu auftut, dass ich nicht kapiert hab vorher, dass ich im Vorfeld offensichtlich nicht wusste, dass auch in unserem Kulturland Deutschland so mit diesen Menschen umgegangen wird.

**Frage: Was sind aus Ihrer Sicht Marias absolute Stärken?**
Dr. Ahrens: Mein Verhältnis zu Maria ist natürlich in erster Linie das des Lehrers zur Schülerin, oder zur Lernenden, keine Frage. Aber Maria hat eine Art, die es einem schnell schwer macht, es auf dieser Ebene zu lassen, sodass das sehr schnell dann auch persönlich wird. Und da sie kein Treffen und kein Gespräch vergehen lässt, ohne auch sehr intensiv danach zu fragen, wie es mir geht, und ob ich denn glücklich bin in meinem Beruf, und die Familie und alles Mögliche, und dabei eine sehr warme Art hat, habe ich mich schon auch dabei ertappt, einfach auch ein bisschen zu erzählen, sodass wir uns auf diese Weise auch schon ein bisschen intensiver ausgetauscht haben. Stärken von Maria sind sicherlich das Zuhörenkönnen, das hat wahrscheinlich auch zum Teil mit ihrer Krankheit zu tun, aber ich glaube, das ist auch angelegt in ihr. Menschen kommen zu lassen. Ich werde jetzt noch mal ein bisschen dienstlich sozusagen: Das ist auch eine Fähigkeit, die ihr als Lehrerin unglaublich helfen wird und vor allem den Schülerinnen und Schülern auch. Ich habe, jetzt weniger im Seminar, wo ich sie ja nur kurz kennengelernt habe, aber sehr stark in E-Mails, in Gesprächen festgestellt, dass sie eine ganz wundervolle Verbindung zwischen Fördern und Fordern bei Schülern favorisiert, dass sie viel Respekt vor deren Eigenarten hat und dass es ihr zumindest in Gesprächen immer wieder gelingt, ich habe sie ja in der Praxis nicht kennengelernt, hinter den Schülerinnen und Schülern auch die Kinder wahrzunehmen. Das ist ja was ganz Wichtiges, das ist ja vielleicht der Unterschied zwischen dem frei lebenden Tier und dem Zootier: Das sieht gleich aus, ist aber ganz was anderes. Und so sind die Schüler, die wir jeden Morgen in die Belehrungskäfige schicken, auch nicht das Gleiche wie die Kinder, die dann

Eltern vielleicht wahrnehmen. Dieser Blick hinter die Fassade von Schülerinnen und Schülern auf die Kinder selbst, das ist etwas, was ich so bei anderen Studierenden, mit denen ich mich natürlich auch nicht so intensiv unterhalten oder befasst habe, nicht so intensiv kenne, was ich so intensiv eigentlich nur bei ihr kennengelernt habe.

Frage: Sind Ihnen auch Schwächen begegnet?

Dr. Ahrens: Nein. Ich hab's am Telefon auch schon gesagt, ich gehöre auch nicht zum engeren Zirkel ihres Lebens, drei-, vier-, fünfmal im Jahr, und das war's dann irgendwie. Und da hab ich keine Chance, jetzt tatsächlich Schwächen … Also Schwächen wären ja etwas, wo ich sie an sich selbst messe sozusagen. Sie könnte etwas, und schafft das nicht.

Frage: Hat sich Maria mit ihrer wirklich stark fortgeschrittenen Krankheit verändert? Nehmen Sie da Veränderungen wahr?

Dr. Ahrens: Also ich nehme an Maria keine kontinuierlichen Veränderungen wahr. Ich erlebe nur, durch die Krankheit bedingt, ganz häufige Veränderungen. Wenn man sie im Abstand von zwei, drei Monaten sieht, dann begegnen einem völlig verschiedene Menschen mitunter. Für diese Krankheit scheint typisch zu sein, dass sie mal dieses, mal jenes lahmlegt, und anderes dafür wieder freigibt. Also ich habe Phasen erlebt, wo Maria, also wo das Wort »Ich bin sterbenskrank« wirklich zu sehen war – eine junge Frau, die einfach dalag und sich praktisch nicht mehr rühren konnte, außer mit dem rechten Daumen noch ein bisschen was zu tun. Kein Sprechen, kein Garnichts. Man dachte: Das kann noch zwei Wochen gut gehen, und dann bläst jemand das Licht hier aus. Und dann kommt man sechs Wochen später hin, und plötzlich sieht sie zwar nichts mehr, kann aber wieder reden. Und dann, beim nächsten Mal, ist wieder jenes, also eine kontinuierliche Bewegung habe ich, was ihre Krankheit betrifft, gar nicht erlebt. In ihrem Kopf und in dem, was sie erzählt, habe ich durchgängig die gleiche zuversichtliche Stärke und die fröhliche junge Maria kennengelernt. Da sehe ich eigentlich keine Entwicklung. Jetzt große Dankbarkeit, dass sie ihr Buch geschafft hat, das war ihr großes Ziel. Ein bisschen Sorge, die ich hatte, sie stürzt danach in ein tiefes Loch, hat sich überhaupt nicht bewahrheitet. Mit dem gleichen Schwung macht sie neue Projekte weiter. Als ich sie heute gesehen habe, war ich erneut verblüfft. So schwungvoll und stark habe ich sie zum letzten Mal vor drei, vier Jahren erlebt.

Frage: Das ist ja wirklich interessant, viele sorgen sich ja, sie überlastet sich, sie übernimmt sich. Ich habe jetzt ganz viel Echo bekommen, sie sei so lebendig, wie man sie lange nicht gesehen hat. Offensichtlich ist das, was für die einen eine absolute Belastung ist, für die anderen das Lebenselixier. Ich habe keine weiteren Fragen mehr, bis auf eine letzte: Was würden Sie sich für Maria noch wünschen? Oder was würden Sie ihr wünschen?

Dr. Ahrens: Was würde ich mir für Maria wünschen? Ich würde mir wünschen, dass sie die Zeit, die sie noch hat – ich glaube, da spielt das gar nicht so sehr die Rolle, ob das jetzt noch Monate, Jahre oder vielleicht ein Jahrzehnt sind – ich würde mir wünschen, dass sie diese Zeit so intensiv und mit Liebe zum Leben verbringt, wie sie das jetzt auch getan hat.

# Benedikt

**12 Jahre, Schüler,**
**Maria hat Benedikt unterrichtet**

Benedikt: Ich bin der Benedikt, bin 12 Jahre und Maria habe ich dadurch kennengelernt, dass wir in der Schule so ein Plakat hängen hatten, wo ihr Buch abgebildet war und der Titel draufstand, und dann hat unsere Klassenlehrerin, die hat auch so eine Verbindung mit ihr, mit ihr abgesprochen, das wir mal so einen Unterricht bei ihr machen könnten. Dann wurde auch vorgeschlagen, dass wir sie vielleicht mal besuchen könnten, und die meisten wollten halt nicht, weil sie dachten, da stinkt's und so was alles, wie man das halt so gewöhnt ist, aber ich und meine Freunde, wir sind dann da mal hingegangen. Ja, und da war es eigentlich ganz angenehm.

Frage: Wie muss ich mir Unterricht über eine Webcam vorstellen?
Benedikt: Also der Unterricht über eine Webcam geht so: Das muss man sich vorstellen wie so eine weiße Tafel, und vom Laptop kann man das da über so einen Beamer … – also, das ist ziemlich kompliziert – dann drauf werfen, das Bild. Also da kann sie uns sehen und wir sie, und sie hat uns dann Sachen gesagt, die wir machen sollten. Es war also kein normaler Unterricht.

Frage: Maria hat im Bett gelegen, während sie euch unterrichtet hat?
Benedikt: Ja, Maria hat im Bett gelegen, während sie uns unterrichtet hat, aber das hat man alles nicht gesehen, weil sie verträgt ja kein Licht, also ihre Augen, und da hat man nur so eine ganz kleine Taschenlampe gesehen und ansonsten schwarz. Nur Maria hat man dann noch ein bisschen gesehen, aber ansonsten alles nur schwarz.

Frage: Was war das für ein Gefühl? Ich stelle mir das ungewöhnlich vor …
Benedikt: Also das Gefühl war ziemlich komisch, weil ich wusste ja nicht, wie's da drin in ihrem Zimmer aussieht. Ich hätte gern mal ein Bild davon gehabt, aber wenn da so eine Lampe reinleuchtet, da hat man halt rundherum nichts gesehen, aber Hauptsache, man hat sie noch gesehen.

Frage: Und ihr habt vorher nur über ihr Buch von ihr gehört? Das heißt, ihr habt sie vorher nie gesehen, ihr wusstet nur ein bisschen was über das Buch und über ihre Geschichte?
Benedikt: Ja, wir haben am Anfang nur etwas über das Buch gehört. Wir haben über unsere Klassenlehrerin dann mehr von ihr erfahren, bis es halt zu den ganzen Sachen gekommen ist, wo ich Maria auch besucht habe, ja, und wir verstehen uns ganz gut.

Frage: Was hat sie eigentlich unterrichtet?
Benedikt: Maria hat uns unterrichtet … Also, es war kein normaler Unterricht. Sie hat so Spiele gemacht. Wir durften Rollstuhl fahren, wir sollten mal fühlen, wie das so ist. Ich hatte ja schon einen Rollstuhlkurs irgendwann, da war ich in der 4. Klasse, da gab's – im

Steinatal, glaube ich, war das – mal so einen Rollstuhlkurs, und da bin ich dann langgefahren. Und ich wusste auch, wie man damit lenkt. Aber den ganzen Tag da drin zu sitzen, das kann ich mir nicht vorstellen.

Frage: Hattest du denn vorher schon mal Kontakt zu Menschen mit Behinderung oder Einschränkung – weil du sagst »Rollstuhlkurs«?
Benedikt: Mein Pätter, glaube ich, der war auch im Rollstuhl, der hatte ein Holzbein, aber ich weiß gar nicht mehr genau, ob der im Rollstuhl gefahren ist.

Frage: Hattest du ein bisschen Angst vor dem Kontakt mit ihr, weil sie so krank ist? War das ein komisches Gefühl, oder warst du neugierig?
Benedikt: Ich war mehr neugierig als ängstlich, weil … Ja, man freut sich ja in gewisser Weise darauf, mal alles zu sehen. Und sie ist auch überhaupt nicht so selbstmitleidig oder so, und das fand ich toll.

Frage: Das heißt, auch im Unterricht warst du überrascht darüber, dass sie so fröhlich ist und so nett?
Benedikt: Also im Unterricht war ich schon sehr überrascht. Da hat sie mal gelacht und war auch immer ganz nett zu uns. Ja, also das hätte ich mir so nicht unbedingt vorgestellt.

Frage: Und als du dann das erste Mal hier warst, wie war das? Hat sie da schon in diesem Pflegeheim gelegen?
Benedikt: Ja, das erste Mal, als ich hier war, hat sie schon hier gelegen. Hier liegt sie ja schon sehr lange, wie ich gehört hab. Also am Anfang war ich sehr aufgeregt, als ich reingekommen bin. Und als ich dann drin war, war wirklich alles dunkel, da dachte ich auch erst mal: Oh, wo ist hier was? Wo muss ich lang gehen? Aber dann irgendwann gewöhnen sich die Augen daran, dann habe ich auch Maria nach und nach mehr gesehen. Also, es war ganz nett da – es sah aus wie in einer Wohnung.

Frage: Stimmt. Bis aufs Bett ... Habt ihr da Unterricht gemacht oder habt ihr euch nur unterhalten?

Benedikt: Beides so ein bisschen. Also beim Unterricht über die Webcam haben wir uns unterhalten, wir durften Fragen stellen über ihre Person. Und wie gesagt, mit dem Rollstuhl durften wir fahren und wir haben auch mal dieses amerikanische Frühstück ausprobiert, das war so Erdnussbutter und Marmelade, und Oreo-Kekse. Ja, es war kein normaler Unterricht!

Frage: Sehr schön. Und als ihr dann hier wart, habt ihr euch miteinander unterhalten?

Benedikt: Ja, als ich sie besucht hab, da haben wir uns erst mal normal unterhalten, also das war jetzt nichts in Richtung Unterricht, aber nachher dann haben wir so ein Spielchen gemacht, dann mussten wir uns so Schals um die Augen binden und haben Sachen in die Hände gekriegt, also wir durften die uns aussuchen, aus einer Box nehmen, und mussten erraten, was es war.

Frage: Und ist es dir gelungen?

Benedikt: Mir ist gelungen, Duplo zu erraten, das war nicht schwer. Und dann gab es noch irgendwas anderes, das weiß ich nicht mehr, und dann gab es noch so eine Blume. Ich weiß nicht mehr, was ich da gesagt habe, auf jeden Fall nichts in Richtung Blume. Das war so eine Kunstblume. Da bin ich nicht drauf gekommen.

Frage: Hattest du das Gefühl, dass du ihr Fragen stellen kannst, wie das so ist mit der Krankheit, und ob ihr was weh tut? Hattest du das Gefühl, dass man alles fragen kann?

Benedikt: Sie hat mir schon gesagt, dass ich sie fragen kann, also alles fragen kann, was mir grad so im Kopf rumschwebt. Und ich darf sie auch duzen, hat sie mir gesagt. Das fiel mir am Anfang ziemlich schwer. Aber jetzt geht das. Und auch sonst – das war alles in Ordnung.

Frage: Und hast du ihr schon Fragen gestellt? Hast du Fragen gehabt?

Benedikt: Ja, ich hatte schon Fragen, als wir uns drüber unterhalten haben, so über ihre Krankheit, dass der Arm dann – der linke, oder der rechte, ich weiß es nicht mehr, auf jeden Fall war es irgendein Arm, den sie noch bewegen kann. Sie hat gesagt, dass die Krankheit schon wieder fortgeschritten ist und dass sie den bald auch nicht mehr richtig bewegen kann. Und in den Beinen hat sie so ein Kribbeln gefühlt, und das fühlt sie jetzt auch nicht mehr, also gar nichts mehr. Das muss man sich so vorstellen, als wenn man eine Betäubung vom Arzt kriegt, so hat sie das vorher gespürt, und jetzt gar nichts mehr.

Frage: Kannst du dir vorstellen, wie das ist, wenn man da so liegt und nichts mehr so richtig alleine kann?

Benedikt: Also ich kann mir nicht vorstellen, wie das geht, wenn man den ganzen Tag liegen soll, weil ich bin draußen, wir sind ja Menschen, wir müssen uns ja am Tag bewegen, und bei ihr ist es ja wie in der Nacht. Ich kann mir das gar nicht vorstellen, weil ich mach ja auch viel Sport, und dann da nur rumliegen – also nee! Das würde mir nicht gefallen, und das kann ich mir auch nicht vorstellen.

Frage: Kennst du Leute, die so mit Behinderten umgehen, hast du das schon mal erlebt bei Freunden oder auch bei Schulkameraden oder so?

Benedikt: Oh, soweit ich mich jetzt erinnern kann, kenn ich keine, die so mit Menschen umgehen, aber es wird schon welche geben, die so umgehen würden mit Leuten wie Maria.

Frage: Und würdest du da was sagen, wenn du so was sehen würdest auf der Straße? Wenn jemand anders sie beschimpft oder liegen lässt. Würdest du das machen?

Benedikt: Also wenn jemand einen schubst oder liegen lässt – ja, ich würde was machen. Aber ich bin mir dann immer so unsicher.

Ich denk mir dann: Was soll ich machen, wenn vielleicht so ein Jugendlicher, der sich für was Besseres hält, dann kommt, einen umschmeißt … Ich weiß nicht, wenn der älter ist als ich, so 15 oder so – ich wüsste gar nicht, was ich machen sollte. Aber ich würde gerne helfen. Nur würde ich vielleicht einen Erwachsenen holen oder so.

Frage: Was sagen denn deine Freunde dazu, dass du öfter mal zu Maria fährst, und dass du Kontakt hast zu ihr? Finden die das seltsam oder cool?
Benedikt: Also meine vorherigen Freunde, die, als ich noch in der Sechsten war, wo wir den Unterricht mit der Webcam gemacht haben, die fanden es … die waren ja selber dabei und die fanden das wirklich gut. Die haben sich ja auch mit ihr unterhalten. Ja, die fanden das nicht schlimm. Aber meine jetzigen Freunde, die kennen sie ja nicht. Ich hab denen schon was drüber erzählt, aber die haben sie noch nie gesehen oder so, obwohl das Plakat immer noch in unserer Schule hängt.

Frage: Okay, aber die sagen jetzt nicht: »Ist doof, warum fährst du zu einer, die da im Dunkeln liegt?« oder so, das sagen sie nicht?
Benedikt: Nee, die sagen … Also meine Freunde, die sagen nicht, dass das doof wär, wenn ich zu einer gehe im Dunkeln, sage ich mal. Wenn die Maria Langstroff kennen würden, die würden sie auch ganz gut finden und meine Freunde sind ja auch ganz nett. Also da gibt's keinen, der sich so über sie lustig macht oder so.

Frage: Was würdest du Maria wünschen? Was, glaubst du, wünscht sie sich?
Benedikt: Ja, also in erster Linie würd ich ihr wünschen, dass sie wieder gesund wird, was natürlich nicht geht, denk ich, weil ihr Fall ist eigentlich der seltenste, den's so gibt, und sie hat's ja auch am schlimmsten. Ja, die Ärzte befassen sich ja nicht damit. Weil die denken sich, wegen einem, das lohnt sich nicht, und das find ich schon manchmal traurig und ich denk schon, dass sie sich das auch wünscht, dass sie wieder auf die Beine kommt. Aber … ja …

und vor allen Dingen wünsch ich ihr, dass sie wieder Sport machen kann, und dass sie nicht allzu viele Probleme mit dem Rücken hat. Weil sie hat mir das ja erzählt, dass ihre Wirbel rausgesprungen sind und so und das war ja schon davor, bevor sie dann hier lag, nicht angenehm.

Frage: Du lernst ja eigentlich durch Maria und durch dieses Buch auch so ein bisschen eine andere Welt kennen, so die Welt von Leuten, die nicht jeden Tag Sport machen können, die nicht ganz gesund sind, die an den Rollstuhl gebunden sind oder noch schlimmer, die sich noch weniger bewegen können. Hast du mal überlegt, ob man noch mehr Kontakt aufnehmen kann zu solchen Menschen, wie man helfen kann oder so? Hast du über so was mal nachgedacht?

Benedikt: Also durch Maria bin ich schon mehr so in die Welt von Rollstuhlfahrern gekommen. Aber so richtig drüber nachgedacht hab ich nicht, weil ich kenn ja auch im Moment eigentlich keinen, also soweit ich mich erinnern kann, kenn ich keinen, der da so im Rollstuhl sitzt. Aber wenn, dann könnte ich mir da vieles vorstellen. Muss ja nicht heißen, wenn der im Rollstuhl sitzt, dass er geistig hinter uns ist oder so was.

Frage: Hast du das Gefühl, dass du noch irgendwas sagen möchtest? Was du über Maria denkst oder etwas wie »eigentlich wollte ich noch sagen, dass …«?

Benedikt: Ja, eigentlich wollte ich noch sagen: Sie war ja, so wie sie beschrieben wurde, ein schüchternes, sportliches Mädchen und jetzt ist sie durch ihre Krankheit, die hat sie stark gemacht, so eine kämpferische Frau geworden. Aber sie ist ja auch jetzt in gewissem Maße schon ein bisschen berühmt, aber ich denk mal, wenn sie die Wahl hätte zwischen Kranksein und Berühmtsein und Gesundsein und Nichtberühmtsein, würde sie natürlich Gesundsein und Nichtberühmtsein wählen. Ja, und ich würd's ihr echt gönnen, dass sie wieder auf die Beine kommt, aber es ist unrealistisch.

Frage: Meinst du, sie glaubt das noch?

Benedikt: Also ich mein nicht, dass sie glaubt, dass sie wieder auf die Beine kommt. Sie weiß, dass man sie nicht mehr heilen kann. Sie hofft natürlich da drauf, aber ob sie's wirklich glaubt, das weiß ich nicht, ich glaub eher nicht. Aber hoffen kann man immer.

Frage: Hast du sie schon mal gefragt, ob sie Angst vorm Tod hat oder vorm Sterben? Könnt ihr über so was reden, traust du dich so was?

Benedikt: Also ich hab sie noch nicht gefragt, ob sie Angst vorm Tod hat, aber sie hat schon mal erzählt, dass ihr Ärzte gesagt haben, sie hat nur noch sechs Monate zu leben, und da hat sie gelacht und gesagt: »Das wollen wir erst noch mal sehen!« Und das war vor einem Jahr, als sie das gesagt haben. Ja und ... also sie hat auf keinen Fall Angst vor dem Tod. Sie will ihr Leben nutzen, solange sie es noch nutzen kann. Das hat sie auch schon mal in einem Interview gesagt. »Entweder man ergreift die Chance und packt sie beim Schopf«, so hat sie gesagt, »oder man ergreift die Chance nicht und wird nie wieder glücklich« – und da hat sie auch recht.

# Peter Hetzel

**52 Jahre, Literaturkritiker im
Sat.1-Frühstücksfernsehen**

Frage: Im Juli letzten Jahres saßen Sie auch hier im Studio und haben das Buch von Maria vorgestellt. Erinnern Sie sich noch daran?

Peter Hetzel: Selbstverständlich! Ich erinnere mich an Marias Geschichte, weil sie sich wirklich in mein Gedächtnis eingeprägt hat. Also wie die Autorin zu ihrem Verlag kam, nachdem sie bei uns in der Sendung porträtiert wurde. Es war ihr Schicksal, das wirklich sehr viele Leute berührt hat.

Frage: Können Sie sich auch noch erinnern, wie Sie damals auf das Buch aufmerksam geworden sind?

Peter Hetzel: Durch die Redaktion, ganz einfach. Die Kollegen erzählten, wir haben diese Zuschauerin mit einer schweren Erkrankung und sie sucht einen Verlag. Ich wurde gefragt: »Was glaubst du, welcher Verlag ist geeignet?« Die Redaktion hatte mir eine Liste per Mail geschickt, und dann hab ich gesagt: der nicht und der nicht, und Ihr Verlag war erstaunlicherweise unter denjenigen, die ich empfohlen habe.

Frage: Und warum haben Sie sich damals dafür entschieden, das Buch von Maria in der Sendung vorzustellen, und noch dazu so ausführlich?

Peter Hetzel: Es ist – das ist vollkommen richtig – nicht unbedingt mein Thema. Also ich glaube, dass gerade bei Büchern, die persönliche Schicksale behandeln, entweder der Betroffene selbst zu Wort kommen sollte, was in diesem Fall ja unmöglich oder nur schwer möglich ist, oder zumindest jemand, der in dem entsprechenden Umfeld lebt und das authentischer erzählen kann als ich, weil ich ja nur referiere. Nun hat dieses Buch aber eine eigene Qualität, ich meine damit nicht eine literarische Qualität, sondern eine eigene Ausstrahlung, eine eigene Kraft und Emotionalität, die wirklich sehr stark auf die Leser wirkt, und wie ich glaube, auch ein Grund für den großen Erfolg des Buches ist.

Frage: Was hat Sie denn damals persönlich an diesem Buch fasziniert?
Peter Hetzel: Die Kraft der Autorin. Wenn man sie sieht, meine Kollegin Marlene hat sie ja besucht, dann sieht man ein geschwächtes Wesen, jemanden, der kämpft, mit sich und seinem Körper. Aber die Kraft, die das Buch ausstrahlt und die Botschaft, die sie hat, faszinieren mich – und dass sie wirklich selbst noch in dieser Lage kämpft, für ihre Ideale, für ihre Sache, und nicht so sehr das eigene Schicksal in den Vordergrund stellt, sondern das Schicksal aller Menschen, die behindert sind, die Schwierigkeiten haben, sich zu artikulieren, beziehungsweise die, ja, ins Abseits gestellt werden. Das find ich wirklich faszinierend und dann sind solche normalen Maßstäbe wie die sprachliche Umsetzung sekundär. Und die bewerte ich natürlich, wenn ich zum Beispiel einen Krimi vorstelle.

Weil es ja ganz wichtig ist, den Zuschauern zu sagen, ihr könnt das lesen, weil das besonders viel Spaß macht, eben auch sprachlich.

Frage: Aber finden Sie es denn auch gut geschrieben oder handelt es sich dabei nur um einen Themenbonus, *nur* in Anführungsstrichen?

Peter Hetzel: Ja, was heißt in dem Zusammenhang gut geschrieben? Wissen Sie, die Frage, die man stellen sollte, ist doch eher: Kommt sie als Person in diesem Buch zur Geltung? Und sie kommt als Person zur Geltung. Es geht nicht darum, dass sie sprachlich ausgefeilt schreibt, zum Beispiel mit großer intellektueller Tiefe. Das erwarte ich gar nicht von ihr. Solche Bücher können nicht nach normalen Maßstäben bewertet werden, und wir neigen in Deutschland dazu, immer die Schubladen aufzumachen und zu sagen, das ist ein Ratgeber, das eine Autobiografie, das eine Biografie … Aber das spielt bei dem Buch keine Rolle, und das macht die Qualität des Buches aus.

Frage: Es gibt ja einige Bücher zu diesem Thema. Ist dieses Buch was Besonders, was anderes gewesen?

Peter Hetzel: Da bin ich tatsächlich der Falsche, den Sie fragen, weil mir die Vergleichsmaßstäbe fehlen. Ich muss mich manchmal mit Büchern von Gabi Köster oder Rudi Assauer beschäftigen, und ich weiß natürlich, da arbeitet ein Ghostwriter dran, da steht ein einflussreicher Verlag dahinter, der ein großes Marketinginteresse hat, und so weiter und so fort. Oder bei Büchern wie dem von Pola Kinski, wo es um eine Abrechnung geht, nach vielen, vielen Jahren, und wo man dann sagt, okay, die muss sich als Autorin jetzt auch fragen lassen, hat sie das literarisch bewältigen wollen oder einfach nur dieses Skandalöse als Schmiermittel benutzt, um ein Buch zu verkaufen. Mir fehlen die Vergleichsmaßstäbe, weil ich sonst jedes Jahr hundert bis vierhundert von diesen Büchern lesen müsste. Nein, das möchte ich auch nicht. Man kann sich – das finde ich schon ganz wichtig – dieses Leid nicht einfach selbst aufladen und sagen, ich bin fasziniert von diesem Leid. Nein, bin ich nicht. Natürlich bin ich, wie jeder normale Mensch auch, betroffen von solchen Schicksalen. Und natürlich möchte ich, dass mir das nicht passiert, dass jemandem in meiner Familie so etwas nicht passiert.

Frage: Hätten Sie damals gedacht, als Sie überlegt haben, welcher Verlag passen könnte, dass das ein Bestseller werden könnte und dass es so viele Leute interessiert?

Peter Hetzel: Nein, das hätte ich nicht gedacht. Ich glaube schon, dass das ein einzigartiger Vorgang ist. Dass sich eine Zuschauerin an eine Redaktion wendet, dass sie die Zuwendung der Redaktion bekommt, und dass daraus ein Buch entsteht, halte ich jetzt zwar für so unwahrscheinlich nicht, aber dass das dann zwangsläufig ein Bestseller wird, nur weil – in Anführungsstrichen – *Fernsehen* zugegen ist und weil ein Verlag, der ja durchaus schon Erfahrung mit Bestsellern hat, auch mit im Boot sitzt – das muss überhaupt nicht sein. Jeder, der in der Buchbranche arbeitet, weiß: Es ist alles nicht planbar, es hat vieles mit Zufällen zu tun, es hat alles auch damit zu tun, welche Medien sich noch beteiligen.

Frage: Dass das Buch ein Bestseller geworden ist, spricht ja auch für ein großes Interesse seitens der Leser. Meinen Sie, dass es das Thema ist, das so viele Leute berührt?

Peter Hetzel: Natürlich ist es das Thema, das die Leser fasziniert, aber es gibt immer eine Wechselwirkung zwischen den Medien und den Lesern. Das heißt, wenn ich als Verlag die *BILD*-Zeitung erreiche, um den Namen mal zu nennen, dann habe ich natürlich eine große Verbreitung und erreiche viele Leser. Also das ist schon nötig. Da sind wir im Frühstücksfernsehen nicht allein in der Lage Bestseller zu machen. Das funktioniert im Kontext mit den anderen Medien. Aber selbst da funktioniert es nicht immer, selbst wenn man das planen würde, behaupte ich, würde es nicht immer funktionieren.

Ich sehe das – das muss man mir auch nachsehen –, einfach mit dem Blick des Brancheninsiders, also sehr viel emotionsloser als jemand von außen, weil ich natürlich sehr viele Bestseller habe kommen und gehen sehen.

Frage: Hätten Sie damals gedacht, dass diese Frau ein zweites Buch rausbringen würde?

Peter Hetzel: Nein, denn ich habe mich schon beim ersten Buch gefragt, wie das eigentlich möglich war, dass man sich so auf ein Thema konzentrieren kann. Wie sie in der Lage war, in dieser Krankheitssituation, überhaupt ein Buch zu schreiben. Ja, intellektuell in der Lage zu sein, das zu abstrahieren und so zu formulieren, dass es für alle verständlich wird, dass es den Leser packt, das ist schon eine große Leistung. Und wenn sie jetzt ein zweites Buch rausbringt, drücke ich ihr die Daumen und hoffe, dass es ihr gelingt, dass sie den Erfolg vom ersten Buch wiederholen kann.

Frage: Können Sie sich vorstellen, worüber sie noch schreiben könnte? Gibt es irgendwas, dass Sie, also vielleicht auch als Leser ausnahmsweise, nicht als Kritiker, interessieren würde an ihrer Person?

Peter Hetzel: Mich würde schon interessieren, wie die Öffentlichkeit ihr Leben verändert hat. Sie hat ja eine Vorlesung gehalten an der Uni, wie ich weiß, und es müsste sich einiges in ihrem Leben getan haben. Das reicht aber nicht für ein Buch – finde ich. Also der Erkenntnisgewinn müsste ein anderer sein. Da würde ich mich lieber überraschen lassen, als selber zu spekulieren, weil ich sie nicht kenne. Wenn ich sie kennen würde, könnte ich mir das vielleicht vorstellen, aber auch dann würde ich nicht spekulieren wollen. Ich weiß bei vielen Autoren, wie das nächste Buch aussehen könnte. Weil ich weiß, wo ihre Stärken und Schwächen liegen und ich weiß, wie sie planen und schreiben. Aber dieses neue Projekt entzieht sich meiner Vorstellungskraft.

# Marlene Lufen

**42 Jahre, Moderatorin**
**im Sat.1-Frühstücksfernsehen**

Frage: Marlene Lufen, in welchem Zusammenhang haben Sie das erste
Mal den Namen Maria Langstroff gehört?
Marlene Lufen: Ich habe von Maria Langstroff zum allerersten Mal
im Frühstücksfernsehen gehört. Ich moderiere das Frühstücksfernsehen seit vielen, vielen Jahren und vor längerer Zeit kam eine
E-Mail zu uns, in der Maria ihre Geschichte erzählt und ihren
Wunsch beschrieben hat, diese aufzuschreiben und daraus ein
Buch zu machen. Sie hat erzählt, dass sie einen Verlag sucht, aber
noch keinen gefunden hat. Maria ist ein großer Fan des Frühstücks-
fernsehens, wie ich heute weiß. Wohl auch deshalb hat sie sich an
uns gewandt, in der Hoffnung, wir könnten ihr bei dem Wunsch
nach einer Veröffentlichung ihrer Geschichte helfen. Uns alle hat
ihre E-Mail und ihre besondere Lebensgeschichte direkt berührt.

Mein erstes »Treffen« mit ihr war eine Skype-Schalte live in der Sendung. Ich war wahnsinnig beeindruckt von ihrer positiven Ausstrahlung, von ihrer Kraft. Und nach dem Gespräch hab ich erst mal angefangen zu heulen, weil ich dachte: Wie kann man dieses Schicksal ertragen und trotzdem eine solche positive Ausstrahlung haben?

Frage: Was hat Sie damals so besonders berührt an Marias Person?
Marlene Lufen: Jede dramatische Krankengeschichte lässt dich natürlich nicht kalt und in meinem Beruf lernst du viel Dramatisches kennen. Marias Krankengeschichte aber ist so außergewöhnlich, dass man sich gar nicht ausmalen kann, wie ein junger Mensch dieses Schicksal aushalten kann. Diese Stärke, gepaart mit ihrer Lebensfreude, ist kaum zu glauben. Mir ist noch nie ein Mensch begegnet, der so ist wie Maria.

Frage: Erzählen Sie uns doch bitte, wie sich der Kontakt mit Maria entwickelt hat.
Marlene Lufen: Ihre E-Mail kam zu uns in die Redaktion und die Redakteurin hat in der Konferenz davon berichtet und gesagt, da gibt's eine Frau, die ist ganz jung, die ist wunderhübsch, die hat früher als Model gearbeitet, und heute versagt ihr Körper einfach. Er geht immer mehr kaputt und dabei bleibt der Geist sehr wach. Das hat uns irgendwie neugierig gemacht. Wir fühlten uns auch dadurch angesprochen, weil sie so ein großer Fan des *Sat.1-Frühstücksfernsehen* ist und offensichtlich jeden Morgen mit uns wach wird, ihr das ein gutes Gefühl für den Tag gibt. Das heißt, wir hatten einfach von vornherein eine Beziehung zu Maria. Wir wussten, diese Frau wollen wir kennenlernen. Wir haben telefoniert und E-Mails geschrieben, dann ist eine Reporterin zu ihr gefahren und hat den ersten Beitrag über sie gemacht. Ich habe ihn glücklicherweise vor der Sendung gesehen, darüber war ich sehr froh. Ich konnte die Tränen nicht zurückhalten.Was danach

passierte, hat auch uns überrascht. Nicht nur wir alle waren wahnsinnig bewegt von Maria, auch unsere Zuschauer und später die halbe Nation wollte kaum glauben, was diesem jungen Menschen passiert. Danach hat sie ja tatsächlich ihr Buch geschrieben, es veröffentlicht, es wurde zum Bestseller und schließlich meldete sich praktisch jede zweite Redaktion bei Maria, um eine Geschichte über sie zu machen.

Frage: Was haben Sie gedacht oder gefühlt, als Sie wussten, dass Sie Maria persönlich begegnen werden?

Marlene Lufen: Nach dieser Sykpeschaltung wurde ich gefragt, ob ich Maria selbst einmal besuchen möchte, in ihrem jetzigen Zuhause, dem Pflegeheim. Maria kann heutzutage nicht mehr bei ihren Eltern wohnen, weil sie sehr viel besondere Pflege benötigt, sehr geräuschempfindlich und sehr lichtempfindlich ist. Ich habe mich erst einmal auf dieses Treffen wahnsinnig gefreut, bin nach Gießen gefahren, stand vor ihrem Krankenzimmer und bekam plötzlich Herzklopfen. Ich hatte auf einmal großen Respekt vor dieser Situation. Dann habe ich mir gesagt, diese junge Frau ist so stark, dann wirst du jetzt auch stark sein können. Und fang bloß nicht an zu heulen, dachte ich mir noch ... Das ist mir am Anfang ganz gut gelungen. Es war ein sehr, sehr herzliches Treffen.

Frage: Wie war dann diese Begegnung, das erste Mal in diesem dunklen Zimmer?

Marlene Lufen: Ich hab an ihre Zimmertür geklopft. Das Kamerateam und ich mussten sehr behutsam sein, jede Lichtquelle und selbst das Rauschen irgendeines Gerätes kann sie sehr verstören. Sie ist mittlerweile fast blind, ihre Wahrnehmung aber ist so fein, dass unglaublich vieles ihr Schmerzen bereitet. Deswegen ist es eben auch ganz dunkel in ihrem Zimmer. Und dann hab ich sie gesehen, wie sie da gelegen hat, ganz süß gelächelt, eine ganz schöne, tolle Frau. Wir haben uns erst einmal eine ganze Weile in den Arm genommen. Wir hatten beide das Gefühl, als würden wir uns schon lange kennen. Das war ganz ulkig. Ja, wir waren und sind uns bis heute sehr vertraut.

Frage: Hätten Sie erwartet, dass Marias Buch ein Bestseller werden wird?
Marlene Lufen: Als sie zum ersten Mal davon erzählte, ein Buch zu schreiben, war ich doch skeptisch. Es war ja unglaublich mühsam, sie hatte eine Zeitlang sogar ihre Fähigkeit zu sprechen verloren. Ich hab ehrlich gesagt nicht daran geglaubt, dass überhaupt jemand in ihrer körperlichen Verfassung ein Buch zu Ende schreiben kann. Als ich sie dann zum Erscheinungsdatum ihres Buches besucht habe, konnte man in allen Zeitungen von ihr lesen. In der Süddeutschen Zeitung war ein Porträt auf der Seite 3 – das ist so ziemlich der heißeste Spot in der Zeitungslandschaft, und mich hat das einfach nur fasziniert und glücklich für sie gemacht. Auch mit dem Buchtitel hat sich Maria durchgesetzt. »Mundtot!?« ist erst mal kein Titel, bei dem man sofort zugreift. Und doch hat sie die Menschen mit ihrer Geschichte überzeugt. Toll!

Frage: Wie erklären Sie sich den Erfolg ihres Buches?
Marlene Lufen: Der Erfolg ist wohl über die besondere Persönlichkeit von Maria Langstroff zu erklären. Sie ist eben eine ganz außergewöhnliche Person. Sie hat eine außergewöhnliche Krankheit, die noch nicht mal die Ärzte richtig verstehen. Und in diesem Körper wohnt ein solch wacher, rebellischer Geist. Jetzt bringt sie ein zweites Buch heraus. Unglaublich.

Frage: Hätten Sie es je für möglich gehalten, dass Maria ein zweites Buch herausbringt?
Marlene Lufen: Nachdem ich Maria kennengelernt habe und ihr Buch gelesen habe: ja! Ich hab das Buch auf dem Weg zu unserem ersten Treffen gelesen und war schwer irritiert, weil es manchmal fast nicht zu ertragen ist. Du willst auch gar nicht wahrhaben, dass

es Menschen gibt, die so mit »Behinderten« umgehen. Sie beschreibt Situationen, die für einen gesunden Menschen, der mit seinen beiden Beinen durchs Leben läuft, überhaupt nicht vorstellbar sind. Als Maria noch im Rollstuhl saß und sich damit in der Öffentlichkeit bewegte, sind ihr furchtbare Sachen passiert.

Frage: Was macht Marias Persönlichkeit aus, was fasziniert Sie daran?
Marlene Lufen: Maria ist erst mal eine junge Frau und die ist sie auch in ihrem Krankenbett. Sie ist eine attraktive, sprachwitzige, intelligente Frau, mit der man auch über andere Sachen als über Krankheit sprechen kann. Eine Frau, die an unglaublich vielen Dingen interessiert ist. Trotz oder gerade wegen ihrer Wahrnehmungsschwierigkeiten ist sie wahnsinnig wissbegierig. Sie saugt alles auf und du kannst dich auch über den letzten Quatsch mit ihr unterhalten und Späße machen. Dabei ist Maria eine sehr, sehr intelligente und auch bissige Frau – was sie will, das zieht sie durch, manchmal gegen große Widerstände. Sie hat es allen gezeigt, die ihr gesagt haben, du kannst das Buch nicht schreiben, das ist technisch gar nicht möglich. Sie hat eine Vorlesung gehalten an der Uni, an der sie selber Studentin war und auch noch ist. Für ihr Umfeld ist Marias starker Wille sicherlich manchmal anstrengend. Aber warum sollte sie nicht anstrengend sein? Sie ist einfach kein gewöhnlicher Mensch.

**Leserbriefe**

# Leserbriefe

*Liebe Leserinnen und Leser,*

ich habe viele hundert Leserbriefe bekommen, die mich sehr bewegt haben. Ich bin allen Schreibern sehr dankbar, auch wenn ich nicht immer antworten konnte, meine Kraft hat es einfach nicht zugelassen. Einige Briefe möchte ich mit Zustimmung der Absender in diesem Buch veröffentlichen.

Warum haben ausgerechnet die zwei nachfolgenden Briefe einen Platz in meinem Buch gefunden? Die Gründe für meine Entscheidung sind vielfältig. Nicole und Peer erzählen mir ihre eigene Geschichte, lassen mich an ihrem ganz persönlichen, harten Schicksal teilhaben und vertrauen mir dieses an, obwohl mich beide bisher weder getroffen noch ein privates Gespräch mit mir geführt haben. Das empfinde ich als ungeheuer mutig.

Die Nachrichten, die mir diese zwei wunderbaren Menschen geschrieben haben, sind geprägt von unglaublicher Offenheit, Herzlichkeit, der ungeschönten Wahrheit und einer Ehrlichkeit, die mir bei jedem neuen Hören den Boden unter den Füßen wegziehen und mich mit Tränen in den Augen zurücklassen. Aus ihren Zeilen spricht eine große Stärke, Nicole und Peer schauen reflektiert auf den Schlag zurück, den sie in ihrem Leben erlitten haben, den sie ertragen mussten und noch immer ertragen müssen, und strahlen dabei unheimlich viel Reife aus.

Es gibt sehr viele Briefe, die mir auf unterschiedlichen Wegen zugestellt worden sind, von denen mir jeder einzelne nahegegangen ist, und doch haben mich die beiden vorliegenden auf ganz besondere Weise berührt – als sie mir zum ersten Mal vorgelesen wurden, war ich wie versteinert, fühlte mich beinahe wie erstarrt, und es hat eine Weile gedauert, bis ich meine Sprachlosigkeit überwinden konnte und es mir wieder möglich war, klar zu denken. Über diese beiden Briefe zu reden, fällt mir noch immer schwer; mir wird dabei immer ganz schwer ums Herz. Ich empfinde es als eine ungeheure Leistung, dass Peer und Nicole ihr Schweigen brechen, sich freimachen und von den schlimmen, überwältigenden Erlebnissen zu lösen versuchen. Es fühlt sich beinahe so an, als gebe es ein inneres Band zwischen uns, als seien wir miteinander verbunden.

Um mich nicht zu wiederholen, bleibt mir nur eines: Nämlich ehrlich zu sagen, dass mich eure Briefe, liebe Nicole und lieber Peer, vom ersten bis zum letzten Wort mit einer tiefen Bewunderung für euch erfüllen!

*Maria Langstroff*

**Nicole, 40 Jahre, aus Bayern, am 22. Mai 2012**

*Liebe Maria,*

hätte ich Ihr Buch vor zehn Jahren gelesen, hätte ich es nicht geglaubt. Ich bin in einer Familie aufgewachsen, in der Aussehen und
Gesundheit zum Glück keine Rolle spielen. Ich habe nach dem
Abitur bei der Lebenshilfe gearbeitet, habe später im Referendariat
– ich bin Gymnasiallehrerin – ein Intergrationsprojekt organisiert,
bei dem behinderte und nichtbehinderte Kinder zusammen unterrichtet wurden, zumindest für ein paar Stunden die Woche. Mein
eigenes Kind ging in eine Grundschule mit Integrationsklassen; sie
hatte Kinder mit Rollstuhl, Blindheit, Schwerhörigkeit, Herzkrank-
heiten u.a. Behinderungen um sich. Für Eltern und Lehrer war das
dort selbstverständlich – für Kinder, so meine Erfahrung, ist so
etwas sowieso selbstverständlich. Vorurteile haben sowieso »nur«
die Erwachsenen.

Als Lehrerin habe ich mehrere rollstuhlfahrende Schüler/
Schülerinnen betreut. Hier habe ich zum ersten Mal mitbekommen,
welche Schwierigkeiten es v.a. bereitet, nicht nur auf den Rollstuhl
angewiesen zu sein, sondern auch noch zusätzliche Handicaps zu
haben, bis hin zu einem besonderen Aussehen. Alle, die anders
aussehen als es die Norm der Illustrierten vorschreibt, bekommen
Probleme. Dennoch habe ich auch hier in der überwiegenden
Mehrheit Menschen erlebt, die sich um Hilfe bemüht haben, mit
teilweise enormem privaten Einsatz.

Mein positives Bild von meinen Mitmenschen hat sich schlag-
artig gewandelt, als meine Freundin vor sieben Jahren ein schwer-
behindertes Kind zur Welt brachte, körperlich und geistig behindert.
Sie musste sich Sätze anhören wie: »Ein behindertes Kind hätte ich
nicht zugelassen«, sie musste zusehen, wie Krankenschwestern
ihrem Kind, das teilweise unter Schluckbeschwerden leidet,

Tabletten mit Gewalt in den Mund stopften uvm. Sie erlebt, wie Eltern ihre Kinder von ihrem Kind fernhalten; irrationale Ängste, die eigenen gesunden Kinder könnten sich im Umgang mit behinderten, v.a. geistige behinderten Kindern, »zurückentwickeln«. Ich kann nicht alles aufzählen, was sie an Unmenschlichem inzwischen erlebt hat, bei Ärzten, Pflegepersonal, Physiotherapeuten, im privaten Bereich, es ist nach wie vor für mich unfassbar. Vieles, was sie erlebt hat, deckt sich mit Erlebnissen aus Ihrem Buch.

Wie schnell kann es gehen, selbst in dieser Situation zu sein! Vor einem Jahr hatte mein Kind einen Radunfall, bei dem das Stammhirn schwer verletzt wurde. Es würde im Falle eines Überlebens ab dem Hals abwärts gelähmt sein, sagte man uns, ein Schwerstpflegefall für immer. Eine Sekunde Unaufmerksamkeit, ein unglückliches Zusammentreffen von Auto und Rad an einer unübersichtlichen Stelle – wie sollte man sich davor schützen?

Unser Kind ist einen Tag nach dem Unfall mit zehn Jahren gestorben. Unser Kind war sportlich, ist geritten, geklettert, geschwommen. In das ganze für uns nach wie vor unfassbar Traurige mischte sich bei uns irgendwo die Erleichterung, dass ihm vielleicht auch großes Leid durch ihren schnellen Tod erspart geblieben ist. Ihr Buch bringt mich allerdings zum Nachdenken. Trotz/ wegen? Ihres schweren Schicksals strahlen Sie über das Buch eine unglaubliche Kraft aus. Es ist kein bloßer Erfahrungsbericht, sondern auch nachdenklich, poetisch, philosophierend, in einer sehr berührenden, schönen Sprache geschrieben, die zeigt, dass das, was »außen« kaputtgeht möglicherweise »innen« an Schönheit nachwächst. Schade, dass dies nicht für alle Menschen zu sehen ist – schade für diese Menschen, die um diese Erfahrung ärmer bleiben.

Vielen Dank für diese Erfahrungen und weiterhin viel Kraft! Ich glaube, Sie helfen mit diesem Buch so vielen Menschen, auch wenn sich nicht jeder an Sie wendet und Ihnen Rückmeldung gibt!

*Ganz herzliche Grüße, Nicole*

*Hej Maria und hej an deine Freunde,*

Entschuldigung, ich bin erst 15 Jahre und mein deutsch ist nicht ganz gut, meine Mutter ist aus Norwegen und mein Vater aus Schweden. Ich lebe auch in Schweden und ich kann deutsch nur von der Schule.

Ich weiß, du bekommst viel Nachrichten und du musst hier nicht antworten, ich möchte dir nur etwas sagen. Ich habe seit letzte Juli, seit Attentat in Norwegen (Utøya) war, eine Behinderung, ein Muskel von mein Oberschenkel ist kaputt und ich habe viele Ängste/Panik. Ich habe deswegen 2 Psychologen. Der eine ist von Hals abwärts gelähmt. Ich möchte dir sagen, er hat mir den Tipp mit deinem Buch gegeben, deine Geschichte bewegt auch hier. Hier ich selbst habe noch nie dumme Sprüche hören, aber früher bei meine Klasse, da wurde ein Kind von meine Klasse (wir haben nichtbehinderte und behinderte zusammen bei Unterricht) von einem Fremden beschimpft: »Jetzt hätte ich gerne gleiche Situation in Deutschland und möchte Hitler heißen, dann es wäre alles schnell vorbei«.

Du bist eine starke Frau und dein Mut für Leben macht Mut und du kannst viele aufwecken. Du kannst sehr stolz auf dich sein, wie es auch sehr viele sind.

Ich wünsche dir, dass du die Ziele, die du hast alle erreichst und nie deine Mut verlierst. Die ganze Welt hört dir zu.

*Liebe Grüße aus Schweden*
*Peer*

*(Anmerkung: Beide Briefe sind in Absprache mit den Absendern in der Originalfassung abgedruckt.)*

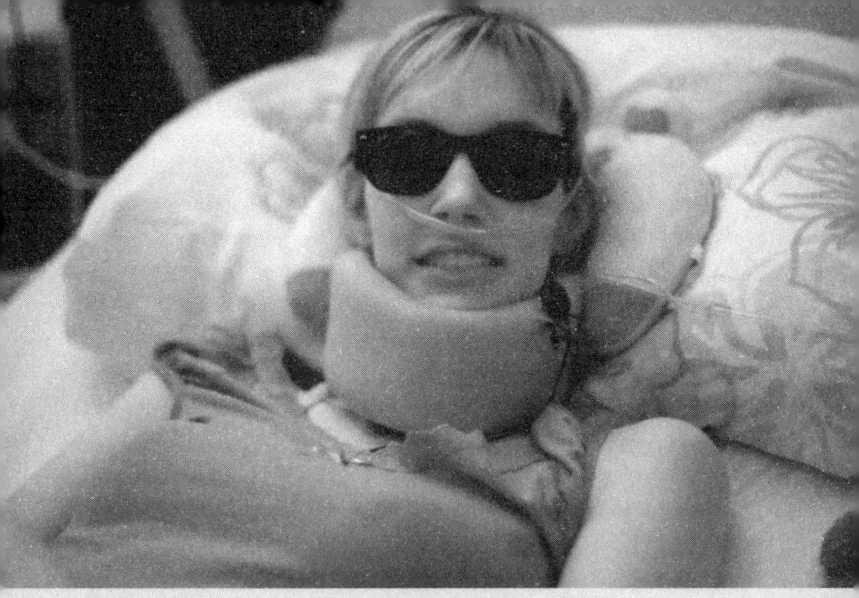

# »Hey, du bist toll, aber ...«

*Behinderung und Partnerschaft –*
*Ein Essay von Maria Langstroff*

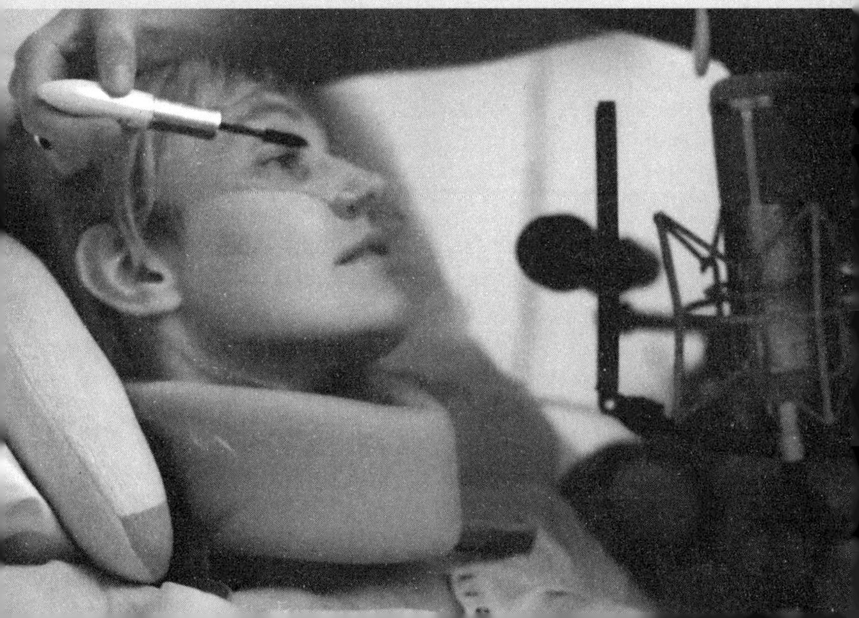

# »Hey, du bist toll, aber …«

*Behinderung und Partnerschaft –*
*Ein Essay von Maria Langstroff*

»Maria, wie schön, dich mal wieder zu besuchen; unser letztes Treffen ist ja wirklich mehrere Wochen her. Du, gleich zu Anfang brennt mir etwas unter den Nägeln, was ich dir erzählen möchte: Auf dem Weg zu dir saß ich mit zwei Rollstuhlfahrern im Zugabteil, die ich, das muss ich zugeben, eine Weile beobachtet habe. Ich habe nicht schlecht gestaunt, als ich mitbekommen habe, dass die beiden ein Paar sind. Ob sie wohl eine richtige Beziehung führen können, vergleichbar mit der nicht beeinträchtigter Menschen? Ob sie eine dritte Person brauchen, die ihnen, hinsichtlich spezieller Bereiche, Hilfestellungen gibt? Wenn ich mir das so vorstelle … Hm. Ich weiß ja nicht. Mir drängen sich wirklich eine Menge Fragen auf. Sag mal, wie ist das eigentlich bei dir und wie siehst du das als Betroffene? Ich sitze ja an der Quelle und habe die Möglichkeit, eine Expertin zu fragen«, erklärte meine gute Freundin Madleen.

Zunächst erhielt sie keine Reaktion. Im Gegenteil: Es herrschte Stille. Absolute Stille.

»Maria, Maaariaaa …?«

*

Schwarze Haare. Wuschelhaare, die ich am liebsten ständig berühren, durch die ich mit meinen Fingern fahren möchte. Wachsen sie, wellen sie sich und er bekommt große Locken. Süße dunkle Knopfaugen. Lange Wimpern, die mich kitzeln, wenn er blinzelt, wenn er mir ganz nahe kommt, sein Gesicht vor meines hält. Seine Haut fühlt sich weich an, wie ich feststelle, als er mir erlaubt, seine

Hand zu berühren. Es folgt ein tiefer Blick in die Augen, dann ein zaghafter Kuss. Wie es wohl wäre, wenn er mir sanft durch die Haare streichen würde? Es kribbelt in meinem Bauch, ich merke, wie mein Puls ansteigt. Ein südamerikanischer Akzent.

Er zeichnet sich durch seine Sportlichkeit aus, ich stelle mir vor, wie er mit dem Surfbrett dem Sonnenuntergang entgegenläuft, der Sand des Strandes von seinen Füßen rieselt, er nach dem Erreichen des Wassers ins Meer springt und sich auf seinem Brett aufrichtet. Die Wellen bewegen sich auf ihn zu, er nimmt eine nach der anderen. Mal fällt er, meistens aber schafft er es, sie zu reiten. Ich beginne, mir vorzustellen, wie es wäre, würde ich ebenfalls surfen, mit ihm auf dem Brett stehen. Ein Lächeln huscht über mein Gesicht, ich schaue mich um und sehe, dass auch er strahlt – ich bin glücklich. Unsere Körper berühren sich, ich drücke mich an ihn und rieche seinen Duft; nach kurzer Zeit hat sich sein wohliger Geruch bereits in mein Gedächtnis eingebrannt.

Er ist vielleicht nicht der Größte, zumindest zählt sein Körper 18 Zentimeter weniger als meiner, doch er hat ein Herz aus Gold, und das ist es, was mir wichtig ist. Ich sehe ihn ständig vor mir, kann ihn nicht vergessen. Empathie, Warmherzigkeit, Ehrlichkeit, Intelligenz, Zuverlässigkeit, und auch ein bisschen Eifersucht – Seiten eines Charakters, der stark und zugleich verletzlich ist. Ein Mensch, der charmante, romantische Züge an den Tag legt, Wünsche hat wie andere Leute auch, der manchmal verträumt ist und den man trotzdem als Realisten bezeichnen würde, weil er mit beiden Beinen im Leben steht. Er liebt seinen Beruf, ist mit Enthusiasmus dabei und genießt gleichzeitig die freie Zeit, die ihm zur Verfügung steht – wie gerne würde ich einmal mit ihm um die Häuser ziehen, gemeinsam mit ihm ins Kino gehen oder ihn auch einmal spontan besuchen …

*

»Hey, Maria – aufwachen! Wo bist du denn mit deinen Gedanken?«
Zack …, ich werde aus meinem Tagtraum gerissen und kehre in die Gegenwart zurück. Mein Blick wandert durch mein dunkles Zimmer im Pflegeheim, ich erkenne die Silhouette von Madleen, die noch immer neben meinem Bett sitzt.

»Warum grinst du überhaupt so? Warum habe ich gerade mit der Tapete gesprochen und vergeblich auf eine Antwort von dir gewartet? Hast du überhaupt gehört, was ich dir erzählt habe?«

Würde ich sie ohne eine Erklärung zurücklassen, läge sie mir so lange in den Ohren, bis ich ihr eine ehrliche, nachvollziehbare Begründung liefere, die sie zufriedenstellt. Aufgrund unserer jahrelangen Freundschaft weiß ich, dass dies eben ein Teil ihres Charakters ist, was absolut in Ordnung ist, denn jeder von uns hat doch diese oder jene kleine Eigenart – und so schätze ich meine Freundin, wie sie ist.

Als ich bemerke, dass sie beginnt, mit ihren Beinen zu wackeln, und ihre Ungeduld nach außen kehrt, die innerhalb kurzer Zeit immer stärker wird, kläre ich sie auf, leugnen würde sowieso nichts bringen.

»Du und dein Renzo …«, sagt sie mit einem gewissen Unterton, schüttelt den Kopf, verdreht ihre Augen und stöhnt, als ob ihr irgendetwas nicht passen würde.

Von wem sie redet? Von meinem Partner – dass ich ihn so nennen kann, ist eine Tatsache, die mich glücklich macht, die ich allerdings hin und wieder gar nicht begreifen kann. Er: ein gesunder, sportlicher, gut aussehender junger Kerl. Ich: eine Frau mit einer seltenen, tödlich verlaufenden Erkrankung, die weder ihre Beine noch ihren linken Arm bewegen kann, die an Geräte angeschlossen in einem Pflegeheim untergebracht ist und ihr Bett seit Jahren nicht verlassen kann. Dass Renzo und ich mehr als Freunde werden würden, hätte ich mir nicht träumen lassen.

Den leisen Zweifeln, die, offen gestanden, anfangs in mir aufstiegen, schließen sich die Zweifel meiner Freundin Madleen an:

Wenn sie ehrlich sei, verstehe sie nicht, dass wir ein Pärchen seien, denn unterschiedlicher könne man ja nun gar nicht sein. Die Gedanken, die Renzo zu dem Entschluss geführt haben, ausgerechnet mich als Freundin auszusuchen, könne sie nicht nachvollziehen und das solle ich ihr bitte nicht übelnehmen. Stände sie vor der Wahl, ob behinderter oder nicht behinderter Partner, würde sie sich gegen die Person mit dem Handicap entscheiden.

Aber wieso eigentlich? Was sind die Gründe? Heißt es nicht, dass Gegensätze sich anziehen? Ob eine Partnerschaft funktioniert und hält, hängt doch von mehreren Faktoren ab und sollte meiner Meinung nach nicht darauf reduziert werden, wie viele Gemeinsamkeiten vorhanden sind. Nur, weil Menschen unterschiedlich sind, bedeutet das noch lange nicht, dass die Beziehung zum Scheitern verurteilt ist, schließlich kann es zwischen zwei nicht eingeschränkten Partnern genauso schnell zum Bruch kommen. Jeder ist individuell, jeder besonders, das macht Leute ja auch aus. Wie langweilig wäre es, wären alle Menschen in unserer Gesellschaft gleich?

Wie haben Renzo und ich uns kennengelernt? Warum bin ausgerechnet *ich* denn nun seine Auserwählte? Ich, die ich seit Ende 2009 ziemlich außer Gefecht gesetzt bin, meinem Studium nicht mehr in dem Maße nachgehen kann, um meinen Abschluss zu machen und den gewünschten Job auszuüben. Von den Plänen und Wünschen, die ich ursprünglich hatte, habe ich mich allmählich verabschiedet und andere aufgebaut – so kam es, dass ich unter anderem zu schreiben begonnen und mein Buch »Mundtot!?« veröffentlicht habe. Nach seinem Erscheinen wurden nach und nach Medien auf das Buch aufmerksam, vereinbarten Termine, um Reportagen zu drehen oder Artikel zu schreiben. Ein Besuch, den mir ein Sender bereits vor der Veröffentlichung meines Buches abstattete, hatte unheimlich positive, schöne Konsequenzen für mich, die ich absolut nicht erwartet habe: Nach Abschluss des Drehs landete das Material auf dem Platz des Cutters, der für das

Schneiden zuständig ist … und hier kam Renzo ins Spiel. Wusste er anfangs noch nicht, was der Gegenstand des Beitrages war, so schenkte man ihm schnell reinen Wein ein; die vor dem Sehen des Materials herrschende Unbekümmertheit wich und es trat Bewunderung an deren Stelle, begleitet von Tränen, die ihm übers Gesicht rannen. »Ich habe Elisabeth, die das Interview mit dir geführt hat, gesagt, dass ich Lust habe, dich zu besuchen, um dir einfach mal zu sagen, dass du wirklich sehr stark bist!«, erzählte mir mein Freund im Nachhinein.

Kurz nach dem Äußern seines Wunsches nahm Elisabeth Kontakt mit mir auf: Schwer beeindruckt stimmte ich, ohne zu zögern, einem persönlichen Kennenlernen zu, folgte meinem Bauchgefühl. Bereits während unseres ersten Telefonats merkte ich, dass die Chemie stimmt, trotz anfänglicher Aufgeregtheit auf beiden Seiten unterhielten wir uns lange und machten einen Tag für ein Treffen im Pflegeheim aus. Daran erinnere ich mich, als wäre es erst gestern gewesen: Mein Herz schlug extrem schnell, ich ließ mir im Abstand von wenigen Minuten die Uhrzeit ansagen und es fühlte sich an, als zögen sich die letzten Sekunden bis zu seinem Eintreffen, dem ich entgegenfieberte, wie Kaugummi. Schließlich klopfte jemand an meiner Tür, öffnete sie … dann stand Renzo etwas verunsichert vor mir; mir stockte der Atem und es verschlug mir erst einmal die Sprache, sodass ich ihn über mehrere Wimpernschläge hinweg wie versteinert anblickte, bis ich außer einer Begrüßung noch anderes hervorbrachte. Im Nachhinein erzählte er mir, es sei für ihn auch irgendwie ein seltsamer Moment gewesen, schließlich habe er als Cutter zwar eine Verbindung zu den Bildern, sei allerdings sonst nie am Drehort und plötzlich befand er sich inmitten des Geschehens – eine ungewohnte Situation.

Vergessen habe Renzo diesen Tag nicht: »Ich weiß noch genau, wie gut du gerochen hast und wie gut du ausgesehen hast! Ich war sehr nervös, ich meine, ich kannte dich ja so noch nicht und wusste nicht, was passieren würde …«

Wir unterhielten uns, er nahm meine Hand, streichelte sie behutsam und zauberte mir so ein weiteres Mal ein Lächeln auf mein Gesicht. Er erhob sich von seinem Stuhl, um näher an mich heranzurücken … was dann folgte, empfand ich als unglaublich schön: unser erster Kuss. In meinem Körper breitete sich ein wohliges Gefühl aus. »Haben dir mein Handicap und meine Krankheit denn dabei eigentlich gar nichts ausgemacht? Hast du das ausgeblendet?«, erkundigte ich mich bei meinem Partner.

»Das war mir egal, ich habe mir die Frage nie gestellt. Ich dachte nur: Wow, wie stark ist diese Frau? Und genau diese Kraft ist es, die ich bewundere! Durch dich habe ich wieder gelernt, dafür dankbar zu sein, dass es einem gut geht. Du hast mich daran erinnert.«

\*

Dass Renzo mit mir eine Beziehung eingehen wolle, habe er nach seinem Besuch gewusst, sei sich vollkommen sicher gewesen. Doch so wunderbar der Tag auch war, irgendetwas hielt mich zunächst zurück, ich war skeptisch und überlegte hin und her, bevor ich eine Entscheidung traf. Fragezeichen leuchteten über meinem Kopf auf, ich grübelte, benötigte Bedenkzeit: Ob er es wirklich ernst meinte? Spielte er mit mir? Ich verkroch mich in mein Schneckenhäuschen, ging ihm gegenüber auf Abstand. Unerwartet waren erneut die Gedanken da, die ich mit großer Mühe abgelegt hatte: Ich wäre nicht gut genug, könnte ihm nicht das bieten, was eine gesunde Frau vorweisen kann. Stets müsste Renzo ins Pflegeheim kommen, ein spontanes Vorbeischauen meinerseits wäre nicht realisierbar. Es schien, als wäre ich, was das Thema »Partnerschaft« anbelangt, wieder »mundtot«, auch wenn ich meine Sprachlosigkeit in Situationen der Diskriminierung überwunden habe. Mein erarbeitetes Selbstbewusstsein war nicht verschwunden, eher hatte ich den Eindruck, dass mein Brunnen der Kraft irgendwann versiegt war.

Renzo verstand vorerst die Welt nicht mehr: Erst telefonierten wir über Stunden, ich traf mich mit ihm, erwiderte seinen Kuss, dann verhielt ich mich kühl, ohne Absicht, ohne dass ich ihn durch meinen Rückzug verletzen wollte. Er begann, um mich zu kämpfen, wurde nicht müde, hörte nicht auf, obschon er die Angst spürte, mich zu nerven, mich eventuell zu belästigen. Sein unerbittlicher Kampf war es, der mich beeindruckte, der viel in mir auslöste und der mich endgültig verstehen ließ, dass ich weitaus mehr als starke Sympathien für ihn hegte – ich sah, wie er litt, und litt mit. Nicht etwa aus Mitleid. Nein, es war ihm gelungen, mich mit der Nase auf das zu stoßen, wovor ich meine Augen verschlossen hatte. Ich schob ihn weg, verlor damit beinahe den Menschen, der längst eine wichtige Rolle in meinem Leben spielte, den ich toll fand und in den ich schon seit unserer ersten persönlichen Begegnung verliebt gewesen war. Und das lediglich aus einem Grund: Ich wollte nicht noch einmal verletzt werden, hatte ich doch mit meinem Ex-Freund Felix, der drei Jahre an meiner Seite weilte, eine einschneidende negative Erfahrung gemacht, die sich in mein Gedächtnis eingebrannt hatte. Zum besseren Verständnis: Als ich 2006 im Rollstuhl landete, lernte ich Felix, einen gesunden jungen Mann kennen, der leider nicht so zu mir stand, wie ich es mir vorgestellt hatte. Nur selten hat er mich seinen Freunden vorgestellt; wenn ihm jedoch jemand aus seinem Umfeld anerkennend auf die Schulter klopfte und Felix mitteilte, wie toll es sei, dass er sich nichts aus meinem Handicap mache, präsentierte er mich mit stolzgeschwellter Brust.

»Sie modelt sogar und studiert vier Fächer«, protzte er dann.

Wusste Felix jedoch, dass man unsere Beziehung kritisch beäugte, war er wie ausgewechselt, zeigte sich ungern zusammen mit mir. Hatten manche Leute aus seinem Bekanntenkreis etwas gegen Menschen mit Behinderung, verleugnete er mich als Partnerin teilweise, behauptete bestenfalls, ich sei eine gute Bekannte, was für mich zu diesem Zeitpunkt, als ich mit verschiedenen Diskriminierungen zu kämpfen hatte, sehr schmerzlich war.

Wollte ich mich nur aufgrund dieses Erlebnisses in der Vergangenheit freiwillig dem Liebeskummer aussetzen und mich unglücklich machen? Entweder ging ich ein gewisses Risiko ein, eventuell irgendwann verletzt zu werden, oder ich verschloss mich Renzo gegenüber. Ich stand also vor der Wahl – entschieden habe ich mich dann für Ersteres, kann es schließlich auch ohne Handicap oder Krankheit passieren, dass man enttäuscht wird. Einigeln? Nein, definitiv nicht!

Ich gab unserer jungen, frischen Liebe, einem Pflänzchen, das gegossen werden musste, eine Chance und sollte es bis heute nicht bereuen – ich genieße unsere Partnerschaft. In Renzos Nähe fühle ich mich geborgen, wir versuchen stets, einander zu stützen, zu helfen, ein offenes Ohr für den anderen zu haben. Er ist zuverlässig, mein Fels in der Brandung, an dem ich mich festhalten und in dessen Arme ich mich fallen lassen kann. Dieser Mann ist nicht nur mein Partner, sondern gleichzeitig ein Kumpel, dem ich Dinge anvertraue, die andere möglicherweise nie zu hören bekommen. Ihn interessiert es nicht, was seine Mitmenschen zu unserer Beziehung sagen, was sie darüber denken. Ob sie irritiert sind, sich abgestoßen fühlen oder es gut finden.

»*Ich* bin doch mit dir zusammen und keiner aus meinem Umfeld, oder? Ich bin überzeugt von dir – mir gefällt vor allem dein Charakter und auch optisch hast du mich angesprochen«, schilderte Renzo mir seine Sicht der Dinge und berührte mich mit seinen Worten.

Natürlich ist nicht immer alles Friede, Freude, Eierkuchen, es kommt zwischen uns auch hin und wieder zu Streitigkeiten, die einfach dazugehören, die wichtig sind. Wir beide haben unsere Stärken und unsere Schwächen, unsere Ecken und unsere Kanten. Niemand ist unfehlbar, keine Person »perfekt« – eine allgemeingültige Definition dieses Wort gibt es ja auch nicht, für Sie als Leser bedeutet es wahrscheinlich etwas anderes als für mich. Ich liebe Renzo, ganz egal, welche Schwächen, welche Fehler er hat.

Ich liebe den Menschen so, wie er ist. Ich gebe offen zu, gelegentlich ein Dickkopf, ein wenig stur und eifersüchtig zu sein, was ich allerdings sofort einstelle, sobald es mir auffällt.

Was den letzten Aspekt anbelangt, überkommt mich in manchen Momenten die Angst, dass mein Freund eigentlich ganz andere Frauen haben könnte, schließlich ist er sehr begehrt … Stopp! Ich versuche die Gedanken zu unterbrechen und mache mir bewusst, dass ich nicht weniger wert bin als andere Frauen, selbst wenn sie beweglicher sind und mehr unternehmen können als ich. Ich habe ebenfalls ein Recht darauf, geliebt zu werden. Wieso sollte ich nicht fähig sein, eine Beziehung zu führen? Schließen sich Partnerschaft und Behinderung oder Krankheit etwa aus?

Für mich persönlich nicht, für die Mitmenschen unter Umständen schon. Was sind die Gründe der Ablehnung? Glauben sie, dass jemand, der ein Handicap trägt oder schwer krank ist, einem »Gesunden« sowieso nichts bieten kann? Sind sie angewidert, stößt es sie ab? Oder spielt Unsicherheit eine Rolle, weil sie keinerlei Erfahrung auf diesem Gebiet haben? Fehlt ihnen lediglich die Vorstellungskraft? Verkraften sie so etwas überhaupt, würden sie sich einer solchen Liebesbeziehung gewachsen fühlen? Ich denke, auf die Fragen gibt es keine pauschale Antwort, sondern es ist eine komplett individuelle Sache.

»Na ja, vorzeigbar bist du ja, ein wirklich hübsches Mädel, trotz Handicap. Ich überlege bloß, was ihr denn schon zusammen unternehmen könnt?«, wirft Madleen ein und löst Entrüstung in mir aus: »Okay, mag sein, dass ich nicht in der Lage bin, außerhäusliche Aktivitäten durchzuführen, aber ist das alles? Besteht eine Partnerschaft lediglich daraus? Und vor allem: Warum sind so viele auf Äußerlichkeiten fixiert? Was hat Liebe und Partnerschaft denn mit meinem körperlichen Zustand zu tun?«, entgegne ich scharf.

Dieses »Warum?« tanzt immer wieder in meinem Kopf herum. Leider habe ich schon einen Teil der Gesellschaft kennengelernt, der, in meinen Augen, eine sehr oberflächliche Einstellung hat und dem Aussehen eine höhere Bedeutung zumisst als dem Charakter. Sicherlich ist das Erste, was einem auffällt, die Erscheinung, alles andere lernt man danach kennen, jedoch sollte man es nicht von einem Rollstuhl oder einer Krankheit abhängig machen und einen Menschen infolgedessen abschreiben.

Zynisch denke ich: Logisch, lieber charakterlos, dafür aber hübsch, eine Augenweide. Das wird einem guten, tiefgründigen Gespräch, einer Unterhaltung mit Substanz vorgezogen, die ist ja nichts wert. Von weitaus größerer Bedeutung ist ein Mann oder eine Frau zum Vorzeigen, ein Partner, mit dem angegeben werden kann … Es schüttelt mich. Allein aufgrund der Tatsache, dass ich an einer neuromuskulären Erkrankung leide, und der daraus resultierenden Lähmungen gehöre ich nicht zum gängigen Schönheitsideal, das von der Gesellschaft akzeptiert wird. Zum Glück gibt es Personen, die sich davon nicht beirren lassen, die ihre eigene Vorstellung davon haben, was für sie »schön« ist.

Für die Thematik habe ich zusätzlich recherchiert und bin in Datingportalen, deren Namen ich hier nicht nennen möchte, auf die Suche gegangen. Mit einer Freundin namens Kristin startete ich einen Versuch: Zunächst haben wir uns zahlreiche Profile angesehen und besonders das Feld durchgelesen, in dem beschrieben wurde, wie der Partner sein sollte. Nicht selten handelte es sich um Wünsche wie: »Sie sollte 25 bis 30 Jahre alt sein, nicht größer als 1,73m, von schlanker Statur, genauso gerne Sport treiben wie ich, Spaß daran haben, zu verreisen, und unternehmungslustig sein. Gute Gespräche sind mir ebenfalls wichtig.« Genannt wurden außerdem bevorzugte Haar- und Augenfarben. Wieso geht es hauptsächlich um das, was mit dem Auge wahrgenommen wird? Kristin und ich wollten wissen, wie die Leute auf uns reagierten, weshalb wir registrierte Nutzer unter einem Pseudonym anschrieben und dabei mit offenen Karten spielten, ihnen erklärten, dass wir gehandicapt seien und sie fragten, ob sie uns kennenlernen wollten. Was geschah? Einige antworteten uns gar nicht, wieder andere sendeten uns eine Nachricht mit den Worten »Nein, danke, kein Bedarf!«, wobei das noch eine der freundlichen Antworten war, die wir erhielten. Von vornherein keine Chance bekommen. Ein paar wenige sagten uns, dass es keinen Grund für sie gebe, uns abzulehnen. Am Ende lösten meine Freundin Kristin und ich die Situation auf, wir gaben preis, warum wir dieses kleine Experiment durchgeführt hatten.

*

»Wie sieht eure Beziehung eigentlich aus?«, hakte Madleen neugierig nach.

»Eine normale Partnerschaft ist es ja nicht, oder?«, schaltete Rita sich ein, eine Pflegerin, die sich mittlerweile auch in meinem Zimmer befand, um mir Sondennahrung anzuhängen, und die mitbekommen hatte, was der Gegenstand der Diskussion war. Zwar arbeitete sie mit kranken, behinderten Leuten zusammen, in diesem Bereich hatte sie jedoch wenig Einblick.

»Was verstehst du denn unter einormal'?«, entgegnete ich ihr und schaute sie mit fragendem Blick an.

»Na ja«, druckste Rita herum und wollte nicht so richtig mit der Sprache herausrücken, »ein Mann möchte doch mit einer Frau Sex haben, das ist in eurer Lage doch gar nicht möglich, oder?«

Richtig! Dass ich darauf nicht selbst gekommen bin … Wie oft werde ich gefragt, ob ich mit Renzo intim werden könne. Selbst wenn es nicht funktionieren würde, wieso stellen mir die Leute ausgerechnet diese eine Frage? Geht es nur darum? Steht das Thema im Fokus, ist dies das Einzige, worum sich eine Beziehung dreht oder bedeutet Liebe nicht viel mehr?

Stumm sahen Madleen und Rita erst einander, dann mich an; da sich keine von beiden äußerte, fuhr ich fort: »Was sind schon Reisen, Kinobesuche, in der Bar verbrachte Abende gegen tiefgründige Gespräche, gegen Lebenserfahrung, gegen eine Verbindung, die gegebenenfalls gehaltvoller ist? Bis auf Sport und gemeinsame Unternehmungen in der Öffentlichkeit steht unsere Partnerschaft der anderer Menschen in nichts nach.«

Sicher ist es nicht einfach, ein Paar zu sein, wenn mindestens eine Person eine Einschränkung hat – doch die Karten lagen von Anfang an offen auf dem Tisch, Renzo war von vornherein klar, auf was er sich einlässt, dass es Sachen gibt, die nicht durchführbar sind. Um dabei keine Missverständnisse oder eine Mauer entstehen zu lassen, sprechen wir beide über alles, weil er bloß auf diese Weise eventuell entstehende Unsicherheiten ablegen kann, hat er doch zuvor noch nie eine Freundin mit einer derartigen Erkrankung gehabt. Wirklich von Bedeutung ist, dass man aufeinander zuzugeht – ihm ist es jederzeit gestattet, mir Fragen zu stellen. Mit Renzo habe ich einen Mann gefunden, mit dem ich reden kann, der sich einlässt, der nicht direkt die Hand erhebt und »Stopp!« sagt.

Wie ist es mit all den Geräten? Was kann er tragen und wie belastbar ist er? Wie viel kann ich ihm zumuten? Das sind Überlegungen, die mir ständig durch den Kopf gehen, mit denen ich mich auseinandersetze, um meinem Liebsten Ängste zu nehmen, die er verspüren könnte.

In manchen Augenblicken ist es für uns als Paar noch einmal etwas schwieriger, sind wir noch mehr gefordert: Zum einen, wenn mein Partner bei mir im Krankenzimmer übernachten darf, ich aber Sprüche zu hören kriege, die angeblich lustig sein sollen, jedoch auf unsere Kosten gehen, und denen schallendes Gelächter folgt. Wann die Grenze der Intimität überschritten ist, bleibt unbemerkt. Ein unbehagliches Gefühl überkommt dann sowohl Renzo als auch mich. Wie sollen wir jetzt noch romantische Stunden zu zweit verbringen? Nein, wir sind garantiert keine Spielverderber, Spaßbremsen oder prüde, allerdings sollte man aufhören, wenn man darum gebeten wird. Zum anderen erlebt mich mein Freund in Situationen, in denen mich außer ihm höchstens meine engsten Familienmitglieder oder Pflegepersonal zu Gesicht bekommen. Er weiß, wie ich aussehe, wenn ich beatmet werde. Wie ich aussehe, wenn ich erbreche und er meinen Kopf hält. Wie ich mich verhalte, wenn ich Schmerzen kaum ertrage.

Ganz egal, was es ist: Renzo und ich kämpfen, halten bisher zusammen und darüber bin ich sehr froh.«

Einen Aspekt, der mir am Herzen liegt, möchte ich schließlich noch aufgreifen: Menschen, die draußen, außerhalb eines Pflegeheims, aufeinandertreffen, sehen erst einmal nur das Erscheinungsbild – was dahintersteckt, wissen sie nicht. Renzo sah mich bereits vom ersten Besuch an in schlechten Momenten, macht seine Liebe nicht von meiner Hülle abhängig, sondern vielmehr von inneren Werten …

Ich hoffe, dass ich Ihnen als Lesern einen kleinen Einblick in ein wirklich persönliches Thema geben konnte, und denken Sie daran: »*Man sieht nur mit dem Herzen gut. Das Wesentliche ist für die Augen unsichtbar.*« *Antoine de Saint-Exupéry*

# Danksagung

Ich möchte die nächsten Zeilen nutzen, um ganz bestimmten Menschen meinen Dank auszusprechen:

- Meiner Familie, Verwandtschaft und meinen Freunden, da sie Großes für mich leisten, mir den Rücken freihalten, mit mir durch ein weiteres Jahr, das gesundheitlich von vielen schweren Momenten – allerdings auch von schönen Erlebnissen – geprägt war, gegangen sind, und mir meine Hand halten! Ohne euch wäre meine Welt um einiges farbloser.

- Meinem Freund, der mich so liebt, wie ich bin, hinter mir steht und immer für mich da ist. Der sich aufgrund meiner Erkrankung sowie Behinderung nicht für mich schämt, sondern allen offen zeigt, dass wir eine Beziehung haben. Te amo mucho!

- Der Familie meines Partners, die mich so herzlich aufgenommen hat. Ihr seid ein Geschenk des Himmels. A la familia de mi pareja, que me han acogido maravillosamente. Ustedes son un regalo del cielo.

- Der Partnerin meines Bruders, die mir ihr Ohr leiht, immer für mich da ist und mir mehr Kraft gibt, als sie sich vielleicht vorstellen kann.

- Dem Schwarzkopf & Schwarzkopf-Verlag, ich hätte es nicht besser treffen können als mit euch: meinem Verleger und Freund Oliver »Olli« Schwarzkopf, meiner wunderbaren Lektorin Maren Konrad, meiner tollen Presseleitung Ulrike »Jule« Bauer sowie den beiden herzlichen Mädels Anne Kurras und Antje Ritter aus dem Videoteam. Mit euch allen verbindet mich so viel mehr als bloß professionelle Arbeit, ihr bedeutet mir eine Menge. Außerdem danke ich den Korrektoren Conny Weiser und Rainer Bratfisch – ein großes Lob an euch.

- Der Mutter von Oliver Schwarzkopf, welche die Reportage im Sat.1-*Frühstücksfernsehen* gesehen und ihren Sohn über mein geplantes Buch in Kenntnis gesetzt hat.

- Ganz besonders dem Teil meines Umfelds, der sich im vorliegenden Buch für Interviews zur Verfügung gestellt hat. Vielen Dank für euer großartiges Engagement!

- Meinem besten Freund Stefan, meiner besten Freundin Katharina, Marita, Doro, Nadine, Samuel – ihr seid wundervoll.

- Allen Leserinnen und Lesern, die mein erstes Werk »Mundtot!?« lesen und mir eine Rückmeldung, egal welcher Art, geben – ihr glaubt gar nicht, wie viel Kraft ihr mir gebt.
- Den Zuschauern der Medienberichte, den Leserinnen und Lesern der Zeitungsartikel für die vielen Leserbriefe, Karten, E-Mails und mehr.
- Den Redakteuren und Mitarbeitern von Zeitungen, Funk und Fernsehen, die auf vielfältige Weise über das Werk berichten, mir helfen, meine Botschaft zu verbreiten und somit einen Beitrag dazu liefern, dass sich in unserer Gesellschaft etwas ändert.
- Meinen Dozenten, da sie einen engen Kontakt mit mir pflegen, mich an ihren Kursen teilhaben lassen und mir sogar die Chance einräumen, Prüfungen abzulegen und extra dafür ins Pflegeheim kommen. Ohne diese Menschen wäre mein Studium nicht möglich!
- Meinen Schülern dafür, dass sie mich nie eine Form von Diskriminierung spüren lassen.
- Den Lehrern und Schülern, die extra den Weg ins Pflegeheim finden, um unterrichtet zu werden.
- R. L., der mein Leben unglaublich bereichert – über unsere Begegnung bin ich mehr als froh. Ich möchte dich nicht mehr missen.
- Meinen zuständigen Ärzten, insbesondere meiner Allgemeinmedizinerin Frau Dr. S., die definitiv den richtigen Job gewählt hat, mich beeindruckt, mich wahnsinnig menschlich und herzlich behandelt, sowie meinem Neurologen und meinem Urologen für die intensiven Gespräche.
- Meinen Pflegern – insbesondere meinem wunderbaren Bezugspfleger Stefan, der mich sehr unterstützt, inklusive seiner Partnerin sowie Anja und Tanja – und meinen Therapeuten.
- M. J., die mit mir durch Höhen und Tiefen geht, mit der ich lachen kann, bis uns beide die Tränen kommen.
- Den Sanitätern und Rettungsassistenten, aber auch den Notärzten, die alles geben.

# JETZT BIN ICH NICHT MEHR MUNDTOT!

EINE EINMALIGE DOKUMENTATION, ENTSTANDEN IM KRANKENZIMMER
VON MARIA LANGSTROFF

**JETZT BIN ICH NICHT MEHR MUNDTOT!**
**DIE DOKUMENTATION**
Von Maria Langstroff
2 DVDs, über 360 Minuten, mit Gesprächen mit Maria Langstroff
in ihrem Krankenzimmer und einer Autorenlesung
ISBN 978-3-942665-06-3 | Preis 19,95 €

*Die große Dokumentation auf zwei DVDs, über 360 Minuten! Enthält ausführliche Gespräche mit Maria Langstroff in ihrem Krankenzimmer sowie mit ihren Angehörigen, Freunden und Pflegern.*

*Diese Dokumentation ist ein einmaliges Projekt. Die todkranke Autorin Maria Langstroff und ihr zum Freund gewordener Verleger Oliver Schwarzkopf sprechen in Marias Krankenzimmer drei Tage lang über Gott und die Welt, über ihre Freunde und ihre Familie, über ihre Krankheit und das Schicksal.*

*Entstanden ist ein sicherlich einmaliger Einblick in das Leben einer Todkranken, die sich mit ihrem Schicksal nicht kampflos abfinden will und deren Willensstärke beeindruckend ist. Als Bonus enthält diese Dokumentation Auszüge aus der Lesung an der Universität in Marburg.*

## DIE AUTORIN

1986 als jüngstes Geschwisterkind in Schwalmstadt, Hessen, geboren, studiert Maria Langstroff Anglistik, Germanistik und Pädagogik für das Lehramt an Gymnasien sowie Psychologie in Marburg. Seit 2006 ist sie auf den Rollstuhl angewiesen, wobei ihre eigentliche Erkrankung, eine sehr seltene, unheilbare Muskelkrankheit, erst vier Jahre später entdeckt wurde. Inzwischen ist Maria Langstroff bettlägerig, fast vollständig gelähmt und lebt in einem Pflegeheim in Gießen. *Jetzt bin ich nicht mehr mundtot!* ist nach dem SPIEGEL-Bestseller *Mundtot!?*, zu dem es inzwischen auch ein Hörbuch gibt, ihr zweites Buch bei Schwarzkopf & Schwarzkopf.

## DANKSAGUNG

Der Verlag bedankt sich bei den Gesprächspartnern dieses Buches, bei Sandra, Katharina, Stefan, Dorothee, Ariane, Franziska, Jens, Marita, Dr. Ahrens und Benedikt. Ganz besonders danken wir den Eltern von Maria Langstroff, wir verneigen uns tief und mit größtem Respekt vor ihnen. Ein weiterer großer Dank geht an das Sat.1-Frühstücksfernsehen, vor allem an Marlene Lufen, Nicole Herkendell und Peter Hetzel – ohne sie hätten wir Maria nie kennengelernt. Am allermeisten danken wir Maria, für alles.

Maria Langstroff
JETZT BIN ICH NICHT MEHR MUNDTOT!
Gespräche über Freundschaft, Familie, Glaube,
die Krankheit und den Sinn des Lebens
ISBN 978-3-86265-196-2
© Schwarzkopf & Schwarzkopf Verlag GmbH, Berlin 2013
Titelbild: © Michael Schreiner. Farbteil: © Michael Schreiner (S.1-7),
Verlag (S.8-15), privat (S. 16). Textteil: Verlag.
Die Gespräche mit Maria und ihren Eltern führte Oliver Schwarzkopf, alle anderen Gespräche führte Antje Ritter. Transkription: Conny Weiser und Rainer Bratfisch. Redaktion: Maren Konrad. Alle Rechte vorbehalten. Dieses Werk ist urheberrechtlich geschützt. Jede Verwendung, die über den Rahmen des Zitatrechtes bei korrekter und vollständiger Quellenangabe hinausgeht, bedarf der schriftlichen Genehmigung des Verlages.

KATALOG
Wir senden Ihnen gern kostenlos unseren Katalog.
Schwarzkopf & Schwarzkopf Verlag GmbH
Kastanienallee 32, 10435 Berlin
Telefon: 030 – 44 33 63 00 | Fax: 030 – 44 33 63 044

INTERNET | E-MAIL
www.schwarzkopf-schwarzkopf.de
info@schwarzkopf-schwarzkopf.de